Legal Operations KPIs

O Manual do Profissional Jurídico para a Excelência Operacional

Versão traduzida para o português

Agradecimentos

Escrever este livro sobre Legal Operations KPIs tem sido uma jornada de colaboração, crescimento e reflexão. Embora possa parecer uma coleção de minhas percepções pessoais, ele reflete verdadeiramente décadas de sabedoria coletiva. Tive o privilégio de trabalhar ao lado de profissionais brilhantes no setor jurídico, tanto advogados internos quanto externos, bem como paralegais, equipe administrativa, consultores e especialistas em inteligência de negócios. Suas contribuições, ideias e percepções inestimáveis formam a base deste livro.

Após o lançamento da edição em inglês, seguido pela edição em espanhol, minha equipe e eu ficamos profundamente comovidos pela atenção que ele recebeu de leitores ao redor do mundo. Esse interesse levou o LegalOpsKPIs.com, inicialmente concebido como um complemento digital ao livro, a se transformar em um fórum para profissionais do setor jurídico ávidos por se conectar e compartilhar conhecimentos e ideias.

Tem sido incrivelmente gratificante testemunhar o engajamento dos leitores no Brasil, cujo entusiasmo e desejo de expandir seu conhecimento em operações jurídicas são inspiradores. Sou verdadeiramente grato por agora compartilhar este trabalho em português com um público tão caloroso e receptivo. Agradeço a Marcelo Cardoso, cuja assistência na tradução e expertise jurídica foram essenciais para assegurar que a terminologia e o conteúdo ressoassem com os leitores de língua portuguesa.

Este trabalho não seria possível sem uma equipe extraordinária, que manteve a comunidade ativa e contribuiu para a edição em português: Vicky Oliveira, Otavio Lopes, Christine Nanit, Brie Andama, Jamie Mendoza, Bru Ladeira, Jinal Parmar, e todos os demais da equipe.

Minha gratidão também se estende ao meu mentor, o falecido Dr. Lotfi A. Zadeh, que inspirou meu interesse inicial por dados, e ao Dr. Edward Tufte, cujas lições em visualização de dados moldaram minha abordagem na apresentação de dados jurídicos.

Aos meus leitores, estendo meu mais profundo apreço pelo seu interesse e engajamento. Espero que este livro seja valioso para vocês. Suas sugestões e feedback são sempre bem-vindos – eles me inspiram a continuar evoluindo e trabalhando em futuras edições deste projeto.

Finalmente, meus mais sinceros agradecimentos vão para minha família, por seu apoio incondicional e amor. Obrigado por fazerem parte desta jornada.

Com gratidão,
Mori Kabiri

Sobre o Autor

A trajetória de Mori Kabiri na indústria jurídica não é apenas uma série de marcos; é um testemunho do poder transformador da tecnologia e dos dados na reformulação do cenário jurídico.

Após se graduar em uma universidade de tecnologia em Teerã e ser reconhecido por sua pesquisa sobre buscas por lógica fuzzy, Mori iniciou sua jornada empreendedora. Seu primeiro empreendimento, uma startup de software, estabeleceu as bases para suas futuras iniciativas.

Transitando para a indústria jurídica, ele participou do design e desenvolvimento de uma aplicação de faturamento eletrônico (eBilling) e gestão de casos para departamentos jurídicos corporativos.

Mais tarde, Mori passou de um papel em uma empresa fornecedora para uma posição interna, onde liderou a transformação de processos manuais de relatórios em ferramentas automatizadas de inteligência de negócios para executivos de alto escalão. Em seguida, em uma empresa líder de e-discovery, ele esteve à frente do design e desenvolvimento de um sistema abrangente de gestão de legal hold, que atraiu significativa atenção no setor.

O ano de 2012 foi um marco importante com a fundação da InfiniGlobe LLC, refletindo a dedicação de Mori a uma abordagem de tecnologia focada no cliente. Seu trabalho durante este período, especialmente com muitos departamentos jurídicos de empresas Fortune 500, envolveu extensos projetos de análise de dados e aprendizado de máquina para aprimorar a eficiência operacional.

O comprometimento de Mori com o compartilhamento de conhecimento comunitário é evidente em sua coautoria de um artigo científico sobre a aplicação do aprendizado de máquina na análise de dados de faturas de escritórios de advocacia. Este trabalho foi apresentado na ICDM, uma importante conferência internacional de mineração de dados, onde Mori também atuou como presidente da conferência. Como colaborador frequente da Forbes e palestrante em conferências de tecnologia jurídica, Mori compartilha regularmente insights sobre tendências em tecnologia jurídica.

Fora do ambiente profissional, Mori aprecia os prazeres simples da vida — é amante dos animais e da natureza, viaja com a família para destinos pouco explorados, faz pizzas Margherita assadas à lenha em seu forno caseiro e aperfeiçoa suas habilidades de barista para criar o *latte art* perfeito. Sua paixão por arte se estende a todos os aspectos de sua vida.

Conteúdo

PARTE I: Definições

Resumo Executivo

Bem-vindo à uma jornada pelo mundo da análise de dados jurídicos. Este livro nasceu da necessidade de uma compreensão mais aprofundada em métricas e relatórios, bem como de sua importância na transformação do cenário jurídico moderno.

A história começa com a transição da indústria jurídica para a era digital no início do século 21. Minhas experiências em primeira mão na comunidade de fornecedores, durante a fase inicial da digitalização dos sistemas de faturamento (eBilling) e gestão de processos, influenciaram profundamente o conteúdo que você encontrará nestas páginas. O departamento jurídico, antes visto apenas como um centro de custos, está evoluindo. Este livro pretende destacar seu potencial como uma entidade estratégica. Destinado a um público diversificado, que inclui profissionais de legal operations, executivos de alto nível e escritórios de advocacia, este guia oferece insights e ideias adaptadas a cada função específica.

É importante lembrar, no entanto, que embora este livro ofereça uma visão detalhada de métricas e indicadores, incluindo suas nuances, ele não é um roteiro rígido para implementação direta. Cada departamento jurídico possui uma estrutura de dados, tecnologia, processos e equipe próprios. Portanto, certa adaptabilidade é necessária, dependendo das particularidades de cada departamento.

Sendo esta a primeira edição, recebo calorosamente todo feedback, sugestões e críticas construtivas. Sou profundamente grato a inúmeros clientes, colegas e amigos do setor que compartilharam seus conhecimentos, refinaram o conteúdo e ofereceram feedback inestimável durante o processo de escrita. Meu objetivo principal é tornar este livro um recurso em constante evolução que realmente atenda à comunidade de profissionais jurídicos. Juntos, vamos abrir caminho para um futuro mais promissor e orientado por dados nas operações jurídicas.

Por Que Este Livro Foi Escrito?

A transição do papel para o digital na indústria jurídica começou por volta do ano 2000, impulsionada pelo boom da internet e o crescimento da popularidade da web. Como resultado, sistemas legados simples começaram a evoluir para modernas aplicações web.

Durante esse período, fiz parte da comunidade de fornecedores, trabalhando na implementação de sistemas para monitoramento de dados de faturas eletrônicas, dados de casos, e na construção de relatórios para departamentos jurídicos corporativos.

A criação e a adoção de padrões de faturamento eletrônico no setor, como o UTBMS[1], marcaram o início de uma transição para o registro digital de faturas. As informações submetidas, coletadas e processadas eram ricas e robustas, contendo detalhes sobre advogados, fornecedores, tarefas, honorários, horas trabalhadas, entre outros.

Historicamente, o departamento jurídico era categorizado como um centro de custos: nada mais que uma despesa necessária. No entanto, à medida que o departamento jurídico corporativo se modernizava e surgia o campo de operações jurídicas (Legal Operations ou Legal Ops), percebeu-se que um departamento jurídico poderia ser gerido de maneira semelhante a um negócio, com estratégias e planejamentos, agregando valor à empresa para além do conhecimento jurídico.

No modelo de centro de custos, diferentes departamentos de uma corporação solicitavam ajuda ao departamento jurídico, que arcava com as despesas. No modelo de negócios estratégicos, os departamentos eram cobrados pelos serviços jurídicos que utilizavam, cada um mantendo seu próprio orçamento e "fazendo negócios" com o departamento jurídico.

Essa evolução destacou a importância de métricas cruciais para o planejamento e a formulação de estratégias. Embora existissem soluções no mercado que ofereciam ferramentas básicas de relatórios, ainda havia uma lacuna significativa. A maioria da literatura disponível fornecia listas superficiais que enalteciam as virtudes da análise de dados jurídicos. No entanto, havia uma ausência palpável de um guia detalhado que mergulhasse nas complexidades dessas métricas: seus significados, fórmulas, filtros, limitações, análises de tendências, metas, Principais Influenciadores, benchmarking e exemplos ilustrativos.

Com anos de experiência desenvolvendo soluções para empresas de alto nível, tornou-se evidente que o setor precisava não apenas de uma lista de nomes de métricas, mas de um guia de referência abrangente. Assim, surgiu a ideia deste livro. O objetivo é mais do que publicar uma lista; é oferecer uma análise detalhada, proporcionando aos leitores uma compreensão mais profunda de cada métrica ou relatório. Ele oferece os insights e os detalhes necessários para que os leitores possam apreciar a complexidade e o valor dessas métricas no ambiente jurídico moderno.

Como Este Livro é Diferente?

Este livro busca oferecer profundidade, clareza e abrangência. Não se trata apenas de fornecer um catálogo de métricas, mas de explicar como interpretá-las e aplicá-las para

---

[1] O UTBMS (Uniform Task-Based Management System) é um sistema padrão amplamente adotado internacionalmente, especialmente nos Estados Unidos, para categorização e faturamento de serviços jurídicos. Ele utiliza códigos para organizar e capturar dados detalhados de tarefas, facilitando o rastreamento e a análise de despesas. No Brasil, esse padrão não é amplamente utilizado, e muitos departamentos jurídicos e escritórios de advocacia optam por sistemas de gestão personalizados ou internos para o gerenciamento de faturamento e atividades jurídicas.

promover a excelência. As características principais que distinguem esta obra incluem:

Cobertura Abrangente

Para facilitar o acesso, as métricas e os relatórios foram categorizados em: Gestão de Despesas, Orçamento, Recursos Internos, Gestão de Desempenho, Gestão de Escritórios de Advocacia e Fornecedores, Colaboração Interdepartamental, Diversidade, Equidade, Inclusão e Pertencimento (DEIB), Análise da Qualidade de Faturas e Dados, e Gestão de Conformidade e Risco.

Exploração Profunda

Mais do que uma visão geral superficial, cada métrica é dissecada com rigor. Isso inclui sua definição, fórmula, parâmetros de filtragem, limitações e outros aspectos. Junto com análise de tendências, benchmarking e exemplos ilustrativos, este livro serve como um guia para a implementação dessas métricas visando agregar valor às operações jurídicas.

Recursos Online

O livro é complementado pelo site LegalOpsKPIs.com, uma plataforma online robusta e regularmente atualizada, repleta de gráficos interativos, fóruns e canais para interação entre colegas.

Avaliação de Maturidade para Análise de Dados Jurídicos

As métricas são classificadas em quatro critérios (Pessoas, Operações, Tecnologia, Dados). Isso facilita a identificação das métricas mais adequadas para as necessidades específicas de cada departamento e a disponibilidade de recursos.

Como Este Livro Está Organizado?

Este livro é dividido em três partes, cada uma construindo sobre a anterior para oferecer uma visão abrangente da análise de dados jurídicos.

Parte I

Esta seção introdutória estabelece as bases para a compreensão da análise de dados jurídicos. Começando com o propósito do livro, a seção explora termos e definições essenciais, como métricas, indicadores (PI, KPI, RI e KRI) e relatórios. Dá-se ênfase ao Modelo de Avaliação de Maturidade para Análise de Dados Jurídicos, que define a metodologia por trás de cada nível de maturidade e descreve os estágios de progressão. Concluindo com exemplos de visualização de dados, os leitores aprendem sobre a importância de apresentar dados de maneira eficaz e adquirem ferramentas para escolher o tipo de gráfico adequado para diferentes conjuntos de dados.

Parte II

Esta parte constitui o núcleo do livro. Aqui, os leitores encontrarão uma compilação minuciosamente organizada de métricas, indicadores e relatórios. Esses artigos estão distribuídos em categorias distintas, cada uma refletindo aspectos fundamentais do setor jurídico. Os artigos na Parte II estão organizados nas seguintes categorias:

1. Gestão de Despesas

Explore os aspectos financeiros das despesas operacionais jurídicas. Aqui, você encontrará métricas como "Despesa Jurídica Total como Percentual da Receita" e "Despesa Externa Total por Fornecedor," oferecendo uma análise e entendimento de como os recursos financeiros são alocados e geridos dentro do seu departamento jurídico.

2. Orçamento

O planejamento financeiro é um dos pilares nas operações jurídicas. Explore métricas como "Precisão na Previsão de Despesas Jurídicas" e "Percentual de Casos Concluídos

Dentro do Orçamento" para dominar a arte do orçamento.

3. Recursos Internos e Gestão de Desempenho

Eficiência e eficácia caminham juntas. Métricas como "Proporção de Funcionários por Número de Advogados no Departamento Jurídico" e "Número de Horas Trabalhadas por Advogado por Mês" ajudarão você a otimizar os recursos internos e monitorar o desempenho.

4. Colaborações Interdepartamentais

A colaboração eficaz é fundamental para o sucesso. Métricas como "Índice de Satisfação do Cliente" e "Tempo Médio de Revisão de Contratos" podem iluminar a capacidade do seu departamento de colaborar de maneira integrada e contribuir com toda a organização.

5. Gestão de Escritórios de Advocacia e Fornecedores

A gestão de relacionamentos externos é crucial. Nesta seção, métricas como "Número de Escritórios de Advocacia e Fornecedores Contratados" e "Percentual de Resultados Favoráveis em Litígios" fornecem insights sobre a eficácia dos parceiros externos e da gestão das suas contratações pela sua equipe.

6. Diversidade e Inclusão

Alcançar a equidade representativa eleva as práticas jurídicas. Explore métricas como "Índice de Diversidade entre Advogados Externos" para avaliar e melhorar a inclusividade dentro de sua equipe.

7. Análise da Qualidade de Faturas e Dados

A integridade dos dados é inegociável. Os artigos sobre análise de qualidade de dados incluem métricas como "Análise de Contagem de Itens Detalhados na Fatura" e "Otimização de Honorários de Fornecedores" para ajudar a garantir que seus dados sejam robustos e confiáveis.

8. Gestão de Conformidade e Risco

Manter a conformidade e gerenciar riscos é essencial para a maioria, senão para todos os departamentos jurídicos. Métricas como

"Número de Violações de Privacidade de Dados" e "Percentual de Reclamações de Colaboradores Não Resolvidas" ajudam a proteger sua organização.

Parte III

Apresenta um conjunto de recursos adicionais para leitores que desejam colocar em prática seus novos conhecimentos. Nesta seção, você descobrirá as melhores práticas que pavimentam o caminho para uma implementação eficaz, além de um questionário para avaliar o nível de maturidade do seu departamento em análise de dados jurídicos à medida que ele cresce e evolui. Para aqueles que se interessam pela evolução dos dados jurídicos, há uma exploração detalhada da história, enriquecida com insights práticos sobre relatórios e análises. Você também encontrará exemplos de fontes de dados, oferecendo uma visão concreta do tipo de dados com os quais você poderá trabalhar ou precisará coletar. Reconhecendo a importância de dados limpos, esta parte proporciona dicas especializadas e comprovadas para garantir a precisão e a utilidade dos seus dados. Além disso, você encontrará informações adicionais sobre visualização de dados, incluindo o que fazer e o que evitar, com sugestões de melhores práticas para visualizar dados em gráficos, tabelas e outros formatos.

Para Quem Este Livro Foi Feito?

Este livro foi elaborado para atender aos diversos cargos envolvidos com o departamento jurídico.

Embora algumas seções sejam densas, recursos visuais e notas explicativas garantem que os leitores possam apreender as ideias essenciais e utilizá-las como ponto de partida para conversas, permitindo que stakeholders em todos os níveis participem de diálogos significativos sobre a direção e as prioridades do departamento jurídico.

Agora, vejamos como cada cargo pode se beneficiar especificamente deste livro:

CEO

Munidos dos insights deste manual, os CEOs obterão uma compreensão mais clara do valor estratégico que o departamento jurídico agrega à organização. Trata-se não apenas de custos, mas também de governança, gestão de riscos e conformidade, fatores que podem orientar a direção estratégica da empresa.

Diretor Financeiro (CFO)

Há métricas neste guia que proporcionam ao CFO uma visão dos aspectos fiscais do departamento jurídico, como despesas jurídicas, orçamento e oportunidades de economia de custos.

Diretor Jurídico (GC/CLO)

O GC ou CLO pode utilizar estes relatórios para supervisionar a prestação de serviços jurídicos e a saúde financeira do departamento, garantindo alinhamento com os objetivos estratégicos do negócio. As métricas ajudarão a avaliar a eficiência, a eficácia e a capacidade de resposta do departamento jurídico aos stakeholders internos.

Suprimentos / Aquisições

As métricas e os relatórios deste livro oferecem insights sobre a otimização do processo de contratação de advogados externos, serviços jurídicos e fornecedores. Isso pode facilitar a seleção, o monitoramento do desempenho dos serviços jurídicos, a devida diligência e a garantia de valor nos gastos.

Liderança Jurídica

Com foco na carga de trabalho e na utilização de capacidade operacional, há métricas que permitem aos líderes jurídicos entenderem o desempenho da equipe, identificar obstáculos e garantir que os recursos estejam adequadamente alocados e utilizados em todas as áreas de prática.

Gerentes de Casos

Os gerentes de casos podem se beneficiar de relatórios detalhados sobre faturamento, precisão na previsão de orçamento e métricas específicas de casos. Isso ajuda a garantir que advogados externos e prestadores de serviços estejam alinhados com as Diretrizes de Faturamento, os padrões e as expectativas do departamento jurídico.

Operações Jurídicas

As métricas do livro capacitam os profissionais de operações jurídicas a identificar áreas de melhoria operacional, automatizar processos e reconhecer economias de escala, resultando em um departamento jurídico mais eficiente em termos de custos e capaz de demonstrar, forma tangível, o valor que agrega.

Equipe Jurídica

Para os membros do departamento jurídico, as métricas do livro oferecem visibilidade sobre a carga de trabalho individual, a capacidade e a utilização. Isso auxilia na gestão de tempo pessoal, na alocação de tarefas e na identificação de áreas para aprimoramento de habilidades ou necessidade de suporte adicional.

Escritórios de Advocacia / Fornecedores / ALSPs[2]

Ao entender essas métricas, escritórios de advocacia e Prestadores Alternativos de Serviços Jurídicos podem alinhar melhor seus serviços com os objetivos dos departamentos jurídicos corporativos, oferecendo soluções ajustadas às necessidades dos clientes e promovendo

---

[2] ALSPs (Prestadores Alternativos de Serviços Jurídicos) são empresas que fornecem serviços jurídicos de forma alternativa aos escritórios de advocacia tradicionais. Eles utilizam tecnologia e modelos de negócio inovadores para oferecer soluções especializadas em áreas como revisão de documentos, compliance, e análise de dados jurídicos, frequentemente com foco em eficiência e redução de custos.

relacionamentos mais fortes e colaborativos.

O Que Este Livro Não É

Embora este livro ofereça uma ampla gama de métricas e relatórios com descrições detalhadas, é fundamental compreender seu escopo e limitações intencionais.

Não É um Guia Técnico Passo a Passo

Este livro apresenta a base conceitual e a importância de várias métricas e relatórios. No entanto, ele não foi projetado para ser um manual técnico passo a passo para implementá-los em seu(s) sistema(s) de tecnologia jurídica ou ambiente de TI específico. A implementação geralmente exige um conhecimento detalhado da estrutura tecnológica, arquitetura de dados e ferramentas ou plataformas específicas em uso na sua organização.

Não É uma Garantia de Implementação Imediata

Embora as métricas e relatórios discutidos no livro sejam abrangentes, sua implementação pode exigir certos pré-requisitos. Dados limpos e estruturados, tecnologia apropriada, níveis de maturidade adequados e recursos humanos qualificados são essenciais. Sem esses elementos, a implementação imediata ou direta pode ser desafiadora.

Não É uma Solução Universal

Cada departamento jurídico opera em um contexto único, influenciado pelos objetivos da organização, especificidades do setor e recursos disponíveis. Algumas métricas e relatórios podem ser mais relevantes e viáveis para certos departamentos do que para outros. É crucial avaliar a compatibilidade de cada métrica com a situação específica da sua organização.

Não Substitui Consultoria Profissional

Embora o livro ofereça insights, podem surgir situações em que uma expertise específica seja necessária para um uso eficaz. A consultoria profissional, especialmente em áreas como análise de dados jurídicos, infraestrutura de TI ou engenharia de processos, pode ser inestimável. Antes de se aprofundar na implementação dessas métricas e relatórios, é recomendado avaliar a maturidade do seu departamento, possivelmente buscar aconselhamento especializado e garantir o alinhamento com as capacidades e metas organizacionais.

Estrutura dos Artigos

Cada artigo deste livro foi cuidadosamente elaborado para proporcionar uma compreensão abrangente de uma métrica ou relatório específico. Abaixo está um breve resumo de como cada artigo é estruturado:

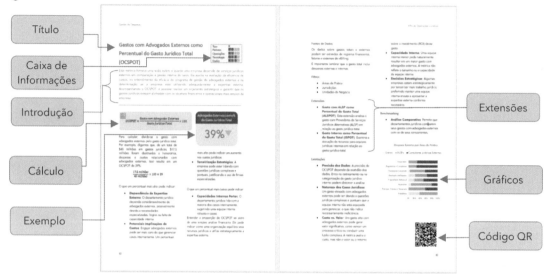

- **Título:** Nome do artigo seguido de sua sigla, utilizada no livro e online para facilitar a pesquisa em LegalOpsKPIs.com.
- **Caixa de Informações:** Um guia visual que indica o tipo sugerido da métrica, bem como o nível mínimo de maturidade recomendado nos quatro critérios principais (Pessoas, Operações, Tecnologia e Dados) para implementar e utilizar eficazmente a métrica ou relatório associado, considerando o contexto operacional único. Para determinar o nível de maturidade do seu departamento, sugerimos começar pelo questionário correspondente na Parte III.
- **Introdução:** Fornece uma visão geral e contextualização, ajudando os leitores a compreender a importância, as aplicações e os benefícios da métrica ou relatório.
- **Fonte de Dados:** Especifica onde os dados necessários podem ser obtidos e quais tipos de informações são necessárias para calcular a métrica ou gerar o relatório.
- **Cálculo e Exemplo:** Oferece uma metodologia sugerida para calcular a métrica, com um exemplo de cálculo baseado em dados de amostra usados no artigo. Esse cálculo pode ser aprimorado e ajustado para se adequar melhor aos requisitos do seu departamento e setor.
- **Filtros:** Explora como o tema do artigo pode ser ajustado com base em critérios relevantes, como localização ou período, para garantir insights personalizados. Lembre-se, essas são apenas sugestões; o departamento jurídico é incentivado a usar métodos de filtragem que se alinhem e reforcem seus objetivos e estratégias específicas.
- **Extensões:** Introduz métricas ou relatórios derivados do tema principal do artigo, permitindo uma exploração mais profunda em

- cenários específicos ou dados que podem ser valiosos para o leitor.
- **Limitações:** Destaca possíveis restrições ou desafios na interpretação ou aplicação do artigo, garantindo que os leitores estejam cientes de seu escopo. As limitações podem variar de acordo com o departamento jurídico e o setor.
- **Metas Futuras:** Sugere objetivos aspiracionais ou avanços que podem ser perseguidos com base na métrica em questão. Essas sugestões são fundamentadas nas práticas atuais da indústria jurídica. No entanto, metas futuras podem variar conforme as tendências organizacionais, econômicas e do setor evoluem.
- **Análise de Tendências:** Foca na evolução da métrica ao longo do tempo, analisando tendências históricas para obter insights valiosos. Esta seção ajuda a entender as implicações de decisões passadas e a prever trajetórias futuras.
- **Principais Influenciadores:** Lista fatores externos ou internos que podem influenciar o valor e a utilidade da métrica abordada. Esta seção oferece uma compreensão holística dos diversos elementos que podem impactar os resultados.
- **Benchmarking:** Defende os benefícios de compartilhar e comparar os resultados da métrica com pares e com padrões do setor. Essa análise comparativa revela a posição da organização e potenciais áreas para melhorias.

- **Gráficos:** As representações visuais, como gráficos e tabelas, têm o objetivo de esclarecer os conceitos e fornecer uma estrutura visual para melhor entendimento. Observe que esses gráficos foram concebidos para proporcionar uma noção de como as métricas podem ser apresentadas e visualizadas. Portanto, as figuras e números nestas ilustrações são exemplos e podem não refletir diretamente os detalhes do seu setor. Com inúmeros exemplos ao longo do livro, esperamos que você possa facilmente modificar esses gráficos para atender às suas necessidades específicas.
- **Código QR:** Para leitores que preferem uma experiência interativa e online, escanear o código QR os direcionará ao site complementar LegalOpsKPIs.com. A plataforma online deste livro e conta com gráficos dinâmicos e ferramenta de pesquisa, proporcionando uma referência mais rica e robusta. Cada artigo no LegalOpsKPIs.com inclui uma seção de comentários, permitindo que os leitores compartilhem suas opiniões, façam perguntas ou solicitem conteúdo adicional. Minha equipe estará ativamente envolvida nesses comentários para aprimorar e personalizar os artigos e as futuras edições, de modo a atender melhor às preferências e interesses dos leitores. Para acessar a plataforma completa, basta se registrar.

Transformando Dados em Insights Estratégicos

Não há dúvida de que os dados representam a base a partir da qual todos os insights são extraídos. A partir desse material bruto, destilamos narrativas coerentes, estruturando nosso entendimento em uma série de métricas organizadas. Essas métricas, que vão desde Indicadores de Desempenho (PIs) mais gerais até os Indicadores-Chave de Desempenho (KPIs), Indicadores-Chave de Resultados (KRIs) e Indicadores de Resultados (RIs) mais específicos, servem como sinalizadores no caminho para alcançar objetivos organizacionais.

Para clareza e simplicidade neste livro, nos referiremos coletivamente a esses vários indicadores apenas como 'métricas'. A edição digital deste livro inclui ferramentas avançadas que permitirão aos leitores filtrar o conteúdo com base no tipo específico de métrica, reconhecendo que a importância e a categorização dessas métricas podem variar conforme o setor e o contexto organizacional. Cada elemento desta estrutura hierárquica de análise de dados é fundamental, contribuindo para o mosaico de insights estratégicos que informam e moldam ações empresariais fundamentais.

Os dados fornecem o material bruto para análise e cálculo.

Os relatórios destilam e organizam informações em um formato compreensível, muitas vezes abrangendo diversas métricas.

As métricas são unidades básicas de medição que capturam pontos de dados específicos relacionados a operações, desempenho ou resultados.

Os indicadores são um subconjunto de métricas que foram contextualizadas e analisadas, sendo utilizados para orientar decisões ou avaliar o desempenho.

O Que São Dados?

Dados referem-se aos fatos e números não filtrados e não processados que formam a base para todas as análises e tomadas de decisão subsequentes. Essas informações são tipicamente capturadas por meio de diversos sistemas, como sistemas de gestão de casos, softwares de gestão de tempo, sistemas de faturamento eletrônico (eBilling) ou notas diretas de clientes e casos. Exemplos de dados brutos incluem:

- Entradas de Casos
- Correspondência por E-mail
- Minutas de Contratos
- Documentos de Litigação

Esses dados brutos são essenciais, pois representam a realidade objetiva da carga de trabalho, atividades e resultados do departamento. Uma vez coletados, eles podem ser medidos e quantificados em métricas, que, por sua vez, formam a base para indicadores e relatórios analíticos mais complexos que orientam a tomada de decisões estratégicas dentro do departamento jurídico.

O Que é uma Métrica?

Métricas são medidas quantificáveis usadas para acompanhar e avaliar o status de processos e resultados específicos de negócios. No contexto de um departamento jurídico, métricas podem transformar dados brutos em insights acionáveis, permitindo que profissionais jurídicos avaliem seu desempenho e identifiquem áreas de melhoria. Exemplos de métricas em um departamento jurídico incluem:

- Número de Contratos Revisados
- Valor Economizado em Despesa Jurídica

Ao acompanhar essas métricas ao longo do tempo, um departamento jurídico pode comparar seu desempenho, identificar tendências e tomar decisões baseadas em dados para otimizar suas operações. As métricas servem como pontos de dados fundamentais ou unidades de medida que alimentam os diversos indicadores (PI, RI, KPI, KRI).

O Que é um Indicador?

No contexto de um departamento jurídico, Indicadores são métricas derivadas usadas para monitorar e avaliar aspectos críticos do desempenho e dos resultados do departamento. Indicadores são mais focados e acionáveis em comparação com métricas gerais, frequentemente projetados para influenciar a tomada de decisões e orientar ações. Eles são tipicamente categorizados em quatro tipos, cada um com um propósito distinto:

- **Indicadores-Chave de Resultados (KRIs):** Métricas cruciais que fornecem uma visão abrangente dos resultados do departamento. Exemplo: Despesa Jurídica Total como Percentual da Receita.
- **Indicadores de Resultados (RIs):** Métricas que mostram os resultados dos esforços combinados da equipe. Exemplo: Despesa Externa Total por Função do Profissional de Serviços Jurídicos.
- **Indicadores-Chave de Desempenho (KPIs):** Métricas vitais que indicam aspectos essenciais do desempenho. Exemplo: Índice de Satisfação do Cliente.
- **Indicadores de Desempenho (PIs):** Métricas específicas para equipes ou funções. Exemplo: Número de Advogados Internos por cada 1 bilhão em Receita.

Como explicaremos nas seções seguintes, KPIs e KRIs são subconjuntos priorizados de PIs e RIs, respectivamente.

O Que é um KRI?

Os Indicadores-Chave de Resultados (KRIs) são métricas abrangentes que resumem o desempenho geral do departamento. Esses indicadores são usados pela liderança sênior, como o diretor jurídico (GC), CFO e o conselho, para obter uma visão ampla de como o departamento jurídico contribui para os objetivos estratégicos da organização. Em resumo, KRIs:

- Podem ser métricas financeiras ou não financeiras,
- Indicam resultados em vez de ações,
- São reportados por meio de tendências ou gráficos,
- São medidos mensalmente, trimestralmente ou anualmente.

Aqui estão exemplos e características que ajudam a identificar KRIs em um departamento jurídico:

- Podem ser o resultado das ações coletivas de múltiplas funções, como equipes de advogados internos, operações jurídicas e suporte administrativo.
- Não atribuem diretamente o desempenho insatisfatório ou resultados excepcionais a equipes ou indivíduos específicos.
- Não determinam ações específicas necessárias para melhoria, mas fornecem uma visão estratégica geral.
- Indicam se o departamento jurídico está alinhado com os objetivos mais amplos da organização e se está alcançando esses objetivos em um ritmo adequado.
- Embora influenciados pela gestão jurídica sênior, nem todos os aspectos estão diretamente sob seu controle.
- Medidas financeiras, como despesas jurídicas ou aderência ao orçamento, são consideradas KRIs, pois refletem os resultados de várias atividades.
- Resultados de PIs podem ser categorizados como KRIs.
- Geralmente, os KRIs focam no desempenho passado, com frequências de relatório mensais, trimestrais ou anuais.

O Que é um RI?

Os Indicadores de Resultados (RIs) são métricas de desempenho que fornecem insights sobre as contribuições de equipes ou setores específicos dentro do departamento jurídico. Ao contrário dos KRIs, que oferecem uma visão geral, os RIs permitem que chefes de departamento e gestores acompanhem e analisem o desempenho de unidades ou processos distintos. Eles são cruciais para entender como diferentes componentes dentro do departamento contribuem para a eficácia geral e o alinhamento estratégico com a organização. Características dos RIs incluem:

- São semelhantes aos KRIs, mas são menos relevantes para apresentação ao C-Level.
- Fornecem à gestão uma visão de como as equipes se combinam para produzir resultados.
- Visam compreender o trabalho em equipe.

Características e Exemplos de RIs em um departamento jurídico:

- Oferecem uma visão mais detalhada sobre o desempenho e o resultado de funções específicas dentro do departamento, como assistentes jurídicos, advogados internos ou operações jurídicas.
- Embora não identifiquem diretamente o desempenho individual, ajudam a identificar onde, dentro do departamento, o desempenho pode estar abaixo do esperado ou se destacando.
- Informam os chefes de departamento sobre quais áreas podem necessitar de ajustes estratégicos, sem prescrever um curso de ação específico.
- Indicam o quão bem as funções especializadas dentro do departamento jurídico estão desempenhando e se estão atendendo aos benchmarks esperados.
- São influenciados e podem ser parcialmente controlados pela gestão jurídica de nível médio e líderes de equipe.

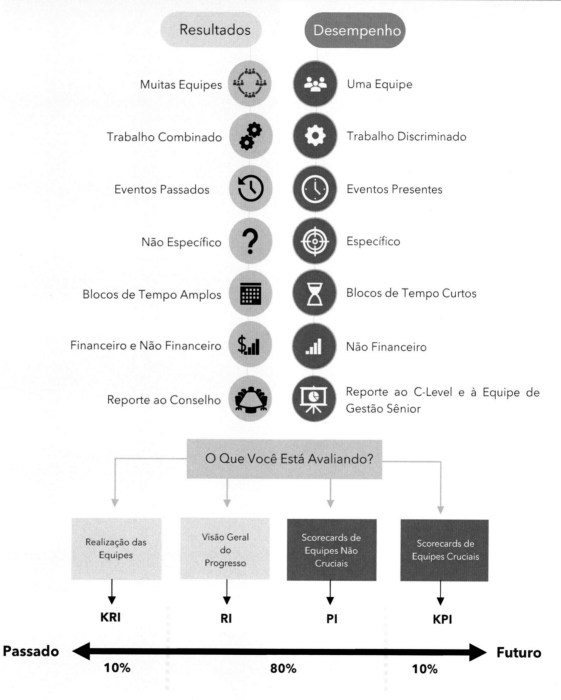

- Exemplos de RIs financeiros podem incluir custo por caso de litígio ou economia de custos em negociações de contratos.
- Resultados de desempenho de iniciativas baseadas na equipe podem servir como RIs, esclarecendo a eficácia dessas iniciativas.

O Que é um KPI?

Os Indicadores-Chave de Desempenho (KPIs) para um departamento jurídico são medidas específicas e quantificáveis que acompanham a eficiência e a eficácia de diversas ações e estratégias dentro do departamento. Os KPIs são projetados para refletir o progresso do departamento em direção ao cumprimento de seus principais objetivos e, frequentemente, orientam as ações e políticas implementadas. Veja como os KPIs são estruturados:

- Medidas não financeiras,
- Indicam onde a ação deve ocorrer,
- Informam o que fazer para aumentar o desempenho,
- Medidos semanalmente ou mensalmente.

Características e exemplos de KPIs em um departamento jurídico:

- Acompanham atividades críticas, como tempos de resolução de casos, prazos para entrega de documentos ou taxas de conformidade com processos internos.
- Os KPIs estão diretamente ligados ao desempenho individual ou de equipe, proporcionando uma relação clara entre atividades e resultados.
- Esses indicadores são usados para motivar e orientar as equipes em direção à melhoria de desempenho, alinhando seus esforços ao plano estratégico do departamento.

- Muitas vezes, os KPIs podem ser comparados com benchmarks, permitindo que os departamentos jurídicos avaliem seu desempenho em relação aos seus concorrentes.
- KPIs podem medir o sucesso de tecnologias jurídicas implementadas, em termos de adoção pelos usuários ou ganhos de eficiência nos processos.
- Fornecem dados acionáveis que podem levar a iniciativas específicas de melhoria de desempenho ou programas de treinamento.
- Acompanhar KPIs em períodos mais curtos permite que os departamentos jurídicos se adaptem rapidamente a circunstâncias em mudança, garantindo agilidade e melhoria contínua.

O Que é um PI?

Os Indicadores de Desempenho (PIs) são métricas que se assemelham aos KPIs, mas que se concentram em aspectos secundários ou de suporte do desempenho do departamento. Esses indicadores são projetados para serem diretamente ligados às contribuições de equipes ou indivíduos específicos. Os PIs desempenham um papel importante na análise detalhada do desempenho, permitindo a identificação precisa de membros que possam necessitar de reconhecimento por suas conquistas ou de treinamento direcionado para melhorar seus resultados. Ao focar nessas métricas de suporte, os PIs oferecem uma visão detalhada do desempenho que apoia os objetivos estratégicos gerais do departamento por meio de monitoramento e avaliação em um nível mais granular.

Características dos PIs:

- Semelhantes aos KPIs, mas são indicadores de menor importância.

- Podem ser ligados diretamente à equipe.
- Permitem identificar uma pessoa dentro de uma equipe por desempenho abaixo do esperado ou por outros motivos.

O Que é um Relatório?

Relatórios em um departamento jurídico são instrumentos de comunicação que sintetizam dados e análises em narrativas coerentes. Essas narrativas não apenas refletem o status do departamento, mas também influenciam processos de tomada de decisão. Eles desempenham um papel essencial nos esforços de prestação de contas e planejamento estratégico do departamento. Abaixo está uma definição e estrutura de relatórios no contexto de um departamento jurídico:

- Documentos ou apresentações abrangentes que agregam diversas métricas e indicadores para fornecer uma visão holística das atividades, desempenho e resultados do departamento jurídico.
- Servem como uma ferramenta de comunicação para transmitir informações aos stakeholders, sejam eles internos (como o diretor jurídico, CEO) ou externos (como membros do conselho).
- Tipicamente, um relatório pode incluir vários KPIs, KRIs, PIs e RIs, complementados com recursos visuais, como gráficos, tabelas e diagramas, para fornecer insights mais claros.
- Relatórios frequentemente contextualizam dados, estabelecendo conexões,

identificando tendências e oferecendo comentários sobre as implicações dos indicadores.
- A frequência, o nível de detalhe e o público-alvo dos relatórios podem variar – desde atualizações operacionais diárias até revisões trimestrais ou resumos anuais.

Exemplos de Relatórios:

- Análise de Casos com Acordos de Honorários Alternativos[3]
- Análise de Carga de Trabalho dos Advogados Internos
- Otimização de Honorários de Fornecedores
- Otimização da Utilização de Recursos dos Fornecedores
- Análise de Limpeza das Faturas

Modelo de Maturidade para Análise de Dados Jurídicos

No universo das operações jurídicas, a análise de dados se destaca como um pilar para a tomada de decisões estratégicas e a excelência operacional. O Modelo de Maturidade para Análise de Dados Jurídicos ("Modelo de Maturidade") apresentado neste livro oferece aos departamentos jurídicos uma perspectiva para examinar e aprimorar suas práticas de análise de dados.

Usando a Ferramenta de Avaliação do Modelo de Maturidade fornecida neste livro e disponível online, os departamentos podem identificar seu estágio atual no espectro de análises.

No cerne, o modelo divide a maturidade em níveis distintos, reconhecendo os estágios progressivos pelos quais os departamentos jurídicos evoluem em suas capacidades de análise de dados. Ele aborda os critérios

---

[3] Acordos de Honorários Alternativos (AFAs) referem-se a modelos de pagamento que vão além dos honorários tradicionais por hora. Esses acordos incluem honorários fixos, baseados em contingência ou resultados, e modelos híbridos. As AFAs oferecem flexibilidade e previsibilidade, permitindo que clientes e escritórios de advocacia ajustem os custos jurídicos conforme suas necessidades e estratégias específicas.

essenciais de Pessoas, Operações, Tecnologia e Dados, assegurando uma visão abrangente do ecossistema analítico do departamento.

O objetivo deste modelo é duplo: primeiro, ajudar os departamentos jurídicos a avaliar sua maturidade atual para análise de dados; segundo, capacitá-los a selecionar métricas e indicadores que correspondam ao seu nível atual de maturidade. Com isso, os profissionais jurídicos podem não apenas medir, mas também melhorar significativamente seu impacto nos resultados empresariais.

Áreas de Componentes

O modelo foca nas seguintes áreas críticas dentro do departamento jurídico:

- **Pessoas (P)**: Avalia as habilidades, treinamentos e expertise dos indivíduos em seu departamento jurídico.
- **Operações (O)**: Avalia a eficiência e a eficácia dos seus processos e fluxos de trabalho jurídicos.
- **Tecnologia (T)**: Avalia as ferramentas e sistemas que você possui para apoiar suas operações jurídicas.
- **Dados (D)**: Avalia a qualidade dos dados e sua capacidade de coletar,

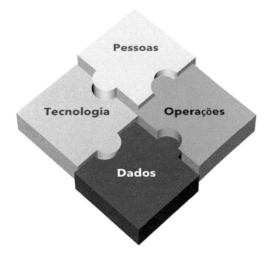

analisar e utilizar esses dados para melhorar a tomada de decisões.

Níveis

Em uma avaliação, cada área de componente receberá uma classificação de 1 a 4, representando os seguintes níveis de maturidade: Inicial, Em Desenvolvimento, Maduro e Avançado.

- **Inicial (Nível 1):** O departamento jurídico é predominantemente reativo, atendendo necessidades legais imediatas com pouco planejamento estratégico. Progredir deste nível geralmente requer um investimento moderado de tempo e recursos, com foco em treinamento básico em análise de dados, estabelecimento de processos fundamentais e adoção de softwares elementares de gestão de casos.
- **Em Desenvolvimento (Nível 2):** O departamento reconhece a importância de operações estruturadas e está começando a implementar fluxos de trabalho e soluções tecnológicas fundamentais.
- **Maduro (Nível 3):** O departamento opera com uma estrutura bem definida e simplificada, contando com uma equipe dedicada à análise de dados e à otimização de processos.
- **Avançado (Nível 4):** O departamento jurídico contribui

estrategicamente para os objetivos organizacionais, utilizando soluções tecnológicas avançadas e promovendo uma cultura orientada por dados. Manter-se neste nível de maturidade exige esforço contínuo e dedicação à melhoria constante, incluindo auditorias regulares, iniciativas de treinamento avançado e acompanhamento das últimas tecnologias e melhores práticas em operações jurídicas.

Utilizando a Ferramenta de Avaliação do Modelo de Maturidade

Para determinar o nível atual de maturidade do seu departamento jurídico, consulte a Parte III deste livro. Lá, você encontrará essa ferramenta de avaliação, projetada para avaliar sua posição em cada área-chave. A ferramenta inclui um questionário detalhado, que permitirá identificar os pontos fortes, fraquezas e áreas de melhoria do seu departamento.

Ao avaliar a maturidade do seu departamento, você obterá insights acionáveis e uma visão mais clara sobre os passos estratégicos e as métricas necessárias para avançar para o próximo nível. Os resultados servirão como um catalisador para a tomada de decisões informadas e para melhorias direcionadas, permitindo que você alinhe suas operações jurídicas de maneira mais próxima aos objetivos gerais da sua organização.

Caixa de Informações

Para aprimorar sua compreensão, preparação e implementação de cada artigo apresentado neste livro, incorporamos uma Caixa de Informações, um guia visual que acompanha cada artigo, oferecendo uma visão rápida do nível mínimo de maturidade recomendado para uma implementação eficaz.

Como Funciona:

A Caixa de Informações identifica o nível mínimo de maturidade sugerido em cada uma das quatro áreas-chave: Pessoas, Operações, Tecnologia e Dados. Ao consultar esse indicador, você pode rapidamente avaliar se o seu departamento jurídico possui o nível de maturidade necessário para implementar e aproveitar eficazmente a métrica ou relatório correspondente.

Veja a amostra de Caixa de Informações a seguir para se familiarizar com o layout e a interpretação desse recurso. Isso o guiará sobre como interpretar o indicador para cada métrica e relatório ao longo do livro.

Aborde a Caixa de Informações com discernimento. Embora ela funcione como um guia, não é absoluta. A implementação pode ser influenciada por diversos fatores contextuais e organizacionais específicos de cada departamento jurídico. Portanto, os níveis de maturidade indicados devem ser vistos como sugestões, fornecendo uma visão direcional em vez de uma exigência definitiva.

A Caixa de Informações foi pensada para ser um ponto de partida, ajudando você a avaliar a viabilidade e a relevância de cada métrica dentro do seu contexto operacional único.

Por Que Visualizamos Dados?

A visualização de dados é tanto uma arte quanto uma ciência, que permite transformar conjuntos complexos de dados em representações visuais facilmente compreensíveis e interpretáveis. Ao utilizar ferramentas como gráficos, diagramas e outros recursos visuais, profissionais jurídicos podem aprofundar seu entendimento sobre os dados, revelando tendências ocultas, padrões e relacionamentos valiosos que permaneceriam ocultos nos dados brutos. Uma visualização de dados eficaz é extremamente poderosa, servindo como um ativo crítico que facilita a tomada de decisões estratégicas e impulsiona a eficiência operacional.

A visualização é especialmente eficaz em muitos casos porque, para a maioria de nós, o cérebro processa elementos visuais mais rapidamente do que texto ou números, que exigem mais esforço cognitivo para serem interpretados. Muitas vezes, é mais fácil identificar padrões e tendências de forma visual.

Para ilustrar, compare a tabela e o gráfico a seguir, que representam o mesmo conjunto de dados. Bastante impactante, não? Não deixe que os dados se percam num bloco de texto; libere seu potencial para expressar informações de maneira impactante por meio do poder da visualização.

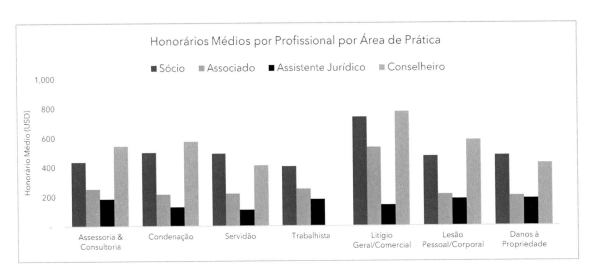

Como Visualizamos Dados?

Desde simples gráficos de barras até gráficos de violino complexos, há muitas maneiras de representar dados visualmente, cada uma oferecendo insights valiosos para determinados tipos de dados. Ao entender os diferentes tipos de visualizações disponíveis, juntamente com seus pontos fortes e fracos, os profissionais jurídicos podem escolher os melhores métodos para apresentar seus dados e contar uma história envolvente. No entanto, criar um gráfico eficaz pode ser surpreendentemente complexo.

Mesmo com ferramentas avançadas e versáteis, escolher a visualização certa pode ser um desafio. Lembre-se de que o objetivo da visualização de dados não é apenas exibir dados, mas também oferecer insights, inspiração e clareza. Um dos objetivos deste livro é guiá-lo na seleção da visualização mais adequada e significativa para seus dados, com base na história que você deseja contar. Ao estudar os exemplos aqui oferecidos, você aprenderá quais tipos de visualização – sejam gráficos para áreas de prática, gráficos de unidades de negócios ou outras categorizações – melhor transmitem a história que você deseja contar e os insights que espera obter com seus dados.

Tipos Comuns de Gráficos

Cada tipo de gráfico atende a um propósito específico, adaptando-se a estruturas de dados variadas e necessidades de narrativa. Nesta seção, exploraremos diversos tipos de gráficos, desvendando suas estruturas, propósitos e casos de uso ideais. Seja você um analista de dados experiente ou um iniciante curioso, entender as sutilezas dessas ferramentas visuais é fundamental para criar narrativas de dados envolventes.

Gráfico de Colunas

Imagine que você deseja comparar rapidamente o número de casos por área de prática ao longo do último ano. Você precisa de uma visualização que ilustre claramente as diferenças e permita uma comparação rápida e fácil.

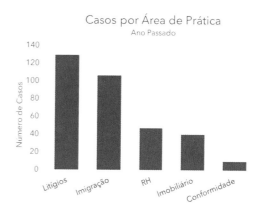

Casos por Área de Prática
Ano Passado

Para isso, um gráfico de colunas, também conhecido como gráfico de barras verticais, seria ideal. Gráficos de colunas comparam a frequência ou os valores de diferentes categorias dentro de um conjunto de dados. Cada coluna corresponde a uma categoria, e sua altura representa a frequência, contagem ou valor dessa categoria. Esse tipo de gráfico é excelente para ilustrar "Casos por Área de Prática", mas também é eficaz para exibir séries temporais, comparar categorias ou grupos, mostrar relações de parte para o todo e apresentar rankings ou dados ordenados. Sua versatilidade e simplicidade tornam-no valioso para visualizar uma ampla gama de conjuntos de dados e identificar padrões e tendências com facilidade.

⚠ No entanto, esteja atento: embora o gráfico de colunas seja versátil, ele nem sempre é a melhor escolha. Evite usá-lo para conjuntos de dados com muitas categorias, pois pode se tornar confuso. Também não é ideal para exibir dados contínuos; nesse caso, um gráfico de linhas seria mais adequado. Se precisar comparar múltiplas séries de dados com muitos pontos, considere um gráfico de colunas empilhadas. Além disso, tenha cuidado com conjuntos de dados que contenham valores negativos, pois podem ser enganosos no formato de gráfico de colunas.

Gráfico de Barras

Imagine que você deseja analisar a distribuição de casos entre diversos fornecedores e quer uma visualização clara que permita comparações sem etiquetas confusas.

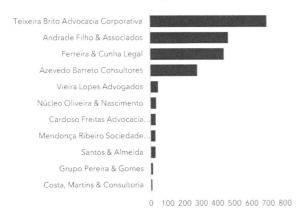

Casos Faturados por Fornecedor

Para esse objetivo específico, um gráfico de barras pode ser sua melhor opção. A disposição horizontal das barras facilita a visualização de dados com múltiplas categorias ou pontos de dados, proporcionando espaço suficiente para rotulagem, evitando problemas como sobreposição, texto girado ou poluição visual. Isso o torna particularmente eficaz quando você quer comparar o número de casos por fornecedor, assegurando que os dados sejam apresentados de maneira clara e compreensível.

No entanto, esteja atento: gráficos de barras podem não ser a melhor escolha para mostrar a relação entre duas variáveis contínuas ou para dados que têm uma ordem natural (como o tempo). Nesses casos, considere outros tipos de gráficos, como gráficos de linha ou área. Além disso, se

você estiver lidando com porcentagens que somam 100%, um gráfico de barras empilhadas ou um gráfico de pizza pode ser mais apropriado.

Gráfico de Pizza

Imagine que você deseja entender quanto do orçamento do seu departamento é alocado para Litígios em comparação com outras áreas de prática.

O gráfico de pizza é ideal para exibir a proporção de diferentes categorias em um conjunto de dados, especialmente quando você quer compreender a distribuição percentual de um todo.

Percentual de Despesa em Casos de Litígio

Quem não gosta de uma boa pizza? Embora os gráficos de pizza sejam muito populares, nem sempre são a melhor opção para comparar valores individuais, pois quando as fatias são de tamanhos semelhantes, pode ser difícil diferenciá-las. Além disso, se houver muitas categorias, o gráfico de pizza pode se tornar confuso e visualmente poluído. Nesses casos, você pode considerar o uso de um gráfico de barras ou um gráfico de barras empilhadas para uma diferenciação mais clara.

Histograma

Imagine que você está tentando entender como seus profissionais alocam suas horas tipicamente. A maioria deles registra apenas algumas horas por semana, ou estão fazendo turnos mais longos? Um histograma pode ajudar a ilustrar esse tipo de informação.

Um histograma fornece uma visão geral da distribuição de dados em intervalos específicos. No caso das horas trabalhadas pelos profissionais, cada barra representa um intervalo de horas (como 0,1-0,25, 0,25-0,4 e 0,4-0,55), e a altura da barra indica a frequência com que os profissionais registraram horas dentro de cada intervalo. Esse tipo de gráfico é uma maneira eficaz de visualizar a distribuição das horas, permitindo identificar padrões e concentrações.

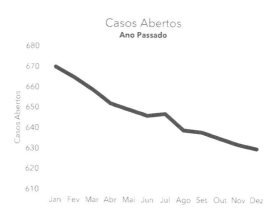

Casos Abertos
Ano Passado

Unidades de Tempo Faturadas por Profissional

Histogramas são ideais para visualizar distribuições de dados contínuos. Se você estiver comparando categorias distintas sem uma ordem natural, como o "Número de Casos por Advogado", considere utilizar um gráfico de barras para uma representação mais adequada.

Gráfico de Linhas

Imagine que você deseja entender a trajetória dos casos abertos ao longo do último ano, incluindo picos de atividade e tendências, e talvez usar isso como uma ferramenta de previsão. O gráfico de linhas é um ótimo ponto de partida. No seu cenário, traçar o número mensal de casos abertos para o ano atual e o anterior permite uma comparação direta. Usando um gráfico de linhas, você pode identificar rapidamente

padrões, como aumentos ou diminuições consistentes nos casos abertos.

Embora os gráficos de linhas sejam excelentes para mostrar tendências, eles podem se tornar confusos se sobrecarregados com muitas séries de dados. Também é essencial garantir intervalos de tempo consistentes para uma representação precisa. Lembre-se de que, embora a linha conecte os pontos, são os pontos de dados individuais que contêm as informações reais. Sempre interprete gráficos de linhas com cuidado e dentro do contexto adequado.

Gráfico Combinado

Se você deseja entender como o gasto jurídico está diretamente relacionado ao número de casos no seu departamento, você poderia usar dois gráficos separados, mas por que não combiná-los para uma visão mais clara e consolidada? Um gráfico combinado permite exibir e comparar múltiplos tipos de dados em um único eixo ou em eixos duplos, combinando as vantagens de diferentes tipos de gráficos.

Com múltiplos tipos de dados, é essencial usar legendas claras, cores distintas e escalas consistentes. Isso garante que o público consiga diferenciar facilmente entre os conjuntos de dados e obter insights significativos a partir da visualização.

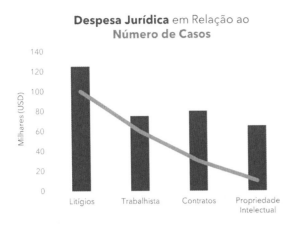

Despesa Jurídica em Relação ao **Número de Casos**

Gráfico de Rosca

Imagine que você está preparando uma apresentação para o conselho sobre despesas e deseja destacar a diferença entre os gastos jurídicos e os não jurídicos (como TI). Você quer algo visualmente impactante, mas também informativo. O gráfico de rosca é uma versão mais detalhada do gráfico de pizza. Enquanto ambos representam dados como segmentos proporcionais de um todo, o centro oco do gráfico de rosca pode ser usado para destacar pontos de dados específicos ou até mesmo adicionar anotações. No exemplo abaixo, o gráfico de rosca destaca o contraste entre Despesa Não Jurídica e Despesa Jurídica no contexto da Despesa Jurídica Total, destacando a Despesa Não Jurídica, com o maior segmento ilustrando a Despesa Jurídica e a fatia menor representando a Despesa Não Jurídica.

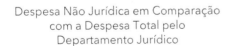

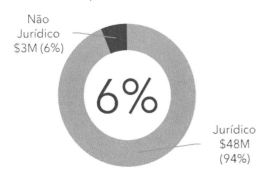

Mas por que não usar apenas um gráfico de pizza? Embora os gráficos de pizza sejam ótimos, o centro oco do gráfico de rosca oferece uma estética única que pode, às vezes, fazer os dados se destacarem ou fornecer um espaço para contexto adicional. No entanto, assim como nos gráficos de pizza, é essencial evitar sobrecarregar o gráfico de rosca com muitas categorias, pois pode se tornar difícil diferenciar entre elas.

Gráfico de Medidor

É o fim do mês, e você quer verificar o progresso da sua equipe nas revisões de casos. Você estabeleceu uma meta e precisa de uma maneira rápida e visual de ver se estão no caminho certo, adiantados ou atrasados.

Este gráfico, que pode se assemelhar a um velocímetro de carro, oferece uma indicação visual imediata sobre o desempenho em relação a uma meta definida. O ponteiro ou seta aponta para o status atual, e seções coloridas permitem identificar instantaneamente se você está no verde (dentro da meta ou excedendo), amarelo (atenção) ou vermelho (atraso). No nosso exemplo, o medidor simples mostra rapidamente a porcentagem de casos revisados dentro de 10 dias.

Casos Revisados Dentro de 10 Dias

Embora o medidor seja excelente para uma visualização rápida, é importante lembrar que ele representa um único ponto de dados ou métrica. Se você precisar de uma análise mais detalhada ou quiser comparar múltiplas métricas, outros tipos de gráficos podem ser mais adequados.

Gráfico de Barras Empilhadas

Digamos que você queira comparar e visualizar as despesas do departamento trimestre a trimestre entre operações internas e colaborações externas para identificar tendências, anomalias ou padrões.

O gráfico de barras empilhadas pode ser seu aliado quando você quer dissecar e comparar a composição de diferentes categorias dentro de um todo. Neste caso, é a distribuição dos gastos do departamento jurídico. Assim, você pode ver imediatamente quanto foi gasto internamente versus externamente em cada trimestre. Mas não é só isso. A grande vantagem do gráfico de barras empilhadas é que ele também permite comparar o gasto total de um trimestre para outro.

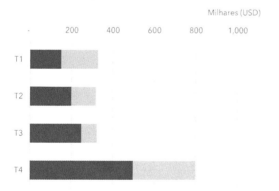

Despesa Interna vs. Externa

Lembre-se de manter o número de categorias limitado para garantir clareza. Muitos segmentos em uma barra podem tornar o gráfico confuso e mais difícil de interpretar.

Coluna Empilhada 100%

Se você deseja visualizar perguntas como "Qual foi a distribuição das horas trabalhadas em um caso por função de profissional?", o gráfico de coluna empilhada 100% pode ser útil.

Cada coluna representa um trimestre, e dentro de cada coluna, você vê segmentos coloridos que correspondem a diferentes funções. No entanto, em vez de números absolutos, você vê percentuais. Toda a coluna, de baixo para cima, representa 100% dos profissionais para aquele trimestre. Os segmentos indicam qual proporção deste 100% foi ocupada por cada função. Esse gráfico facilita a identificação de tendências e de possíveis lacunas.

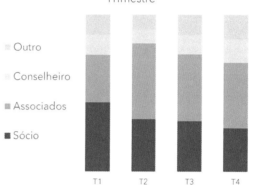

Distribuição de Profissionais por Trimestre

Um aviso: embora esse gráfico seja excelente para compreender proporções, ele não transmite o número absoluto de profissionais. Assim, se o número total de profissionais aumentou ou diminuiu de um trimestre para outro, essa mudança não será mostrada. Sempre combine com outros pontos de dados para obter uma visão abrangente.

Gráfico de Área Empilhada

Digamos que você tenha a tarefa de visualizar como diferentes tipos de disputas jurídicas evoluíram nos últimos anos e como elas contribuem para o total de casos por ano. Um gráfico de área empilhada é uma excelente ferramenta para isso; ele sobrepõe séries de dados, onde cada camada representa uma categoria, ilustrada ao longo do tempo:

Tendência das Categorias de Disputas Jurídicas

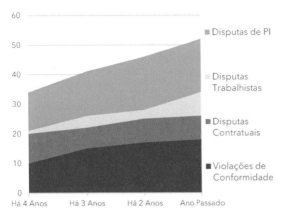

O eixo x geralmente representa o tempo, neste caso, os anos relativos, enquanto o eixo y mostra o número cumulativo de disputas. Conforme você se move da esquerda para a direita, pode observar a evolução de cada tipo de disputa e como os totais moldaram a composição geral das disputas.

⚠ É essencial ter cautela ao interpretar os dados, especialmente nas camadas do meio, pois sua espessura pode ser influenciada tanto pelos próprios valores quanto pelos valores abaixo deles. Além disso, se houver muitas categorias ou se os dados forem muito voláteis, o gráfico pode se tornar confuso e difícil de interpretar. Sempre priorize clareza e simplicidade para obter os melhores insights.

Área Empilhada 100%

Imagine que você queira entender como a proporção de despesas jurídicas por área de prática evoluiu ao longo do tempo. O gráfico de área empilhada 100% é ideal para isso.

Este gráfico funciona de forma semelhante ao gráfico de colunas empilhadas 100%, mas traça os dados ao longo do tempo. A área total entre o eixo x e a linha de cada categoria soma 100%, e a área de cada categoria corresponde à sua porcentagem do total. Ele oferece uma representação fluida, destacando a evolução das proporções das categorias ao longo do tempo, proporcionando uma visão clara da

distribuição relativa das categorias e ressaltando tendências e mudanças nas proporções.

Percentual de Despesa Jurídica por Área de Prática

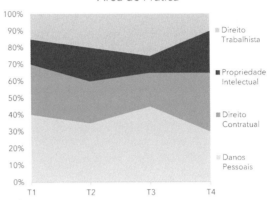

⚠ É importante observar que gráficos empilhados 100% não transmitem valores absolutos. Eles podem se tornar confusos se houver muitas categorias sobrepostas ou se o conjunto de dados apresentar flutuações frequentes e acentuadas, resultando em um gráfico visualmente caótico.

Gráfico de Radar

Imagine que você é o chefe de um departamento jurídico e acabou de realizar uma pesquisa de avaliação com seus advogados internos. Você deseja avaliar como um escritório de advocacia com o qual colabora se sai em vários critérios de desempenho. Como visualizar esse feedback multifacetado de forma abrangente e fácil de entender? O gráfico de radar é uma ferramenta útil para essa finalidade.

Também conhecido como gráfico de aranha ou de teia, o gráfico de radar permite traçar várias variáveis em eixos diferentes que partem de um ponto comum. No exemplo mencionado, cada eixo representa uma métrica de desempenho, como Custo ou Comunicação. Quanto mais afastado o ponto de dados estiver no eixo, melhor o desempenho naquela categoria. Assim, ao traçar o feedback para o escritório de advocacia em todas as métricas, você obtém uma "teia" que visualmente destaca seus pontos fortes e fracos.

Avaliação de Escritório de Advocacia

Por exemplo, se a teia se estende até a marca de 100% no eixo de Expertise, mas fica em torno de 50% em Comunicação, você saberá rapidamente onde o escritório se destaca e onde precisa melhorar.

⚠ Os gráficos de radar são mais adequados para um número limitado de variáveis - entre 3 e 10. Com muitas variáveis, o gráfico pode se tornar confuso e difícil de interpretar. Além disso, assegure-se de que cada variável esteja na mesma escala, para que as comparações sejam justas e significativas.

Gráfico de Cascata

Se você precisa visualizar seu orçamento do início ao fim do ano fiscal, incluindo valores negativos e positivos, o gráfico de cascata pode ajudar na visualização desse conjunto de dados.

Começando com um ponto de dados inicial, geralmente o saldo inicial, este gráfico visualiza valores positivos e negativos sequenciais, levando a um valor final. Cada coluna no gráfico representa uma mudança específica, com extensões para cima indicando adições e para baixo indicando

subtrações.

A beleza do gráfico de cascata está em sua capacidade de detalhar o percurso, passo a passo, revelando a história por trás do número final. Ele é especialmente útil para entender o impacto cumulativo de valores positivos ou negativos que ocorrem em sequência.

Execução Orçamentária do Caso

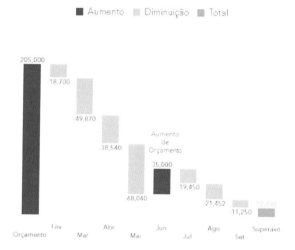

⚠ No entanto, tenha cuidado ao usar gráficos de cascata para dados não sequenciais. Eles são mais adequados para conjuntos de dados onde o objetivo é compreender a sequência e a contribuição de fatores individuais.

Gráfico de Mapa Coroplético

Esse gráfico é semelhante ao mapa de calor, mas aqui o objetivo é entender mais especificamente a distribuição geográfica dos dados, como novos casos ao longo do ano em várias localidades.

Um gráfico de mapa coroplético utiliza diferentes tonalidades de cores para representar os valores dos dados em regiões predefinidas, como países, estados ou municípios. Esse tipo de gráfico é especialmente útil para identificar tendências ou disparidades geográficas. Por exemplo, se um estado ou região específica apresenta uma tonalidade mais escura de forma consistente, isso pode indicar uma maior incidência de questões jurídicas naquela área, o que pode justificar uma investigação mais detalhada.

Incidência de Litígios por Estado

Número de Litígios
250
30

⚠ Lembre-se de que os mapas coropléticos funcionam melhor quando os dados são normalizados (por exemplo, casos por 100.000 pessoas) para garantir que a visualização não esteja apenas refletindo a densidade populacional.

Gráfico de Dispersão

Digamos que você esteja curioso para saber se casos que permanecem abertos por mais tempo tendem a custar mais. Será que casos de longa duração consomem mais recursos? Um gráfico de dispersão pode ser útil para avaliar esses tipos de relações.

Os gráficos de dispersão exibem pontos de dados individuais em um plano bidimensional, com cada eixo representando uma variável diferente. Neste cenário, o eixo x poderia representar a duração de um caso,

enquanto o eixo y indicaria seu custo. Cada ponto no gráfico representa um caso específico, posicionado de acordo com sua idade e o custo associado. Observando a distribuição e o agrupamento dos pontos, é possível discernir padrões ou tendências.

⚠ Certifique-se de que o gráfico não inclua tantos pontos a ponto de dificultar a visualização individual de cada ponto, e que os eixos estejam devidamente rotulados para garantir clareza. Lembre-se de que, embora gráficos de dispersão possam sugerir correlações, eles não necessariamente implicam em causalidade. Sempre aborde as interpretações com discernimento.

Gráfico de *Sunburst*

Um gráfico de *Sunburst* utiliza círculos concêntricos para dividir dados em categorias e subcategorias hierárquicas. Cada círculo representa um nível na hierarquia, com o círculo mais interno indicando o nível superior e cada círculo externo representando níveis mais profundos. O tamanho e a cor de cada segmento indicam o valor de uma métrica ou medida específica, facilitando a comparação da importância relativa entre as categorias.

Vamos considerar o gasto por profissional como exemplo. O círculo mais interno pode representar o gasto total, segmentado por

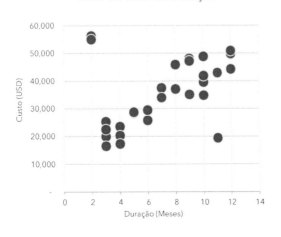

Valor do Caso vs. Duração

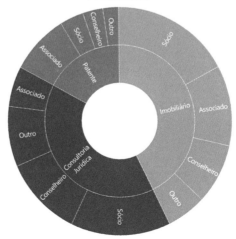

Despesa por Área de Prática e Função do Profissional

diferentes áreas de prática. À medida que você avança para os círculos externos, o próximo círculo pode detalhar o gasto em cada área de prática por funções como Sócio, Associado ou Conselheiro. Essa abordagem em camadas permite compreender rapidamente a distribuição de despesas entre áreas de prática e funções, oferecendo insights sobre onde estão os custos mais significativos e quais funções contribuem mais em cada área.

Gráfico de Funil

Digamos que você queira comparar o progresso de casos de litígios usando a fase UTBMS entre o ano passado e este ano. O gráfico de funil pode ser útil aqui, pois ajuda a representar uma série de etapas ou eventos em uma estrutura semelhante a um fluxo. Por exemplo, você pode começar com L100 [4]no topo do funil, e conforme desce, é possível visualizar os custos associados a cada fase subsequente do ciclo de vida do caso, desde os registros iniciais, descoberta, pré-julgamento, julgamento, até a resolução final do caso. Comparando o ano anterior com o ano atual, é possível identificar onde os custos podem ter aumentado ou onde foram feitas melhorias em eficiência.

Gráficos de funil fornecem uma representação visual do progresso. Não se trata apenas dos números; trata-se de compreender a jornada de um caso e seus custos associados. Essa visualização pode ajudar escritórios de advocacia e departamentos jurídicos a identificar etapas que podem demandar muitos recursos ou a reconhecer possíveis gargalos no ciclo de vida do caso.

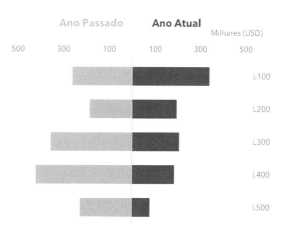

Custo Médio de Caso de Litígio

---

[4] O L100 faz parte do sistema de códigos UTBMS (Uniform Task-Based Management System), utilizado principalmente nos Estados Unidos para padronizar a categorização de tarefas e despesas jurídicas. O código L100 refere-se à fase inicial de um litígio, que inclui tarefas como a avaliação inicial do caso e a estratégia. No Brasil, esse sistema não é amplamente utilizado, sendo comum a utilização de categorização interna ou específica de cada escritório para acompanhamento de tarefas e fases processuais.

Mapa de Calor

Imagine que você está tentando identificar padrões no influxo de novos casos ao longo dos meses e em diferentes localidades. Você quer uma visão rápida que mostre se há algum mês ou localidade que se destaca.

Um mapa de calor usa gradientes de cores para representar os valores dos dados, fornecendo um resumo visual imediato das informações. Essa visualização é especialmente eficaz para identificar anomalias ou concentrações nos dados.

Entrada de Casos por Localidade Ano Passado												
Localidade	Jan	Fev	Mar	Abr	Mai	Jun	Jul	Ago	Set	Out	Nov	Dez
California	397	214	287	191	114	103	140	138	320	454	457	412
New York	389	275	169	112	107	123	137	135	220	358	502	431
Texas	285	374	163	155	151	142	136	132	156	248	457	405
Florida	181	168	161	154	146	139	130	128	152	146	219	387
Illinois	114	165	169	150	145	197	205	325	245	141	207	198
Pennsylvania	94	99	97	112	142	134	324	354	145	138	122	115
Ohio	72	68	63	59	56	52	178	298	172	98	67	64

Por exemplo, se uma localidade específica apresenta tonalidades mais escuras em certos meses de forma consistente, isso pode indicar um evento recorrente ou uma sazonalidade que afeta o influxo de casos. Ao utilizar este gráfico, certifique-se de que as escolhas de cores sejam intuitivas e considere incluir uma legenda para maior clareza.

Gráfico de Bolhas

Digamos que você queira examinar em detalhes as finanças do seu departamento jurídico e esteja curioso sobre a relação entre a utilização dos profissionais, seus honorários e o custo que representam para o departamento jurídico. Como esses três fatores se relacionam para diferentes profissionais? Um gráfico de bolhas poderia visualizar esses pontos de dados e a interação entre eles.

O gráfico de bolhas é como uma versão mais sofisticada do gráfico de dispersão. Enquanto gráficos de dispersão mostram a relação entre duas variáveis, gráficos de bolhas adicionam uma terceira variável à análise, ilustrada pelo tamanho das bolhas. No cenário exemplificado, o eixo x poderia representar a utilização do profissional, o eixo y poderia indicar sua taxa, e o tamanho de cada bolha poderia ilustrar o custo total cobrado por esse profissional, enquanto a cor identifica a função do profissional.

Essa visualização permite discernir rapidamente padrões. Por exemplo, bolhas maiores no canto superior direito indicariam profissionais com alta utilização e taxas elevadas. Em contraste, bolhas menores no canto inferior esquerdo podem representar profissionais com menor utilização e taxas mais baixas, resultando em um menor custo total por profissional.

⚠ Embora os gráficos de bolhas possam fornecer uma abundância de insights, eles também podem se tornar confusos se houver muitos dados. Antes de plotar as informações, é essencial ter clareza sobre a história que deseja contar. Você está tentando destacar uma correlação específica? Ou talvez deseje mostrar como uma terceira variável pode influenciar a relação entre as outras? A narrativa guiará sua escolha de variáveis e a interpretação do gráfico.

Gráfico de Árvore

Imagine um plano de piso com várias salas de diferentes tamanhos, cada uma representando um tipo de caso no seu departamento jurídico. Agora, imagine que o piso de cada sala possui azulejos de diversos tamanhos, representando os principais escritórios de advocacia que gerenciam esses casos, com os tamanhos indicando a porcentagem de despesa jurídica. Essa imagem é essencialmente o que um gráfico de árvore oferece.

Um gráfico de árvore é uma ferramenta de visualização que exibe dados hierárquicos usando retângulos aninhados. Cada nível da hierarquia é representado por um retângulo colorido, frequentemente chamado de "ramo," e as subcategorias dentro desse nível são exibidas como "folhas."

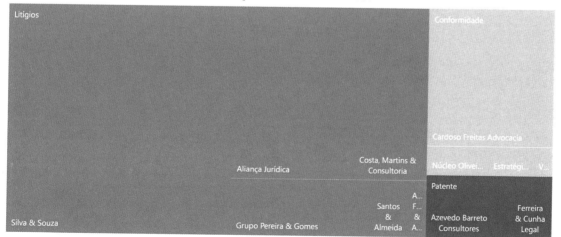

Distribuição dos Gastos Jurídicos

À primeira vista, você consegue identificar quais tipos de casos consomem mais recursos e quais escritórios de advocacia são os principais destinatários desses gastos. Essa visualização é especialmente útil ao lidar com um grande conjunto de dados, pois condensa as informações em um formato de fácil digestão, permitindo insights e comparações rápidas.

 Os gráficos de árvore podem não ser ideais para mostrar valores de dados precisos. Eles servem mais para dar uma noção geral da distribuição e hierarquia.

Gráfico de Colunas Agrupadas

Imagine que você precisa entender as taxas médias de profissionais com base em suas funções e por áreas de prática específicas. Esse é um volume considerável de dados para mostrar em um único gráfico.

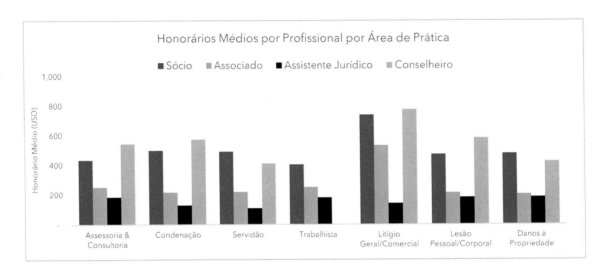

É aqui que o gráfico de colunas agrupadas se destaca. Ele organiza diferentes categorias de dados lado a lado, permitindo que você veja, por exemplo, como cada função se comporta em diferentes áreas de prática. Cada coluna representa uma função, e dentro dessa visualização, você também tem barras distintas para cada área de prática. Assim, ao trabalhar com múltiplos conjuntos de dados e precisar de uma comparação clara, o gráfico de colunas agrupadas pode ser uma ferramenta confiável para alcançar esse objetivo de visualização.

 Os gráficos de colunas agrupadas são ideais quando há necessidade de comparação lado a lado. No entanto, como em qualquer outra visualização, há um ponto ideal: eles podem se tornar confusos e ilegíveis se sobrecarregados com informações.

Coluna Empilhada

Imagine que você queira entender como as horas faturadas pelo seu departamento jurídico estão distribuídas entre diferentes áreas de prática a cada mês. O gráfico de coluna empilhada é a ferramenta ideal para isso. Este gráfico organiza dados dentro de uma única coluna, dividindo-a em segmentos que representam categorias distintas. O gráfico de coluna empilhada permite uma fácil comparação dos valores totais entre colunas e destaca a importância relativa de cada categoria em relação ao total. A altura de cada segmento corresponde ao seu valor absoluto, enquanto a altura total da coluna reflete a soma cumulativa de todos os valores das categorias. Nesse exemplo, é possível visualizar rapidamente e de maneira agradável como cada área de prática contribui para o total de horas faturadas a cada mês.

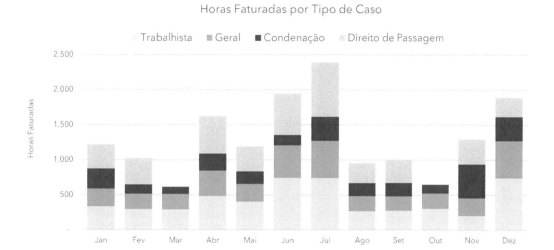

Horas Faturadas por Tipo de Caso

Tenha em mente que esse gráfico pode se tornar confuso ou ilegível se houver muitas categorias pequenas. Além disso, pode não ser tão preciso para transmitir valores exatos de segmentos de tamanhos semelhantes.

PARTE II: Lista de Métricas e Relatórios

Gestão de Despesas

Gerenciar a despesa jurídica de forma eficaz é fundamental para manter o equilíbrio financeiro dentro de uma organização. Este capítulo apresenta diversos parâmetros para acompanhar, comparar e entender as implicações dos gastos jurídicos em relação à receita organizacional e à eficiência operacional.

Gasto Jurídico Total como Percentual da Receita (TLSPR)

O Gasto Jurídico Total como Percentual da Receita (TLSPR) é um excelente ponto de partida para analisar os gastos. Ao calcular o TLSPR, as organizações podem obter insights sobre o impacto financeiro e a eficiência de seu departamento jurídico. Essa métrica é calculada dividindo o gasto do departamento jurídico (custos internos e externos incorridos) pela receita total gerada pela empresa, filtrada pelo mesmo período, expressa em forma de porcentagem.

Tipo	KRI		
Pessoas			
Operações			
Tecnologia			
Dados			

$$TLSPR = \frac{Gasto\ Jurídico\ Total}{Receita} \times 100$$

Despesa Jurídica Total como % da Receita

1% ▼

Por exemplo, se o gasto jurídico de uma empresa foi de $100 milhões e sua receita bruta foi de $10 bilhões, o Gasto Jurídico Total como Percentual da Receita seria:

$$\frac{100\ milhões}{10\ bilhões} \times 100 = 1\%$$

Essa métrica é multifacetada, sendo útil para monitorar despesas e orçamentos entre e dentro dos departamentos, além de auxiliar na gestão de custos, gestão de riscos, tomada de decisões e comunicação com as partes interessadas, contribuindo para a eficácia operacional e o desempenho financeiro geral.

Compreender a proporção da receita alocada para gastos jurídicos ajuda organizações a tomar decisões informadas e a priorizar suas iniciativas legais. Isso auxilia na avaliação do retorno sobre o investimento (ROI) para as atividades jurídicas e na determinação da alocação de recursos para abordar questões jurídicas críticas que estejam alinhadas com os objetivos estratégicos da organização.

Se o índice de TLSPR estiver acima da meta definida pela administração, isso pode indicar que as despesas jurídicas estão consumindo uma parte maior da receita da organização do que o esperado, sugerindo a necessidade de estratégias de otimização de custos, como a negociação de melhores acordos de honorários, a simplificação de processos jurídicos ou a implementação de mecanismos alternativos de resolução de disputas. Uma porcentagem elevada também pode sugerir um aumento na exposição ao risco jurídico. Ao

Despesa Jurídica Interna vs Externa

■ Interna ■ Externa

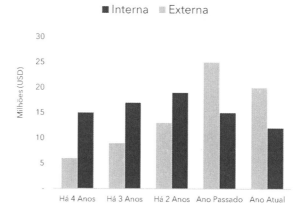

monitorar essa métrica, as organizações podem garantir que os gastos jurídicos estejam alinhados ao nível de risco jurídico enfrentado pelo negócio.

Uma porcentagem menor pode indicar uma gestão eficaz de riscos e controle de custos, potencialmente aumentando a confiança das partes interessadas e a reputação geral da organização.

Fontes de Dados

Para calcular o gasto total do departamento jurídico, inclua o seguinte:

- **Gasto Jurídico Interno**: Todos os custos relacionados à mão de obra da equipe jurídica interna, incluindo salários, bônus, comissões, benefícios e quaisquer outros custos associados à contratação de membros da equipe jurídica interna. Além disso, outros gastos podem ser incluídos, como licenças de software, assinaturas, manutenção de aplicativos específicos para o departamento jurídico e treinamentos para a equipe.
- **Gasto Externo**: Todas as taxas/despesas relacionadas a serviços, produtos e suporte externos, incluindo, mas não se limitando a honorários pagos a consultores externos, fornecedores, testemunhas especializadas, mediadores, árbitros, tribunais, provedores alternativos de serviços jurídicos (ALSPs), e-discovery e todas as outras terceirizações.

Extensões

Duas extensões significativas oferecem mais insights sobre o panorama financeiro do departamento jurídico:

- **Gasto Jurídico Externo como Percentual da Receita (ELSPR)**: Esta métrica foca na proporção do

orçamento alocado para recursos jurídicos externos em relação à receita total da empresa. Ela destaca a dependência da organização em relação a especialistas externos e ajuda a avaliar a eficácia dos compromissos externos, estratégias de gestão de custos e alinhamento com objetivos financeiros.

- **Gasto Jurídico Interno como Percentual da Receita (ILSPR)**: Nesta variação, a métrica avalia a proporção do orçamento destinada à equipe jurídica interna em relação à receita total da empresa. Reflete o compromisso da organização em aproveitar a expertise interna, o que pode influenciar decisões sobre níveis de pessoal, desenvolvimento de habilidades e alocação de recursos.

Limitações

Embora calcular o gasto externo seja relativamente simples, registrar e calcular dados para o gasto interno pode ser complexo, especialmente em organizações maiores. Considere os seguintes fatores ao realizar seus cálculos:

Gastos Interdepartamentais
Acumulado no Ano

- **Desafios de Orçamento Interdepartamental**: Quando o departamento jurídico fornece serviços a outros departamentos, ele pode receber créditos orçamentários deles, criando complexidades no rastreamento dessas transações, a menos que haja um sistema de cobrança eletrônica interna eficaz com detalhes de centro de custo adequados.
- **Falta de Padronização**: Práticas de faturamento diversificadas e ferramentas tecnológicas diferentes podem levar a discrepâncias nos relatórios, dificultando a compilação e a comparação de custos, e impactando a precisão da métrica.
- **Atualização dos Dados**: Quanto menos atualizados forem os dados, menor será a precisão da métrica.

Metas Futuras

Ao avaliar o Gasto Jurídico Total como Percentual da Receita, estabelecer metas futuras ajudará a definir melhorias específicas para sua equipe, tais como:

- **Aumento da Transparência**: Aumente a transparência nos gastos e na categorização de custos, estabelecendo diretrizes claras e padronizadas para o registro de despesas jurídicas.
- **Otimização de Custos**: Implemente medidas de redução de custos ao permitir que a equipe trabalhe de forma mais eficiente por meio de melhorias de processos, automação de tarefas repetitivas e negociação de taxas competitivas com consultores externos e outros provedores de serviços jurídicos. Busque um equilíbrio ao otimizar a distribuição de trabalho jurídico entre equipes internas e consultores externos.

- **Melhoria da Integridade e Precisão dos Dados**: Colete informações uniformes, padronize formatos de dados para relatórios precisos e utilize fontes de dados sincronizadas e atualizadas para monitoramento em tempo real e tomadas de decisão informadas. Centralize o faturamento e os dados de custos para garantir o registro abrangente e preciso de todas as despesas jurídicas.

Análise de Tendências

A análise de tendências revela o impacto de decisões estratégicas no departamento jurídico. É crucial correlacionar flutuações nessa métrica com atividades comerciais importantes, como expansões ou reestruturações, para entender seu impacto. Avalie como iniciativas dentro do departamento jurídico, como a adoção de tecnologias jurídicas, melhorias de processos ou mudanças na equipe (como internalização versus terceirização), influenciaram as tendências de TLSPR. Por exemplo, um aumento inicial nos gastos devido ao investimento em tecnologia jurídica pode ser seguido por uma diminuição de longo prazo no TLSPR, devido a ganhos de eficiência.

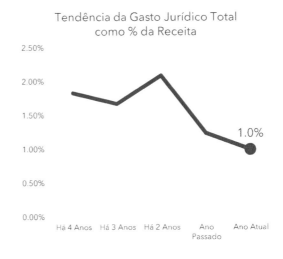

Tendência da Gasto Jurídico Total como % da Receita

Influenciadores Principais

- **Regulamentações e Requisitos**: Mudanças nas exigências legais e regulamentações podem impactar a complexidade e o volume do trabalho jurídico, influenciando o custo total dos serviços jurídicos. As empresas podem priorizar a manutenção de sua reputação em vez de cortar custos em questões jurídicas e públicas críticas.
- **Condições Econômicas**: Flutuações econômicas, como recessões ou crises de mercado, podem alterar a demanda por serviços jurídicos, impactando o custo total desses serviços. Ações de reclamantes geralmente aumentam durante recessões econômicas.

Benchmarking

- **Associações de Indústria e Relatórios de Pesquisa**: Consulte associações específicas do setor e relatórios de pesquisa que frequentemente publicam dados de benchmarking.
- **Networking e Conferências entre Concorrentes**: Participe de redes de contato através de conferências, fóruns e eventos do setor.
- **Participação em Pesquisas**: Participe de pesquisas do setor que incluam perguntas relacionadas ao gasto jurídico.
- **Publicações do Setor**: Procure publicações que possam apresentar artigos relevantes.

Ao considerar as características e necessidades jurídicas exclusivas do seu setor e o porte da sua organização, você poderá fazer comparações mais significativas e adaptar estratégias de remediação de forma eficaz. Por exemplo, em setores como

Benchmarking de Gasto Jurídico Total como % da Receita

Construção e Engenharia, o benchmark para gasto jurídico é de apenas 0,22%.

Gasto Jurídico Externo como Percentual da Receita (ELSPR)

Essa métrica concentra-se nos custos associados à contratação de serviços jurídicos externos em relação à receita total da empresa. Ela oferece insights sobre a dependência da empresa em relação à expertise jurídica externa e sobre a gestão de custos nesse aspecto. Esta métrica é uma extensão de Gasto *Jurídico Total como Percentual da Receita (TLSPR).*

Tipo	KPI
Pessoas	
Operações	
Tecnologia	
Dados	

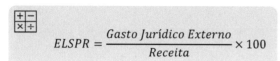

$$ELSPR = \frac{Gasto\ Jurídico\ Externo}{Receita} \times 100$$

Assim como o TLSPR, essa métrica é calculada dividindo os gastos do departamento jurídico com escritórios de advocacia, fornecedores, peritos, árbitros, mediadores e outros prestadores de serviços pela receita total da empresa no mesmo período, expressa em percentual.

Por exemplo, para uma empresa com receita bruta de $3 bilhões e gastos jurídicos externos de $10,2 milhões, o Gasto Jurídico Externo como Percentual da Receita seria de 0,34%.

$$\frac{10.2\ milhões}{3\ bilhões} \times 100 = 0.34\%$$

Análise de Tendências

A seguir, uma análise do que pode significar quando essa métrica está subindo ou caindo:

Tendência de Alta

- **Necessidades Jurídicas Especializadas:** A organização pode estar lidando com questões jurídicas que exigem expertise especializada não disponível

Gasto Jurídico Externo como % da Receita

0.34% ▼

internamente. Isso pode ser decorrente de litígios complexos ou da necessidade de navegar por ambientes regulatórios desconhecidos.

- **Decisão Estratégica**: A organização pode ter tomado a decisão estratégica de depender mais de serviços jurídicos externos, em vez de expandir significativamente a equipe interna. Isso pode oferecer flexibilidade, especialmente se as necessidades jurídicas forem variáveis ao longo do tempo.

- **Capacidade Insuficiente Interna**: A equipe jurídica interna pode estar sobrecarregada ou carecer da expertise necessária, levando ao aumento da terceirização de tarefas jurídicas.

- **Queda na Receita**: Se a receita da organização estiver em declínio, enquanto a despesa jurídica externa permanece constante ou aumenta, essa métrica subirá. Isso pode indicar desafios mais amplos.

Tendência de Baixa

- **Fortalecimento da Expertise Interna**: A empresa pode estar investindo em sua equipe jurídica interna, reduzindo a necessidade de serviços jurídicos externos. Isso pode ser uma estratégia para reduzir custos ou para ter maior controle sobre questões jurídicas.
- **Negociações Bem-Sucedidas**: A empresa pode ter negociado com sucesso melhores taxas ou condições com os fornecedores jurídicos externos, resultando em uma redução de custos.
- **Redução na Atividade Jurídica**: Uma redução pode indicar menos desafios jurídicos ou um ambiente de negócios mais estável.
- **Crescimento da Receita**: Se a receita da organização cresce mais rapidamente que seu gasto jurídico externo, essa métrica diminuirá. Isso sugere que a organização está escalando de forma eficaz, sem aumentar proporcionalmente sua dependência de serviços jurídicos externos.

Tendência de Gasto Jurídico Externo como % da Receita

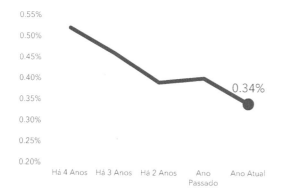

Embora as tendências no ELSPR possam oferecer valiosos insights sobre a estratégia jurídica e a gestão de custos da empresa, é essencial considerar essa métrica em conjunto com outras métricas relacionadas, o contexto de negócios mais amplo e os benchmarks do setor.

Metas Futuras

- **Negociação e Gestão**: Gerenciar relacionamentos e contratos com fornecedores jurídicos externos é crucial. Revisões e negociações regulares podem levar a economias e melhorar a qualidade dos serviços.
- **Equilíbrio Entre Despesas Internas e Externas**: Ao revisar o ELSPR, sugere-se considerar o equilíbrio entre despesas jurídicas internas e externas. Uma redução no gasto externo pode ser compensada por um aumento no gasto interno e vice-versa, de modo que considerar ambas proporciona o contexto necessário.
- **Natureza do Trabalho Jurídico**: Algumas tarefas jurídicas são mais adequadas para escritórios externos devido à sua complexidade, infrequência ou necessidade de conhecimento especializado. Compreender a natureza do trabalho jurídico pode fornecer contexto e orientar estratégias futuras.
- **Benchmarking**: Comparar essa métrica com empresas do mesmo setor pode oferecer insights sobre as normas do setor e áreas potenciais para melhoria ou diferenciação estratégica.

Gasto Jurídico Interno como Percentual da Receita (ILSPR)

O advogado interno atua como um consultor confiável e parceiro estratégico para o negócio, trabalhando de perto com os principais stakeholders, incluindo executivos e equipes de gestão, para fornecer insights jurídicos e ajudar a moldar decisões críticas. Ter advogados na folha de pagamento que possam navegar em estruturas legais

Tipo	KPI
Pessoas	
Operações	
Tecnologia	
Dados	

complexas, negociar contratos valiosos e resolver disputas internamente reduz a dependência de serviços jurídicos externos, potencialmente economizando custos ao internalizar despesas com advogados externos. Essa métrica é uma extensão de Gasto *Jurídico Total como Percentual da Receita (TLSPR)*.

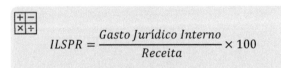

$$ILSPR = \frac{Gasto\ Jurídico\ Interno}{Receita} \times 100$$

Gasto Jurídico Interno como % da Receita

0.38% ▼

Essa métrica funciona de maneira semelhante ao TLSPR, mas foca exclusivamente nas despesas internas, custos gerais, taxas, folha de pagamento, etc. Por exemplo, para uma empresa com receita bruta de $3 bilhões e gasto jurídico interno de $11,4 milhões, o Gasto Jurídico Interno como Percentual da Receita seria de 0,38%.

$$\frac{11.4\ milhões}{3\ bilhões} \times 100 = 0.38\%$$

Essa análise pode auxiliar na avaliação da eficácia do departamento jurídico em apoiar os objetivos da organização e na tomada de decisões orientadas por dados sobre a alocação de recursos.

Análise de Tendências

Analisar as tendências de ILSPR pode fornecer insights valiosos sobre as operações internas do departamento jurídico, decisões estratégicas e possíveis áreas de preocupação. A seguir, uma análise do que pode significar quando essa métrica está

subindo ou caindo:

Tendência de Alta

- **Complexidade Jurídica Aumentada**: A empresa pode estar lidando com questões jurídicas mais complexas, exigindo mais recursos. Isso pode ocorrer devido à entrada em novos mercados, à necessidade de lidar com regulamentações ou a um aumento nos litígios.
- **Estratégia Jurídica Proativa**: A empresa pode estar investindo mais no departamento jurídico como uma medida proativa, talvez para garantir conformidade, proteger propriedade intelectual ou gerenciar contratos de forma mais eficaz.
- **Operações Ineficientes**: O departamento jurídico pode estar se tornando menos eficiente,

necessitando de mais recursos para alcançar os mesmos resultados. Isso pode ocorrer devido à dependência de processos desatualizados, à falta de adoção de tecnologia ou outras ineficiências operacionais.

- **Declínio na Receita**: Se a receita da empresa estiver em declínio enquanto os gastos jurídicos permanecem constantes, essa métrica aumentará. Esse cenário pode indicar desafios comerciais mais amplos, não apenas ineficiências no departamento jurídico.

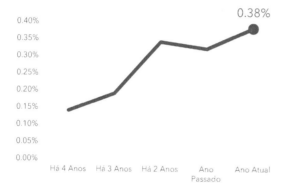

Tendência da Despesa Jurídica Interna como % da Receita

Tendência de Baixa

- **Eficiência Operacional**: O departamento jurídico pode estar se tornando mais eficiente, lidando com mais trabalho com menos recursos. Isso pode ser resultado de melhorias de processo, adoção de tecnologia ou melhores práticas de gestão.

- **Redução na Atividade Jurídica**: A empresa pode estar enfrentando menos desafios jurídicos, como menos litígios, menos problemas regulatórios ou um ambiente de negócios estável que não exige frequentes intervenções jurídicas.
- **Terceirização**: A empresa pode estar terceirizando mais de seu trabalho jurídico para escritórios externos, o que reduziria as despesas internas, mas poderia aumentar os custos jurídicos externos.
- **Crescimento da Receita**: Se a receita da empresa cresce em ritmo mais rápido do que os custos jurídicos, essa métrica diminuirá. Isso pode ser um sinal positivo, possivelmente indicando que a empresa está escalando de forma eficaz sem aumentar proporcionalmente seus custos jurídicos.

Em resumo, embora as tendências nessa métrica possam fornecer bons insights, é essencial considerar o contexto empresarial mais amplo, outras métricas relacionadas e os benchmarks do setor para tomar decisões informadas.

Metas Futuras

- **Contexto:** É essencial contextualizar a tendência. Um percentual crescente pode ser motivo de preocupação em um ambiente de negócios estável, mas pode ser esperado se a empresa estiver expandindo rapidamente para novos mercados ou enfrentando desafios jurídicos significativos.

- **Números Absolutos Importam:** Mesmo que o ILSPR seja "baixo", o valor absoluto das despesas jurídicas ainda pode ser significativo. É crucial considerar tanto os números relativos quanto absolutos ao tomar decisões.

- **Benchmarking:** Comparar com empresas do mesmo setor pode fornecer contexto adicional. Se os competidores têm um ILSPR significativamente diferente, isso pode indicar áreas para melhoria ou uma diferença estratégica.

Advogados Internos por 1 bilhão em Receita (ICBR)

Um departamento jurídico bem estruturado pode identificar e mitigar proativamente riscos jurídicos. A métrica de Advogados Internos por 1 bilhão em Receita fornece insights sobre o tamanho e a capacidade do departamento jurídico em relação à receita da organização. Ao medir o ICBR, as organizações podem avaliar a relação custo-benefício, produtividade, alocação de recursos e escalabilidade das operações jurídicas internas.

Tipo	PI
Pessoas	
Operações	
Tecnologia	
Dados	

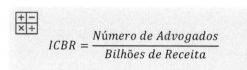

$$ICBR = \frac{Número\ de\ Advogados}{Bilhões\ de\ Receita}$$

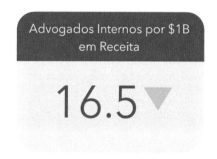

Advogados Internos por $1B em Receita

16.5 ▼

Essa métrica ajuda as organizações a entender se estão sub ou superinvestindo em seus recursos internos, em relação à receita e aos padrões da indústria.

Fontes de Dados

O número de advogados internos pode ser obtido a partir de registros de RH ou do próprio departamento jurídico. A receita pode ser extraída dos registros financeiros da empresa.

Filtros

- Senioridade (como associados, advogados, advogados-gerentes, etc.)
- Localização/Jurisdição
- Unidade de Negócios

Análise de Tendências

Analisar as tendências de ICBR pode oferecer insights sobre a estratégia jurídica da empresa, seu investimento em recursos internos e possíveis áreas de otimização:

Tendência de Alta

- **Complexidade Jurídica Aumentada**: Um ICBR mais alto pode indicar que a organização, ao enfrentar desafios jurídicos recorrentes, especializados ou disruptivos, trouxe a expertise necessária para dentro da empresa.
- **Investimento Estratégico**: A decisão deliberada de fortalecer a equipe jurídica interna pode reduzir a dependência de serviços jurídicos externos e melhorar o gerenciamento de desafios jurídicos ad hoc.
- **Declínio na Receita**: Se a receita da empresa diminui enquanto o número de advogados internos permanece constante, o ICBR aumentará.

Tendência de Baixa

- **Eficiência Operacional**: A organização pode ter otimizado suas operações implementando ferramentas, tecnologias ou processos que permitem que a equipe jurídica lide com mais trabalho de forma eficaz.

- **Estratégia de Terceirização**: Uma mudança de estratégia para depender mais de serviços jurídicos externos pode reduzir a necessidade de uma equipe interna maior.
- **Crescimento da Receita**: Se a receita cresce mais rápido do que a taxa de contratação de advogados internos, o ICBR naturalmente diminuirá.

Ao interpretar essas tendências, é essencial considerar o contexto mais amplo que pode estar contribuindo para as flutuações. Fatores como fusões, desinvestimentos, mudanças regulatórias, mudanças nas estratégias de negócios ou adoção de tecnologia podem impactar significativamente as demandas sobre o departamento jurídico.

Tendência de Advogados Internos por $1B em Receita

Limitações

- **Economias de Escala:** À medida que as organizações crescem, elas costumam se beneficiar de economias de escala. Organizações maiores tendem a ter um ICBR mais baixo, pois podem distribuir o

trabalho jurídico de forma mais eficiente em sua equipe interna.

- **Diversificação**: Empresas que se diversificam em múltiplas linhas de negócios ou setores podem enfrentar uma variedade maior de desafios jurídicos, levando a um ICBR mais alto, mesmo que a receita não aumente proporcionalmente.
- **Expansão Geográfica**: Empresas que operam em múltiplas jurisdições ou países podem precisar de mais advogados internos para lidar com diferentes contextos jurídicos.
- **Maturidade e Estabilidade**: Startups ou empresas em rápido crescimento podem ter um ICBR mais alto, pois estão lidando com muitos processos jurídicos fundamentais, desde contratos até conformidade. Em contraste, uma organização estabelecida com operações estáveis pode ter um ICBR mais baixo devido a processos jurídicos consolidados e menos desafios jurídicos novos.
- **Normas do Setor**: Organizações em indústrias fortemente regulamentadas, como farmacêutica ou finanças, podem naturalmente ter um ICBR mais alto devido à complexidade e ao volume de trabalho jurídico exigido, independentemente de sua receita.
- **Falta de Granularidade**: O ICBR fornece uma visão geral da relação entre advogados internos e receita, mas pode não capturar as nuances das necessidades de pessoal jurídico. Suplementar essa métrica com análises mais detalhadas pode levar a uma compreensão mais profunda da eficiência e eficácia do departamento jurídico.

Metas Futuras

- **Equilíbrio Otimizado**: É essencial encontrar o equilíbrio certo entre serviços jurídicos internos e externos. Um ICBR muito alto pode indicar um investimento excessivo, enquanto um ICBR muito baixo pode sugerir potenciais vulnerabilidades.
- **Especialização vs. Generalização**: Dependendo do setor e da natureza dos negócios, algumas organizações podem investir em uma equipe interna maior e especializada, enquanto outras podem ter uma equipe interna menor e mais versátil que gerencia advogados externos. Considere qual equilíbrio melhor se adapta ao seu negócio.
- **Tecnologia e Automação**: Investir em tecnologia jurídica pode ajudar os advogados internos a lidar com tarefas de forma mais eficiente, impactando potencialmente o ICBR.

Benchmarking

Comparar seu ICBR com empresas do mesmo setor pode oferecer uma perspectiva sobre como a organização está posicionada no mercado, determinando se o departamento jurídico está com pessoal acima ou abaixo do necessário.

Gastos com Advogados Externos como Percentual do Gasto Jurídico Total (OCSPOT)

Esta métrica fornece uma visão sobre o quanto uma empresa depende de serviços jurídicos externos em comparação à gestão interna de casos. Ela auxilia na avaliação da eficiência de custos, no entendimento da eficácia do programa de gestão de advogados externos e na determinação se a empresa está utilizando adequadamente a expertise externa. Acompanhando o OCSPOT, é possível realizar um orçamento estratégico e garantir que os gastos jurídicos estejam alinhados com os objetivos financeiros e operacionais mais amplos da empresa.

Tipo	PI
Pessoas	
Operações	
Tecnologia	
Dados	

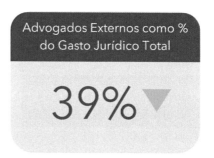

$$OCSPOT = \frac{Gasto\ com\ Advogados\ Externos}{Gasto\ Jurídico\ Total} \times 100$$

Advogados Externos como % do Gasto Jurídico Total

39% ▼

Para calcular, divide-se o gasto com advogados externos pelo gasto jurídico total. Por exemplo, digamos que, de um total de $45 milhões em gastos jurídicos, $17,5 milhões foram destinados a honorários, despesas e custos relacionados com advogados externos. Isso resulta em um OCSPOT de 39%:

$$\frac{17.5\ milhões}{45\ milhões} \times 100 = 39$$

O que um percentual mais alto pode indicar:

- **Dependência de Expertise Externa**: O departamento jurídico depende consideravelmente de advogados externos, possivelmente devido a necessidades especializadas, litígios ou falta de capacidade interna.
- **Potenciais Implicações de Custos**: Engajar advogados externos pode ser mais caro do que gerenciar casos internamente. Um percentual

mais alto pode indicar um aumento nos custos jurídicos.

- **Terceirização Estratégica**: A empresa pode estar lidando com questões jurídicas complexas e pontuais, justificando o uso de firmas especializadas.

O que um percentual mais baixo pode indicar:

- **Capacidades Internas Fortes**: O departamento jurídico lida com a maioria dos casos internamente, sugerindo uma equipe interna robusta e capaz.
- **Eficiência de Custos**: Depender menos de advogados externos pode gerar economia, pois o trabalho interno geralmente possui custos fixos.
- **Maior Controle**: Gerenciar casos internamente permite um melhor

controle sobre estratégias jurídicas, dados e informações sensíveis.

Entender a proporção de OCSPOT vai além de uma simples análise financeira. Ele pode indicar como uma organização equilibra seus recursos jurídicos e utiliza estrategicamente a expertise externa.

Fontes de Dados

Os dados sobre gastos totais e externos podem ser extraídos de registros financeiros, faturas e sistemas de eBilling.

É importante lembrar que o gasto total inclui despesas externas e internas.

Filtros

- Áreas de Prática
- Jurisdições
- Unidades de Negócio

Extensões

- **Gasto com ALSP como Percentual do Gasto Total (ALSPOT)**: Esta extensão analisa o gasto com Provedores de Serviços Jurídicos Alternativos (ALSP) em relação ao gasto jurídico total.
- **Gasto Interno como Percentual do Gasto Total (ISPOT)**: Examina a alocação de recursos para equipes jurídicas internas em relação ao gasto jurídico total.

Limitações

- **Precisão dos Dados**: A precisão de OCSPOT depende da exatidão dos dados. Erros no rastreamento ou na categorização do gasto jurídico interno podem distorcer a análise.
- **Natureza dos Casos Jurídicos**: Um gasto elevado com advogados externos pode ser devido a questões jurídicas complexas e pontuais que a equipe interna não está equipada

para gerenciar, o que não indica necessariamente ineficiência.

- **Custo vs. Valor**: Um gasto alto com advogados externos pode gerar valor significativo, como vencer um processo crítico ou conduzir uma fusão complexa. A métrica avalia o custo, mas não o valor ou o retorno sobre o investimento (ROI) desse gasto.
- **Capacidade Interna**: Uma equipe interna menor pode naturalmente resultar em um maior gasto com advogados externos. A métrica não reflete o tamanho ou a capacidade da equipe interna.
- **Decisões Estratégicas**: Algumas empresas optam estrategicamente por terceirizar mais trabalho jurídico, preferindo manter uma equipe interna enxuta e aproveitar a expertise externa conforme necessário.
- **Considerações Geográficas**: Empresas que operam em múltiplas jurisdições podem precisar engajar advogados externos locais com mais frequência, devido a diferentes sistemas e requisitos legais.

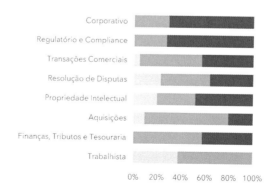

Despesa Externa por Área de Prática

Outros ■ ALSPs ■ Consultores Jurídicos Externos

Metas Futuras

Ao invés de focar apenas na redução de gastos, organizações visionárias podem desenvolver um "Índice de Colaboração Estratégica" que avalie o nível de parceria entre o departamento jurídico e advogados externos. Este índice pode incluir fatores como compartilhamento de conhecimento, resolução conjunta de problemas, inovação, arranjos alternativos de honorários, avaliações de desempenho e casos, e serviços de valor agregado fornecidos por advogados externos. O objetivo é transformar a relação com advogados externos em uma parceria mais estratégica, que vá além da dinâmica tradicional de cliente-fornecedor, resultando em melhores resultados e eficiências de custo.

Análise de Tendências

Diante do cenário dinâmico da indústria jurídica, as organizações estão cada vez mais se adaptando a novas realidades. A análise de tendências do OCSPOT pode refletir essas mudanças. À medida que as empresas buscam maior controle, eficiência e custo-benefício, podem considerar uma mudança estratégica para internalizar funções jurídicas. Fatores como avanços tecnológicos, maior fiscalização regulatória e a necessidade de expertise especializada estão moldando a alocação de recursos jurídicos. Ao analisar tendências do OCSPOT, as organizações podem navegar essas mudanças e identificar oportunidades para otimizar suas operações jurídicas, aproveitando estrategicamente advogados externos quando necessário.

Benchmarking

- **Análise Comparativa**: Permite que departamentos jurídicos comparem seus gastos com advogados externos com os de seus concorrentes no mesmo setor, proporcionando uma compreensão mais clara de sua posição em relação às normas do setor.
- **Métricas de Desempenho**: O benchmarking fornece uma métrica tangível contra a qual o desempenho pode ser medido, ajudando a estabelecer metas e objetivos de melhoria.
- **Identificação de Problemas Potenciais**: Uma divergência significativa dos benchmarks do setor pode indicar problemas subjacentes, como ineficiências, dependência excessiva de advogados externos ou possíveis áreas de risco.
- **Poder de Negociação**: O conhecimento dos padrões do setor pode oferecer vantagem ao negociar honorários e termos com advogados externos.

Tendência de Gasto com Advogados Externos como % do Gasto Jurídico Total

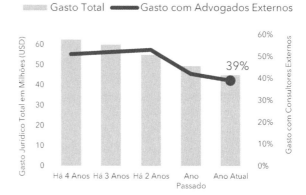

Percentual do Gasto Jurídico Total (ALSPOT)

No cenário jurídico em constante evolução, os Provedores de Serviços Jurídicos Alternativos (ALSPs) ganharam popularidade considerável, oferecendo uma variedade de serviços especializados que complementam as ofertas de firmas de advocacia tradicionais. O ALSPOT mede o gasto com ALSPs como proporção da despesa total do departamento jurídico. Esse indicador fornece insights sobre a extensão do uso de ALSPs pelo departamento jurídico em comparação com outras despesas jurídicas, funcionando como uma extensão de *Gastos com Advogados Externos como Percentual do Total do Gasto Jurídico (OCSPOT)*.

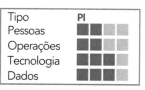

Tipo	PI			
Pessoas				
Operações				
Tecnologia				
Dados				

$$ALSPOT = \frac{Gastos\ com\ ALSPs}{Gasto\ Jurídico\ Total} \times 100$$

Para calcular o ALSPOT, divida os gastos com ALSPs pelo gasto jurídico total, expressando o resultado como um percentual.

Por exemplo,um gasto total de $45 milhões, onde $3,6 milhões foram gastos com ALSPs, o valor resultante do ALSPOT seria de 8%:

$$\frac{3.6\ milhões}{45\ milhões} \times 100 = 8\%$$

ALSPs como % do Gasto Jurídico Total

8% ▲

Um percentual mais alto pode indicar uma maior dependência de ALSPs, refletindo uma decisão estratégica de terceirizar tarefas ou funções específicas que podem ser mais eficientes ou economicamente tratadas por fornecedores especializados. Isso pode incluir tarefas como pesquisa jurídica, e-discovery,

Tendência de Gastos com ALSPs como % do Gasto Jurídico Total

revisão de documentos e serviços de conformidade, entre outros. Por outro lado, um percentual menor pode sugerir uma preferência por gerenciamento interno ou uma maior dependência de firmas de advocacia tradicionais para tais serviços.

Acompanhando o indicador ALSPOT, departamentos jurídicos podem avaliar suas estratégias de terceirização, medir a eficácia das parcerias com ALSPs e tomar decisões informadas sobre como alocar recursos para obter resultados e valores otimizados.

No gráfico de tendência ALSPOT de exemplo, podemos ver que, como um grupo de recursos relativamente novo, os gastos com ALSPs aumentaram nos últimos dois anos. Note como o gasto jurídico total parece ter diminuído simultaneamente ao aumento do gasto com ALSPs, indicando uma potencial correlação e retorno sobre o investimento.

Gastos Internos como Percentual do Gasto Jurídico Total (ISPOT)

O indicador Gastos Internos como Percentual do Gasto Jurídico (ISPOT) oferece uma visão detalhada sobre a alocação de recursos, focando nos custos internos, incluindo salários, benefícios, despesas operacionais e outros custos associados à manutenção de um departamento jurídico interno, em vez de gastos externos. Ele

Tipo	PI		
Pessoas			
Operações			
Tecnologia			
Dados			

também abrange despesas relacionadas à contratação de profissionais jurídicos, software jurídico, ferramentas de pesquisa, espaço de escritório e outros recursos dedicados à função jurídica interna.

$$ISPOT = \frac{Gastos\ Internos}{Gasto\ Jurídico\ Total} \times 100$$

Gasto Interno como % do Gasto Jurídico Total

53% ▼

Calcule o ISPOT dividindo os gastos internos pelo gasto jurídico total no mesmo período, expressando o resultado em percentual. Por exemplo, para uma organização com um gasto totalizando $45 milhões, dos quais $23,85 milhões são destinados às despesas internas, o percentual do ISPOT seria de 53%:

$$\frac{23.85\ milhões}{45\ milhões} \times 100 = 53\%$$

Um **percentual elevado** nesta métrica indica que uma parte significativa do orçamento do departamento jurídico é alocada para operações internas. Isso pode ser resultado de uma decisão estratégica de internalizar mais atividades, investir em tecnologia para otimizar processos ou expandir a equipe jurídica interna para atender às necessidades da organização.

Por outro lado, um **percentual menor** pode sugerir que o departamento jurídico está terceirizando uma quantidade substancial de seu trabalho jurídico, possivelmente para escritórios de advocacia ou Provedores de

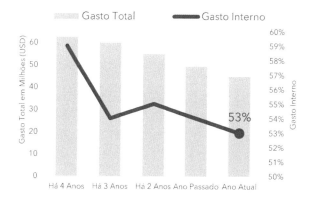

Tendência de Gastos Internos como % do Gasto Total

Serviços Jurídicos Alternativos (ALSPs), ou que a organização conseguiu otimizar suas operações internas para serem mais econômicas.

Acompanhando a métrica ISPOT, os departamentos jurídicos podem avaliar o equilíbrio entre serviços jurídicos internos e externos. Isso proporciona insights sobre a eficiência das operações internas, a eficácia da alocação de recursos e a necessidade potencial de ajustes estratégicos para atingir os resultados desejados e maximizar o valor.

Gasto Externo por Fornecedor (TESV)

A métrica Gasto Externo por Fornecedor (TESV) é utilizada para identificar os principais influenciadores no gasto externo total do departamento jurídico. Esta análise abrangente inclui um detalhamento das despesas com escritórios de advocacia, ALSPs (Alternative Legal Service Providers) e outros fornecedores externos.

Tipo	Métrica
Pessoas	■■□
Operações	■■■
Tecnologia	■■□
Dados	■■□

Ao revisar a TESV, aplicando frequentemente o princípio de Pareto (a regra 80/20, que afirma que aproximadamente 80% dos efeitos vêm de 20% das causas), você pode descobrir que uma pequena parte dos fornecedores representa a maioria dos custos. Esse insight pode capacitar o departamento jurídico a focar sua atenção nesses principais fornecedores para várias iniciativas estratégicas, como gestão de relacionamento, gestão de riscos e negociação de custos de serviços.

Distribuição de Gastos

20% — 73 Outros Fornecedores

80% — 15 Principais Fornecedores Faturados

Principais Escritórios de Advocacia Faturantes Acumulado no Ano						
Escritório de Advocacia	Nº de Casos Faturados	Honorários Líquidos (USD)	Honorários Brutos (USD)	Honorários e Despesas Líquidos (USD)	% do Total de Gastos	% Acumulado do Total de Gastos	Posição
Silva & Souza	24	7,2M	369K	7,6M	14%	14%	1
Aliança Jurídica	697	5,9M	464	5,9M	11%	25%	2
Costa, Martins & Consultoria	79	3,9M	260K	4,2M	8%	32%	3
Grupo Pereira & Gomes	18	3,6M	82K	3,7M	7%	39%	4
Santos & Almeida	9	2,8M	326K	3,1M	6%	45%	5
Mendonça Ribeiro Sociedade	443	2,8M	1,9K	2,8M	5%	50%	6
Cardoso Freitas Advocacia	10	1,9M	540K	2,5M	5%	55%	7
Núcleo Oliveira & Nascimento	34	2M	104K	2,1M	4%	59%	8
Vieira Lopes Advogados	468	2M	49K	2,1M	4%	62%	9
Azevedo Barreto Consultores	29	1,9M	-	1,9M	4%	66%	10
Ferreira & Cunha Legal	13	1,8M	12K	1,8M	3%	69%	11
Andrade Filho & Associados	46	905K	754K	1,6M	3%	72%	12
Teixeira Brito Advocacia	29	1,4M	8K	1,4M	3%	75%	13
Ferreira & Gomes Associados	4	1,2M	6K	1,2M	2%	77%	14
Consultoria Luso Legal	31	585K	697K	1,2M	2%	80%	15

A tabela abaixo apresenta amostras de gastos com os principais escritórios de advocacia. O mesmo relatório pode ser usado para filtrar e analisar padrões de gastos com fornecedores ou ALSPs. Essa visão personalizável facilita uma compreensão mais detalhada dos hábitos de gastos, possibilitando decisões mais informadas relacionadas à gestão de fornecedores e controle de custos.

Fontes de Dados

Os dados sobre despesas externas podem ser obtidos de faturas, sistemas de eBilling e sistemas de gestão de casos ou fornecedores, que contenham informações essenciais sobre fornecedores, incluindo casos, honorários e despesas.

Filtros

- Unidade de Negócio
- Área de Prática
- Localização/Jurisdição

Extensões

Embora a TESV enfatize os maiores gastadores, relatórios no estilo TESV podem ser adaptados para mostrar outras medidas principais, exploradas em artigos subsequentes.

> **Dica**
>
> Ao analisar a TESV, sempre considere o contexto e os atributos específicos de cada relacionamento com o fornecedor. Um grande gastador não é necessariamente ineficiente; ele pode lidar com casos mais complexos ou de maior volume. Sempre combine essa métrica com avaliações qualitativas de desempenho e alinhamento estratégico do fornecedor para garantir uma compreensão abrangente.

Exemplo:

- **Gasto Externo por Principais Profissionais (TSTT):** Avaliar os principais profissionais externos fornece insights sobre o uso efetivo dos recursos externos.
- **Gasto Total por Área de Prática (TLSPA):** Filtrar por áreas de prática ajuda a identificar onde os gastos podem divergir dos orçamentos ou expectativas.
- **Gasto Total por Localização (TLSL):** TLSL pode ser usada para identificar regiões com maiores custos jurídicos e facilitar a adaptação de estratégias jurídicas de acordo com requisitos locais e desafios legais potenciais.
- **Gasto Total com os Principais Casos (TLSTM):** Ao analisar casos específicos ou projetos, você pode identificar quais estão impulsionando os gastos jurídicos, informando o orçamento e a eficiência de custos. Para certos casos contínuos, o departamento jurídico pode considerar mais econômico contratar um advogado interno em vez de terceirizar.

Metas Futuras

- **Detecção e Resolução de Anomalias:** Departamentos jurídicos podem usar a TESV para identificar e corrigir anomalias. Faça perguntas sobre padrões de gastos e desenvolva algoritmos de detecção ou defina alertas específicos para melhorar a resposta a discrepâncias.
- **Desenvolvimento de Parcerias Estratégicas com Fornecedores:** Compreender as nuances por trás das estruturas de custos permite que os departamentos jurídicos fortaleçam relacionamentos com fornecedores-chave por meio de

Honorários e Despesas Líquidos por Fornecedor
Ano até a Data

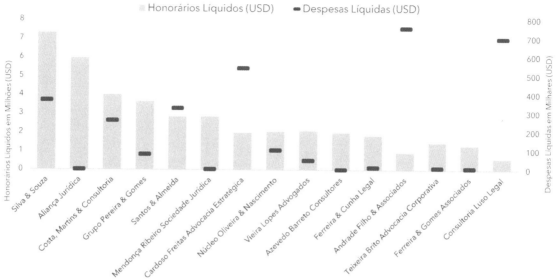

negociações mais informadas e alinhamento estratégico. Use a TESV para identificar oportunidades de contratos de longo prazo, incentivos de desempenho ou modelos de preços escalonados.

- **Orçamento Preditivo e Alocação de Recursos**: Aplique análises preditivas aos dados históricos de gastos para antecipar as necessidades orçamentárias futuras. Compreenda tendências sazonais ou cíclicas para alinhar a alocação de recursos de forma mais dinâmica e precisa com os objetivos organizacionais.
- **Benchmarking de Desempenho**: Estabeleça benchmarks internos ou use benchmarks do setor para avaliar como os gastos com fornecedores se alinham com práticas recomendadas e normas do setor. Isso pode revelar oportunidades de ganhos de eficiência ou indicar onde o

investimento proporciona uma vantagem competitiva.

Limitações

Embora este relatório muitas vezes destaque a regra 80/20, o princípio de Pareto pode não se aplicar sempre. Nessas situações, é necessário entender o motivo pelo qual vários escritórios de advocacia são contratados e se há uma estratégia mais econômica para envolver advogados ou fornecedores externos.

Diversos fatores, como a natureza dos casos jurídicos, complexidades regionais, especializações específicas ou a necessidade de serviços jurídicos, podem explicar o envolvimento extensivo com diferentes escritórios. Analisar e contabilizar esses fatores pode revelar oportunidades de economia por meio da consolidação de fornecedores, uma estratégia que pode ser vantajosa, considerando as despesas e complexidades associadas à gestão de múltiplos escritórios ou fornecedores.

Gasto Externo por Principais Profissionais (TSTT)

Assim como o Gasto Externo por Fornecedor (TESV), o Gasto Externo por Principais Profissionais (TSTT) pode ser utilizado para aprimorar a gestão de custos e o planejamento estratégico. O TSTT oferece uma camada adicional de granularidade, ao analisar o desempenho e o custo de profissionais específicos, identificando potenciais oportunidades para renegociação, realinhamento ou melhorias nos processos. Ao examinar o faturamento dos principais profissionais, essa métrica fornece uma visão sobre a distribuição de carga de trabalho e a eficiência dos custos de recursos externos. Esta métrica é uma extensão do *Gasto Externo por Fornecedor (TESV)*.

Tipo	Métrica
Pessoas	■■■
Operações	■■
Tecnologia	■■
Dados	■■

Principais Profissionais Faturados Até o Ano Atual								
Profissional	Função[5]	Escritório de Advocacia	Casos Faturados	Honorários Médios Combinada (USD)	Honorários Líquidos (USD)	% do Total Gasto	% Acumulado do Total Gasto	Posição
Figueiredo, Caio	SO	Silva & Souza	12	1,070	1,285,154	18%	18%	1
Almeida, Beatriz	SO	Aliança Jurídica	23	765	982,273	14%	31%	2
Carvalho, Renato	SO	Costa, Martins & Costa	19	747	928,089	13%	44%	3
Santos, Isabela	AS	Silva & Souza	68	359	729,450	10%	54%	4
Gomes, Eduardo	CJ	Aliança Jurídica	15	1,031	618,675	9%	63%	5
Pereira, Ana Clara	SO	Grupo Pereira & Gomes	8	841	581,831	8%	71%	6
Lima, Marcos	AJ	Silva & Souza	9	1,245	559,633	8%	78%	7
Total			154	865	5,685,105	78%	78%	

O TSTT pode ser utilizado para:

- **Avaliação de Eficiência**: Identificar os principais profissionais com base nos gastos ajuda a avaliar a eficiência e produtividade desses indivíduos, auxiliando na decisão entre terceirizar ou utilizar a equipe interna.
- **Análise da Distribuição de Carga de Trabalho**: Compreender quais  profissionais são responsáveis pela maior parte dos gastos jurídicos externos permite uma avaliação mais detalhada da distribuição da carga de trabalho. Isso pode revelar se o trabalho está sendo alocado a profissionais com os níveis de especialização adequados, ou se há oportunidades para renegociar tarifas, funções ou responsabilidades.
- **Alinhamento Estratégico**: Ao comparar os gastos com profissionais específicos com áreas de prática, casos ou regiões, as organizações podem avaliar se o investimento em determinados profissionais está alinhado com as prioridades estratégicas.

[5] Sócio (SO); Associado (AS); Consultor Jurídico (CJ); Assistente Jurídico (AJ).

Gasto Total por Área de Prática (TLSPA)

Compreender a dinâmica de gastos em áreas de prática específicas pode auxiliar na manutenção da prudência fiscal, ao mesmo tempo que maximiza a excelência operacional. A métrica de Gasto Total por Área de Prática (TLSPA) expande os insights obtidos do TESV, incorporando gastos internos e externos e fornecendo uma visão detalhada de como os recursos financeiros são alocados em diferentes áreas de prática. Ao examinar os padrões de gastos sob essa perspectiva refinada, os departamentos jurídicos conseguem obter uma compreensão mais clara da distribuição de recursos, permitindo antecipar necessidades futuras e alinhar estratégias com as demandas exclusivas de cada área de prática.

Tipo	Métrica
Pessoas	■■
Operações	■■
Tecnologia	■■■
Dados	■■■

Gasto Total por Área de Prática
Ano até a Data

Área de Prática	Nº de Casos Faturados	Honorários Líquidos (USD)	Despesas Líquidas (USD)	Honorários e Despesas Líquidos (USD)	% do Gasto Total	% Agregado do Gasto Total
Contencioso	427	16,9M	3,3M	20,3M	34.5%	34%
Imobiliário	34	10,2M	2,2M	12,5M	21.3%	55%
Transações	128	4,1M	1,1M	5,3M	9%	64%
Contencioso Segurado	107	4,8M	1M	5,9M	10%	74%
Finanças & Conformidade	105	3,8M	397K	4,2M	7.2%	82%
Contratos	148	2,9M	344K	3,2M	5.5%	87%
Propriedade Intelectual	48	1,8M	42K	1,8M	3.1%	90%
Tributos	14	1,7M	28K	1,7M	2.9%	93%
Condenação	19	924K	132K	1M	1.7%	95%
Conformidade Regulatória	28	705K	254K	960K	1.6%	97%
Imigração	27	585K	283K	869K	1.4%	98%
Consultoria & Assessoria	13	467K	58K	526K	0.8%	99%
Governança	12	137K	26K	144K	0.2%	99%
Jurídico Geral/Administração	3	47K	4K	52K	0.09%	100%
Todos	1,113	49,4M	9,5M	58,9M	100%	100%

O TLSPA pode ser utilizado para identificar quais áreas de prática estão consumindo mais do orçamento. Por exemplo, se as despesas com litígios são desproporcionalmente altas, explorar métodos alternativos de resolução de disputas ou adotar estratégias para acelerar a resolução dos casos pode gerar economia de custos.

Os departamentos jurídicos podem usar este relatório para detalhar, identificando tendências, anomalias e padrões, a fim de desenvolver estratégias acionáveis para otimizar gastos, reduzir custos e alinhar seus esforços com as metas e objetivos organizacionais.

Filtros

- Escritório de Advocacia/Fornecedor/ALSP
- Interno/Externo
- Localidade/Jurisdição

Gasto Total por Localização (TLSL)

O Gasto Total por Localização (TSL) oferece uma visão geral de onde os recursos do departamento jurídico estão sendo empregados. Ao identificar e se concentrar nas regiões que representam a maior parte dos custos jurídicos, essa métrica facilita a tomada de decisões direcionadas e a distribuição eficiente de recursos. Esta métrica é uma extensão do *Gasto Externo por Fornecedor (TESV)*.

Tipo	Métrica
Pessoas	■ ■ ■
Operações	■ ■ ■
Tecnologia	■ ■ ■
Dados	■ ■ ■

Considerações para o uso do TLSL incluem:

- **Padronização**: Analisar os gastos por localização pode revelar oportunidades para padronizar processos e fluxos de trabalho jurídicos em diferentes regiões, levando a uma maior eficiência operacional e economia de custos.

- **Avaliação de Risco**: Para equipes jurídicas que gerenciam inúmeros casos em diversos países, diferentes regiões podem apresentar cenários legais e regulatórios específicos. Ao analisar os gastos por localização, é possível identificar áreas com maiores riscos legais ou desafios de conformidade, incentivando a equipe jurídica a priorizar essas áreas para mitigar potenciais problemas.

- **Gestão de Custos**: Analisando os gastos em diferentes locais, o departamento jurídico pode identificar onde os custos são mais altos

Gasto Total por País Últimos 2 Anos					
País	Nº de Casos	Total Gasto (USD)	Custo Médio por Caso (USD)	% do Gasto Total	% Agregado do Gasto Total
EUA	975	48M	49K	23.1%	23%
Inglaterra	658	41M	62K	19.9%	43%
Japão	642	38M	60K	18.7%	61%
França	467	36M	79K	17.8%	79%
Singapura	98	16M	168K	7.9%	87%
Canadá	215	11M	51K	5.3%	92%
Brasil	58	9M	160K	4.5%	97%
Alemanha	7	4M	703K	2.3%	99%
Austrália	4	216K	54K	0.1%	99%
Itália	4	15K	3K	0.01%	99%
Espanha	7	10K	1K	0.01%	99%
Holanda	3	8K	2K	0.004%	99%
México	2	7K	3K	0.004%	99%
Índia	9	7K	791	0.003%	99%
Total	3,149	207M	74,690M		

Principais Países com Maior Faturamento - Últimos 4 Anos

Total Gasto (USD)
48,045,000
24,024,405
3,810

ou mais baixos, permitindo uma alocação mais eficaz de recursos e a identificação de oportunidades para redução de despesas.

Compreender onde os recursos estão sendo mais consumidos permite que os departamentos jurídicos tomem decisões informadas sobre onde concentrar seus esforços, negociar termos mais favoráveis ou considerar alternativas viáveis quando disponíveis.

Gasto Total com os Principais Casos (TLSTM)

O Gasto Total com os Principais Casos (TLSTM) examina o gasto do departamento jurídico em nível de casos individuais, como casos específicos, projetos ou investigações regulatórias. O TLSTM pode ser utilizado para identificar quais casos estão consumindo mais recursos, oferecendo uma compreensão detalhada da alocação de custos em várias atividades jurídicas. Esta métrica é uma extensão do *Gasto Externo por Fornecedor (TESV)*.

Este relatório auxilia na definição de prioridades, ajudando a criar e aplicar estratégias de gestão focadas nos fatores de custo mais influentes. Posteriormente, essas estratégias podem ser ampliadas para causar um impacto mais abrangente.

Você pode usar esta métrica para:

- **Alinhamento Orçamentário**: Entender o gasto por caso permite acompanhar o orçamento em tempo

Principais Casos Faturados
Ano até a Data

Nome do Caso	N° do Caso	Honorários Líquidos (USD)	Despesas Líquidas (USD)	Honorários e Despesas Líquidos (USD)	% do Gasto Total	% Acumulado do Gasto Total	Orçamento do Caso
Aquisição Gordon	14292	5,4M	1,3M	6,7M	11.5%	12%	156%
Quantum Real	12965	4,1M	1,1M	5,2M	8.9%	20%	121%
Aquisição Harris	11380	2,7M	1M	3,7M	6.4%	27%	103%
Litígio Venture	10849	2,2M	694K	2,8M	4.9%	32%	98%
Davis v. Cascade	13658	2,1M	674K	2,8M	4.7%	37%	138%
Contratos Taylor	12063	1,9	414K	2,3M	4.0%	41%	107%
Compra Aspire	11789	1,7M	438K	2,1M	3.6%	44%	102%
Seguros Gênesis	14578	1,6M	339K	1,9M	3.3%	48%	187%
Descoberta Fusion	14403	979K	218K	1,2M	2.0%	50%	99%
Cypher v. Cascade	12657	939K	221K	1,1M	1.9%	52%	114%
PI Charlesten	11096	798K	231K	1M	1.7%	53%	97%
Litígio Jackson	12103	672K	129K	802K	1.3%	55%	87%
Quest J	10452	587K	223K	811K	1.3%	56%	125%
Projeto Johnson	13379	495K	15K	510K	0.8%	57%	78%
Projeto Nexus	13990	302K	8K	311K	0.5%	58%	92%
Transações SilverLine	13991	292K	60K	353K	0.6%	58%	99%
Descoberta Martin	12245	275K	74K	350K	0.5%	59%	106%
Discriminação Stella	16789	189K	81K	270K	0.4%	59%	94%
Combustível Summit	12457	187K	29K	217K	0.3%	60%	101%
Total		27,7M	7,3M	35M	59.5%	60%	
Todos os Outros Casos	(1094)	21,6M	2,1M	23M	40.4%	40%	
Total Geral (1113)		49,4M	9,5M	58M	100%	100%	

real, possibilitando ajustes conforme necessário.

- **Foco Estratégico:** O TLSTM identifica se os recursos estão sendo alocados para os casos de maior prioridade ou mais significativos.
- **Avaliação de Eficiência**: Destacar casos de alto custo pode sinalizar oportunidades para melhorias de eficiência, renegociação de contratos ou estratégias potenciais de Acordos de Honorários Alternativos (AFAs).

Ao compreender quais casos estão consumindo mais recursos, os departamentos jurídicos podem tomar decisões informadas sobre onde focar seus esforços, como negociar termos mais favoráveis ou se buscar opções alternativas de manejo.

Filtros:

- Escritório de Advocacia/Fornecedor/ALSP
- Unidade de Negócios
- Interno/Externo

Despesas Operacionais como Percentual do Gasto Total com Fornecedores (EPVS)

Despesas Operacionais como Percentual do Gasto Total com Fornecedores (EPVS) proporciona aos departamentos jurídicos uma visão clara de como os fornecedores distribuem seus gastos, focando especificamente nas despesas (ao invés de honorários) faturadas. As despesas operacionais, muitas vezes excluídas ou limitadas pelas diretrizes de faturamento, podem incluir custos com ferramentas de pesquisa, cópias ou materiais de escritório e, se não forem monitoradas ou orçadas, podem acumular e impactar o orçamento.

Tipo	PI
Pessoas	
Operações	
Tecnologia	
Dados	

$$EPVS = \frac{Despesas}{(Despesas + Honorários)} \times 100$$

O EPVS pode ser calculado dividindo o total de despesas pela soma das despesas e honorários totais e multiplicando o resultado por 100. Por exemplo, se o total de despesas for $1.180.197 e o total de honorários for $19.224.922, o EPVS será de 6.1%.

Despesas como % do Gasto Total

6.1% ▼

$$\frac{1,180,197}{(1,180,197 + 19,224,922)} \times 100 = 6.1\%$$

Despesa Total por Fornecedor

■ Despesas Líquidas (USD)　　● % do Total de Gastos

Ao estabelecer um benchmark, como um limite de 10%, o EPVS é uma excelente ferramenta para monitorar se as despesas permanecem sob controle.

Acompanhar as despesas em relação aos gastos com fornecedores não trata apenas da gestão financeira. Também contribui para a gestão de fornecedores, garantindo transparência, conformidade e tomada de decisões informadas. Reconhecer como os recursos são alocados para diferentes fornecedores e detalhar essas informações, seja por fornecedor específico ou por áreas de prática, aumenta a transparência e melhora a distribuição de recursos, garantindo que os gastos estejam alinhados com as metas do departamento e da organização.

Despesa Total por Fornecedor			
Ano até a Data			
Fornecedor	Despesas Líquidas (USD)	Honorários Líquidos	% do Total de Gastos
Almeida & Sousa	396K	5,3M	7.4%
Borges Legal	186K	3,4M	5.4%
Costa Lima Advocacia	161K	1,4M	11.4%
Silva & Andrade	120K	4,9M	2.4%
Ferreira Legal	66K	391K	16.9%
Ramos Advogados	53K	888K	6.1%
Braga Teixeira	51K	315K	16.4%
Moreira Paiva	50K	380K	13.3%
Nova Legal	43K	456K	9.5%
Correia Soluções	14K	188K	7.6%
Andrade Oliveira	11K	155K	7.1%
Mendes Costa	10K	107K	10.1%
Luz Nobre Advocacia	5K	38K	12.6%
Pinho Carvalho	4K	47K	9.8%
Vieira Jurídico	3K	36K	9.5%
Total	1,2M	18M	7%

Fontes de Dados

Os dados de EPVS podem ser obtidos em sistemas de gestão de casos, bem como em sistemas de eBilling ou dados de faturas manuais.

Total por Tipo de Despesa	
Tipo	Total (USD)
Cópias	9,025
Processamento de Texto	2,461
Pesquisa Online	14,769
Correio	1,641
Outros	30,870
Total	82,048

Filtros

- Período
- Tipo de Despesa
- Fornecedor
- Área de Prática

Limitações

- **Desafio com os Dados**: Categorização incorreta ou genérica como "Outros" ou agrupamento de despesas e honorários em práticas de "faturamento por blocos" podem levar a imprecisões na categorização de despesas, impactando a precisão do EPVS.
- **Contexto:** O EPVS fornece apenas informações sobre despesas e pode não considerar outros fatores importantes, como a confiabilidade do fornecedor, sua importância para a empresa ou acordos específicos de fornecedor/engajamento.

Metas Futuras

- **Aprimoramento do Controle de Gastos com Despesas**: Isso pode envolver o acompanhamento dos custos dos fornecedores ao longo do tempo, a busca de alternativas mais econômicas para certas despesas e o fortalecimento das diretrizes de faturamento para garantir a conformidade.

- **Colaboração com Fornecedores**: Colabore com os fornecedores para identificar oportunidades de redução de despesas. Estabeleça canais abertos de comunicação para discutir iniciativas de economia de custos, explorar melhorias de eficiência e negociar termos mais favoráveis.

Análise de Tendências

A análise de tendências do EPVS pode ilustrar várias mudanças estratégicas e externas. Uma tendência de queda no EPVS pode ser um indicativo de que a organização está se tornando mais eficiente na gestão de despesas, resultado de iniciativas de redução de custos, esforços de negociação ou melhor utilização de recursos. Isso pode ajudar a otimizar a alocação do orçamento e a utilização de recursos.

Uma tendência de alta pode motivar conversas com os fornecedores para entender a causa do aumento.

Tendência da Despesa Média em Relação ao Gasto Total (%)

Benchmarking

O benchmarking pode ajudar as organizações a avaliar a eficácia de seus relacionamentos com fornecedores. Se o EPVS de uma organização for superior aos benchmarks do setor, isso pode indicar oportunidades de economia de custos e melhorias de eficiência.

Isso pode envolver renegociar contratos com fornecedores, otimizar a alocação de recursos, revisar diretrizes de faturamento ou simplificar processos.

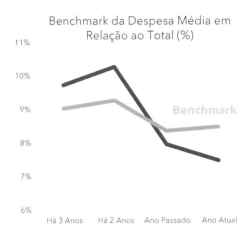

Benchmark da Despesa Média em Relação ao Total (%)

Total de Honorários de Fornecedores por Área de Prática (VFPA)

A métrica Total de Honorários de Fornecedores por Área de Prática (VFPA) foi desenvolvida para permitir que o departamento jurídico acompanhe, analise e compare os honorários pagos a escritórios de advocacia ou fornecedores externos em um nível mais detalhado. Essa análise envolve a categorização dos honorários pagos com base

Tipo	Métrica
Pessoas	
Operações	
Tecnologia	
Dados	

nas diferentes áreas de prática para as quais os serviços foram prestados. A métrica VFPA fornece insights não apenas sobre os gastos externos e os principais fornecedores de serviços, mas também sobre a variedade e o volume de serviços prestados por fornecedor. Compreender a distribuição dos honorários entre as áreas de prática ajuda a gerenciar os relacionamentos com fornecedores de forma mais eficaz. O departamento jurídico pode utilizar o VFPA para realizar discussões direcionadas com fornecedores sobre seu desempenho e serviços prestados em domínios específicos.

O VFPA pode revelar, por exemplo, que um determinado escritório de advocacia se especializa em Transações, prestando um grande volume de serviços nessa área em comparação com outros escritórios. Isso pode permitir uma renegociação focada no tipo de trabalho e uma realocação de escritórios de advocacia.

No gráfico e relatório de exemplo, é possível ver que alguns fornecedores de grande volume, como Almeida Sousa, prestam serviços em todas as áreas de prática,

Honorários de Fornecedores por Área de Prática
Ano até a Data

Honorários de Fornecedores por Área de Prática (USD) Ano até a Data					
Fornecedor	Contencioso	Imobiliário	Geral	Transações	Total de Honorários
Almeida Sousa	2,6M	831K	515K	219K	4,2M
Borges Legal	1,8M	932K	502K	613K	3,9M
Costa Lima Advocacia	169K		812K		981K
Ferreira Jurídico	276K			157K	433K
Luz Nobre Advocacia	248K			93K	341K
Vieira Jurídico	134K		56K	87K	279K
Andrade & Oliveira				205K	205K
Nova Advogados		173K			173K

enquanto outros fornecedores, como Nova Advogados, atuam exclusivamente em uma área de prática específica.

Fontes de Dados

Os dados de gastos com fornecedores podem ser obtidos a partir de faturas, sistemas de eBilling e sistemas de gestão de casos contendo informações essenciais, como fornecedores, casos, categorias ou áreas de prática, honorários e despesas de todas as funções de profissionais envolvidos.

Extensões

- **Total de Honorários de Fornecedores por Localidade (VFL):** Esta análise auxilia o departamento jurídico a entender o escopo geográfico ou jurisdicional do suporte fornecido.
- **Total de Honorários de Fornecedores por Período de Tempo (VFTP):** A análise mensal, trimestral ou anual pode revelar padrões temporais.

Limitações

- **Padronização**: Sem um método de medição uniforme, comparar honorários de fornecedores entre departamentos ou períodos é como comparar maçãs com laranjas. Por exemplo, ao inserir informações para diferentes localidades, é preferível utilizar menus suspensos em vez de campos de texto livre. Isso evita discrepâncias, como ter múltiplas variações do mesmo país, como "Brasil" e "Brazil", em um único relatório.

- **Interpretação dos Resultados**: A análise requer um entendimento contextual. Honorários elevados podem ser justificados dependendo do contexto, como escritórios de advocacia que oferecem serviços especializados, como fusões e aquisições (M&A) ou litígios/soluções de ações coletivas. Além disso, alguns fornecedores podem oferecer serviços que abrangem ou sobrepõem várias áreas de prática, o que pode tornar complexa a alocação e a análise precisa dos honorários.

Metas Futuras

- **Redução de Honorários**: Identificar cenários em que os principais escritórios oferecem serviços semelhantes em uma escala comparável e usar isso para embasar negociações.
- **Otimização de Fornecedores**: Ao analisar o VFPA, os departamentos jurídicos podem identificar os principais fornecedores, avaliar os gastos com honorários e analisar os serviços prestados. Fornecedores que se especializam em um único serviço e têm custos mínimos podem não justificar esforços de negociação, considerando seu impacto financeiro limitado. No entanto, depender exclusivamente de um fornecedor para serviços críticos traz riscos. Diversificar os recursos externos não só mitiga esses riscos, como também proporciona maior poder de negociação, permitindo ao departamento negociar termos mais favoráveis com múltiplos fornecedores e também apoiar metas de Diversidade, Equidade, Inclusão e Pertencimento (DEIB).

Honorários Totais de Fornecedores por Localidade (VFL)

A métrica Honorários Totais de Fornecedores por Localidade (VFL) fornece uma análise detalhada das despesas com fornecedores em diferentes localizações geográficas. Como uma extensão do VFPA, a VFL aprofunda a distribuição regional dos custos de fornecedores, permitindo que os departamentos jurídicos identifiquem padrões e tendências de gastos por localidade. Esta métrica é uma extensão de *Honorários Totais de Fornecedores por Área de Prática (VFPA)*.

Tipo	Métrica
Pessoas	
Operações	
Tecnologia	
Dados	

O VFL pode ser utilizado para:

- **Planejamento Estratégico**: Ao identificar localidades com maiores custos de fornecedores, as organizações podem tomar melhores decisões sobre terceirização e localização.
- **Poder de Negociação**: Reconhecer as disparidades de custo regionais pode oferecer uma vantagem nas negociações de honorários com fornecedores.
- **Eficiência Operacional**: Avaliar o VFL pode orientar decisões sobre centralizar certos serviços jurídicos em locais mais econômicos ou engajar fornecedores locais.

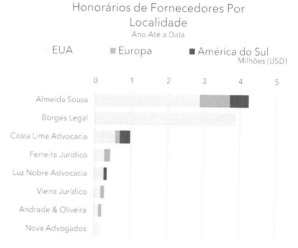

Honorários de Fornecedores Por Localidade
Ano Até a Data

Honorários de Fornecedores por Localizade
Ano até a Data

Fornecedor	EUA	Europa	América do Sul	Honorários Totais
Almeida Sousa	2,8M	831K	515K	4,2M
Borges Legal	3,9M			3,9M
Costa Lima Advocacia	569K	121K	290K	981K
Ferreira Jurídico	270K	163K		433K
Luz Nobre Advocacia	257K		84K	341K
Vieira Jurídico	179K	100K		279K
Andrade & Oliveira	120K	85K		205K
Nova Advogados	173K			173K

Honorários Totais de Fornecedores por Período (VFTP)

A métrica Honorários Totais de Fornecedores por Período (VFTP) fornece um detalhamento cronológico das despesas com fornecedores ao longo de intervalos de tempo específicos. Como uma extensão do VFPA, o VFTP oferece uma perspectiva temporal, permitindo que os departamentos jurídicos acompanhem e analisem os padrões de gastos ao longo do tempo. Esta métrica é uma extensão dos *Honorários Totais de Fornecedores por Área de Prática (VFPA)*.

Tipo	Métrica			
Pessoas	■	■	░	░
Operações	■	■	■	░
Tecnologia	■	■	■	░
Dados	■	■	■	░

Honorários de Fornecedores por Trimestre				
Ano Atual				
Fornecedor	T1	T2	T3	T4
Almeida Sousa	1.7M	429K	1.1M	970K
Borges Legal	687K	845K	403k	1.9M
Costa Lima Advocacia	19K	287K	598K	75K
Ferreira Jurídico	15K	89K	178K	148K
Luz Nobre Advocacia		18K	197K	125K
Vieira Jurídico	72K	99K	92K	15K
Andrade & Oliveira	36K	97K	72K	
Nova Advogados	37K	39K	48K	47K

Os dados do VFTP são particularmente úteis e reveladores ao monitorar tendências. Por exemplo, se os dados do VFTP consistentemente mostrarem um pico no quarto trimestre (Q4), isso pode sugerir tendências de faturamento no setor ou práticas específicas dos fornecedores, como a tentativa de maximizar o faturamento antes do final do ano. Reconhecer esses padrões permite que os departamentos jurídicos antecipem esses custos e planejem adequadamente.

O VFTP pode ser utilizado para:

- **Análise de Tendências**: Observando os honorários dos fornecedores ao longo do tempo, os departamentos jurídicos podem identificar padrões recorrentes, auxiliando no planejamento e orçamento.

- **Detecção de Anomalias**: Picos ou quedas repentinas nos honorários dos fornecedores em períodos específicos podem indicar anomalias ou eventos únicos que precisam ser investigados.

- **Planejamento Estratégico**: Compreender os padrões de gastos ao longo do tempo pode orientar decisões relacionadas a negociações com fornecedores, renovações de contratos, orçamentos e alocação de recursos.

Custo Médio por Tipo de Caso (ACPMT)

O indicador de Custo Médio por Tipo de Caso (ACPMT) mede o custo médio incorrido para cada área de atuação jurídica gerida pelo departamento jurídico. As organizações podem usar o ACPMT para avaliar a eficiência e a eficácia de seus processos de gestão de casos, identificar áreas que podem se beneficiar da otimização de custos e tomar decisões baseadas em dados sobre alocação de recursos.

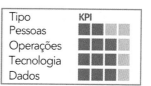

Tipo	KPI		
Pessoas			
Operações			
Tecnologia			
Dados			

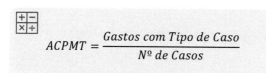

$$ACPMT = \frac{Gastos\ com\ Tipo\ de\ Caso}{N^{\underline{o}}\ de\ Casos}$$

Para calcular o ACPMT, determine o total gasto com aquele tipo de caso. Isso inclui a soma de todas as despesas relacionadas aos casos que se enquadram na categoria escolhida, somando gastos internos e externos. Conte o número de casos dentro daquele tipo específico e divida o total gasto pela quantidade de casos na área de atuação correspondente.

Por exemplo, com um gasto total de $2.994.000 em 60 casos de Litígio, o ACPMT para Litígio seria $49.900. No gráfico de exemplo, pode-se ver um relatório completo do ACPMT, com outras métricas de áreas de atuação comparadas.

Focar e acompanhar tipos específicos de tarefas ou casos jurídicos transforma o ACPMT em KPIs específicos. Isso permite que as organizações monitorizem consistentemente e avaliem os custos de maneira mais detalhada.

Fontes de Dados

Os dados podem ser obtidos de sistemas de gestão de casos, sistemas de eBilling, faturas manuais e registros financeiros ou contábeis.

As informações sobre os casos devem incluir o tipo de caso (área de atuação/categoria) e o

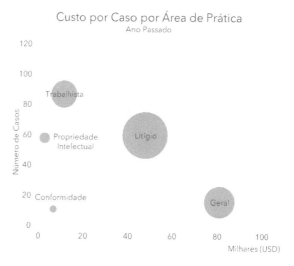

Custo por Caso por Área de Prática
Ano Passado

status do caso (encerrado, aberto, etc.). Para cálculos de ACPMT, geralmente é aconselhável considerar apenas casos encerrados. Além disso, é importante remover os *outliers* de custo antes de calcular, para evitar distorções no resultado.

Filtros

- Período
- Localização/Jurisdição
- Categoria de Gastos
- Gastos Internos vs. Externos

Limitações

- **Cálculo Incompleto**: O verdadeiro custo de um caso inclui recursos internos e externos. Para maior precisão, é importante incluir todos os custos quantificáveis, internos e externos.

- **Qualidade dos Dados**: Muitas vezes, pessoas esquecem de fechar seus casos. Encerrar um caso pode exigir etapas adicionais, como entrar com descrições e explicar as lições aprendidas. Ao calcular métricas de ACPMT usando apenas dados de casos encerrados, se não houver uma boa higiene de dados, os resultados podem não ser precisos.
- **Dados Distorcidos**: A inclusão de casos com custos extremamente baixos ou elevados pode distorcer a métrica. Para uma visão mais precisa, é necessário eliminar esses *outliers* e focar na maioria dos casos, que possuem custos moderados.

Para visualizar o fenômeno dos dados distorcidos, veja o seguinte gráfico de histograma. O gráfico revela que alguns casos têm custos extremamente baixos, enquanto outros apresentam custos desproporcionalmente altos, com a maioria dos casos situando-se na faixa intermediária. Ao calcular o ACPMT, é essencial desconsiderar esses extremos, representados pelas "caudas" do histograma, para obter uma avaliação mais representativa e confiável.

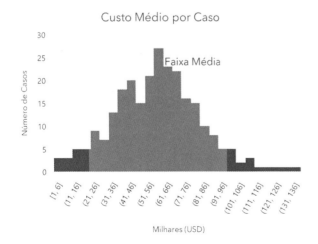

Custo Médio por Caso

Metas Futuras

Custo Médio por Tipo de Caso Ano até a Data			
Tipo de Caso	Despesa Total (USD)	Nº de Casos	Custo por Caso (USD)
Geral	1,296,211	16	81,013
Propriedade Intelectual	150,894	58	2,602
Trabalhista	975,632	87	11,214
Litígios	2,855,264	60	47,588
Conformidade	74,105	11	6,737

- **Redução de Custos**: Objetivar a redução do custo por caso identificando oportunidades de otimização de custos, simplificando processos e aumentando a eficiência.
- **Otimização da Alocação de Recursos**: Priorizar a otimização da alocação de recursos, identificando casos com custos mais elevados e explorando alternativas mais econômicas, como aproveitar os recursos internos ou implementar acordos de honorários alternativos (AFAs).
- **Eficiência dos Processos**: Melhorar os processos de gestão de casos por meio de medidas como a implementação de automação e a padronização de fluxos de trabalho, levando à redução de custos e ao aumento da eficiência geral.

Análise de Tendências

A análise de tendências do ACPMT pode revelar gargalos, ineficiências e oportunidades de otimização por meio do refinamento de processos, treinamento de equipes e automação. Tendências ascendentes podem impulsionar decisões baseadas em dados e melhorias estratégicas, enquanto tendências descendentes podem indicar sucessos na redução de custos.

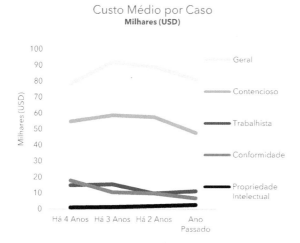

Custo Médio por Caso
Milhares (USD)

- Geral
- Contencioso
- Trabalhista
- Conformidade
- Propriedade Intelectual

Há 4 Anos   Há 3 Anos   Há 2 Anos   Ano Passado

Influenciadores Principais

- **Flutuações Econômicas**: Mudanças no cenário econômico geral podem impactar os casos jurídicos e seus custos. Recessões econômicas podem levar ao aumento de litígios, disputas contratuais e desafios regulatórios, afetando tanto o volume quanto o custo dos casos.
- **Tendências do Setor**: Tendências específicas de indústrias e dinâmicas de mercado podem influenciar os casos jurídicos. Por exemplo, uma mudança para fontes de energia renováveis pode introduzir questões jurídicas relacionadas às regulamentações ambientais e contratos.

- **Cenário de Litígios**: Mudanças nas tendências de litígios, como o aumento de ações coletivas ou investigações regulatórias, podem afetar a composição dos casos jurídicos e, subsequentemente, impactar os custos médios.

Benchmarking

Dentro de indústrias e jurisdições específicas, é possível identificar organizações semelhantes enfrentando casos comparáveis. Ao comparar os gastos médios de organizações semelhantes em tipos de casos ou dentro das mesmas regiões/jurisdições, os departamentos jurídicos podem avaliar os custos totais e determinar se há espaço para melhorias.

Gastos com Recursos Externos vs. Internos (SEIR)

Os Gastos com Recursos Externos vs. Internos (SEIR) auxiliam na avaliação dos custos com advogados externos em comparação aos custos com advogados internos. A análise de SEIR permite a tomada de decisões estratégicas e orienta a alocação e utilização eficientes de recursos, ajudando as organizações a determinar a abordagem mais econômica para lidar com os casos jurídicos. Também destaca áreas onde o fortalecimento da equipe interna ou a terceirização de tarefas rotineiras com honorários fixos pode levar à redução de custos a longo prazo e à melhoria da eficiência.

Tipo	KPI		
Pessoas	■	■	■
Operações	■	■	■
Tecnologia	■	■	■
Dados	■	■	■

O SEIR desempenha um papel fundamental na avaliação das implicações financeiras da transição de certos serviços jurídicos de recursos externos para capacidades internas (ou vice-versa).

Por exemplo, ferramentas de e-discovery permitem que as empresas realizem atividades de descoberta internamente, usando softwares especializados. Não é mais necessário enviar incontáveis caixas de documentos para escritórios de advocacia caros para fins de descoberta, uma vez que muitas organizações estão internalizando essas tarefas para economizar custos.

No gráfico de exemplo, podemos ver uma organização que gasta anualmente $1,5 milhão com serviços de H-1 e Green Card terceirizados para um escritório de advocacia. Usando o SEIR, pode-se mostrar que, ao contratar dois advogados internos especializados em imigração, os custos poderiam ser reduzidos em dois terços.

Fontes de Dados

- **Gastos Jurídicos Internos**: Compreendem todas as despesas trabalhistas da equipe jurídica interna: salários, bônus, comissões, benefícios, custos operacionais e quaisquer outros custos relacionados à manutenção de uma equipe jurídica interna. Além disso, podem

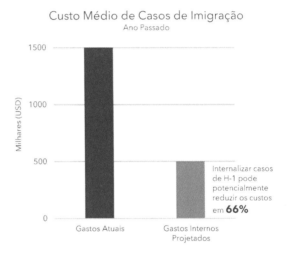

Custo Médio de Casos de Imigração
Ano Passado

Internalizar casos de H-1 pode potencialmente reduzir os custos em **66%**

ser incluídas outras despesas, como licenças de software, assinaturas, manutenção de aplicativos específicos para o setor jurídico e treinamentos para a equipe do departamento jurídico.

- **Gastos Externos**: Incluem todas as taxas/despesas relacionadas a serviços externos, produtos e suporte, abrangendo, mas não se limitando a honorários e despesas pagos ou incorridos com advogados externos, consultores, fornecedores, peritos, mediadores, árbitros, tribunais, ALSPs (provedores alternativos de serviços jurídicos), e-discovery e todas as outras terceirizações.

Observação: sugere-se incluir apenas casos encerrados em seus cálculos para garantir maior consistência e precisão.

Filtros

- Caso
- Área de Prática
- Região/Jurisdição

Limitações

- **Critérios de Avaliação**: Avaliar a qualidade da representação jurídica é frequentemente subjetivo e complexo. Certos casos podem exigir a expertise e o conhecimento especializado de advogados externos. Em determinadas circunstâncias, priorizar a preservação da reputação da empresa justifica o investimento, mesmo que isso implique em custos elevados.
- **Dados Omitidos**: O SEIR desconsidera a produtividade dos advogados, que pode variar entre advogados internos e externos. Embora os custos com advogados externos possam ser mais altos, eles frequentemente realizam trabalhos jurídicos especializados com maior eficiência do que os advogados internos, o que pode levar a uma redução dos custos gerais. É essencial considerar os diferentes níveis de qualidade e expertise que advogados internos e externos oferecem.
- **Contexto Insuficiente**: As comparações de SEIR oferecem apenas uma visão geral da relação custo-efetividade dos serviços jurídicos. O SEIR normalmente não fornece informações suficientes para identificar áreas específicas de melhoria ou potenciais economias. Sem informações detalhadas, pode ser difícil determinar se determinadas tarefas jurídicas poderiam ter sido realizadas de forma mais eficiente internamente ou se o uso de expertise externa foi necessário.
- **Fatores de Custo**: Ao lidar com casos de alta importância, o foco pode mudar de economias de custo para obter uma representação excepcional que proteja a reputação e minimize riscos. Nessas situações críticas, equilibrar custos e valor entregue se torna fundamental.
- **Relevância**: Departamentos jurídicos menores ou de médio porte podem descobrir que trabalhar com advogados externos é mais econômico e conveniente do que contratar uma equipe interna em tempo integral, simplesmente porque não precisam de suporte regular ou contínuo.

Metas Futuras

- **Redução de Custos**: Estabelecer metas para reduzir os gastos com serviços jurídicos externos, gerando economias para a organização.
- **Melhoria no Desempenho Interno**: Aumentar a eficiência, eficácia e desempenho geral da equipe jurídica interna.
- **Avaliação de Custos**: Avaliar o valor obtido em relação aos custos associados, garantindo um equilíbrio favorável.
- **Aumento da Transparência**: Buscar maior clareza na distribuição dos gastos, promovendo confiança e colaboração.
- **Gestão de Riscos**: Estabelecer metas para identificar, avaliar e mitigar riscos jurídicos, protegendo os interesses da organização.

Análise de Tendências

O acompanhamento e a análise de dados históricos podem impulsionar mudanças estratégicas, reduzindo despesas, aumentando o desempenho e identificando oportunidades de otimização de gastos, considerando opções mais econômicas de advogados externos ou fortalecendo as capacidades internas.

Principais Influenciadores

- **Condições de Mercado**: As condições econômicas, a concorrência e as mudanças nas leis e regulamentações podem impactar o custo dos recursos externos e a capacidade dos recursos internos.
- **Estratégia da Empresa**: Mudanças na estratégia e nas prioridades da empresa podem alterar a demanda e os gastos com serviços jurídicos internos e externos.
- **Disponibilidade**: A disponibilidade de recursos internos pode mudar devido à rotatividade de funcionários, promoções, aposentadorias e outros fatores.
- **Avanços Tecnológicos**: Melhorias nas tecnologias disponíveis podem afetar o custo e a disponibilidade de recursos internos e reduzir a necessidade de despesas externas.
- **Carga de Trabalho**: O volume de trabalho e os tipos de casos que um departamento jurídico lida podem impactar o uso de recursos externos versus internos.

Benchmarking

Comparar o SEIR com colegas do setor jurídico frequentemente envolve compartilhar insights e experiências sobre recursos internos. É comum que os profissionais discutam o tamanho de equipes internas comparáveis ou iniciativas específicas, como internalizar certos tipos de casos. Essas discussões proporcionam perspectivas valiosas e permitem que os profissionais aprendam com as abordagens uns dos outros, fomentando um ambiente colaborativo e mutuamente benéfico.

Custo Jurídico Total por Unidade de Negócio (LCBU)

A métrica de Custo Jurídico Total por Unidade de Negócio (LCBU) fornece uma análise da alocação de recursos do departamento jurídico entre diversas unidades de negócio dentro da organização. Ao quantificar as despesas jurídicas incorridas ou atribuídas a cada unidade de negócio, como Marketing, Vendas, TI ou RH, essa métrica

não apenas ilumina onde os recursos jurídicos estão sendo canalizados, mas também permite que o departamento jurídico demonstre seu valor e as contribuições de economia de custos para a organização.

O LCBU pode ser usado para:

- **Previsão Financeira**: Ao revisar dados históricos do LCBU, o departamento jurídico pode prever melhor a demanda futura por unidade de negócio, auxiliando no planejamento orçamentário.
- **Integração Estratégica**: O LCBU oferece uma perspectiva holística sobre a distribuição de recursos jurídicos internos na organização. Isso permite que os departamentos jurídicos alinhem estrategicamente seus recursos com os objetivos e prioridades organizacionais, promovendo uma sinergia maior entre os objetivos jurídicos e empresariais.
- **Alocação de Recursos**: Se uma unidade específica incorrer consistentemente em maiores custos jurídicos, pode valer a pena alocar mais recursos jurídicos internos para essa unidade, como pessoal jurídico dedicado ou treinamentos.

Fontes de Dados

Os dados podem ser obtidos de sistemas de gestão de casos e de dados de eBilling ou de faturas manuais.

Custo Jurídico Total por Unidade de Negócio (USD) Ano Passado					
Unidade de Negócio	T1	T2	T3	T4	Total
Marketing	121K	137K	92K	134K	487K
Vendas	91K	110K	85K	104K	391K
Operações	179K	180K	204K	195K	759K
P&D	63K	70K	65K	62K	260K
RH	40K	47K	62K	50K	199K
Finanças	82K	71K	85K	93K	331K
TI	44K	69K	51K	49K	213K
Cadeia de Suprimentos	42K	48K	40K	42K	172K

Filtros

- Tipo de Caso/Área de Prática
- Região/Jurisdição

Limitações

- **Custos Indiretos**: Alguns custos jurídicos podem não ser cobrados diretamente, ficando perdidos em e-mails ou esquecidos de conversas anteriores. Outros podem ser difíceis de atribuir a uma unidade específica, como o treinamento de conformidade em toda a organização.

- **Alocação de Sobrecustos**: Como as despesas jurídicas compartilhadas (como os honorários mensais de um escritório de advocacia contratado) são distribuídas entre as unidades pode variar e nem sempre refletir o uso real dos serviços.

Metas Futuras

- **Digitalização e Automação**: Implementar ferramentas de tecnologia jurídica, como software de gestão de contratos ou ferramentas de pesquisa com IA, especificamente em unidades com altos custos jurídicos rotineiros.
- **Especialização Interna**: Para unidades com demanda consistente de serviços jurídicos, trazer advogados especializados para o corpo interno, contratando especialistas ou advogados dedicados.
- **Treinamento e Desenvolvimento**: Implementar programas de treinamento e desenvolvimento nas unidades de negócios que frequentemente requerem suporte jurídico, com o objetivo de aumentar a alfabetização jurídica entre os funcionários, reduzindo a necessidade e os custos associados à intervenção jurídica em atividades rotineiras.

Análise de Tendências

- **Destaque para Mudanças Estratégicas**: Um aumento nos custos jurídicos dentro de uma unidade de negócio ao longo do tempo pode sinalizar uma mudança estratégica para novos mercados ou empreendimentos com maiores requisitos legais. Reconhecer essas mudanças cedo permite que o departamento jurídico e a unidade

de negócio abordem proativamente as necessidades legais emergentes.

- **Níveis de Risco**: O aumento dos custos jurídicos em uma unidade específica pode indicar riscos elevados de conformidade. Identificar essas tendências permite que a organização aloque mais recursos ou implemente estratégias de mitigação de risco para evitar possíveis litígios ou problemas regulatórios.
- **Validação da Eficiência de Treinamentos**: Após a implementação de treinamentos ou programas de alfabetização jurídica em uma unidade de negócio, monitorar as tendências pode ajudar a validar a eficácia dessas iniciativas. A redução dos custos jurídicos após o treinamento pode indicar melhor resolução interna de questões e menor dependência de suporte jurídico externo.
- **Guiar o Orçamento Futuro**: Tendências históricas nos dados do LCBU podem fornecer uma base para decisões de orçamento e alocação de recursos futuros. Ao analisar padrões de custos passados, os departamentos jurídicos podem tomar decisões informadas sobre a alocação de recursos, definição de metas orçamentárias e identificar oportunidades de otimização de custos.

Influenciadores Principais

- **Mudanças Regulatórias**: Alterações nas leis e regulamentos podem impactar significativamente os custos jurídicos. Novos requisitos de conformidade ou mudanças regulatórias podem exigir maior suporte e recursos jurídicos dentro de unidades de negócios específicas.

- **Competitividade do Mercado**: Pressões competitivas e dinâmicas de mercado podem levar a disputas legais, negociações de contratos ou desafios de propriedade intelectual. Unidades de negócios que operam em mercados altamente competitivos podem experimentar flutuações nos custos jurídicos.

Orçamento

A disciplina orçamentária nas operações jurídicas é crucial para um planejamento financeiro sustentável. Este capítulo descreve parâmetros específicos que influenciam a alocação de recursos, despesas e estratégias, promovendo estratégias resilientes de operação jurídica.

Precisão da Previsão de Gastos Jurídicos (LSFA)

A métrica Precisão da Previsão de Gastos Jurídicos (LSFA) auxilia os departamentos jurídicos a avaliarem a precisão de seus esforços de previsão. Ao comparar os gastos previstos com os gastos reais, os departamentos jurídicos podem identificar áreas de melhoria, fazer os ajustes necessários em seus processos de previsão e identificar onde os Acordos de Honorários Alternativos (AFAs) podem ser negociados para melhorar a transparência dos gastos.

Tipo	KPI
Pessoas	
Operações	
Tecnologia	
Dados	

$$LSFA = \left(1 - \frac{|Gastos\ Previstos - Gastos\ Reais|}{Gastos\ Previstos}\right) \times 100$$

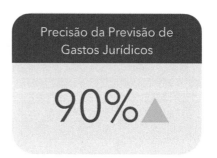

Precisão da Previsão de Gastos Jurídicos

90% ▲

Dada a natureza intrinsecamente imprevisível das questões jurídicas, alcançar precisão na previsão financeira pode ser desafiador. Para melhorar a LSFA, os departamentos jurídicos devem adotar uma abordagem sistemática e orientada por dados. Essa abordagem pode envolver uma análise abrangente dos padrões e despesas históricas, pela qual os departamentos jurídicos podem identificar variações e padrões, contribuindo para uma compreensão mais informada das necessidades financeiras futuras.

Esse conhecimento capacita as equipes jurídicas a tomar decisões proativas e informadas sobre alocação de orçamento e gestão de recursos, contribuindo para a saúde financeira geral da organização.

Por exemplo, se um departamento jurídico prevê e orça $2 milhões para um trimestre, e ao final desse período o gasto real foi de $1,8 milhão, sua LSFA para o trimestre será de 90%:

$$\left(1 - \frac{|2\ milhões - 1.8\ milhões|}{2\ milhões}\right) \times 100 = 90\%$$

Fontes de Dados

Os dados podem ser obtidos de sistemas de gestão de casos, sistemas de e-billing, registros contábeis/financeiros, relatórios gerenciais e faturas manuais.

Filtros

- Períodos de Tempo
- Unidades de Negócio
- Áreas de Prática
- Escritórios de Advocacia/Fornecedores

Limitações

- **Incerteza Inerente**: A previsão de gastos jurídicos lida com o desafio fundamental de se basear em estimativas. As questões jurídicas, especialmente os litígios, muitas vezes apresentam variáveis imprevisíveis. As previsões podem envolver cenários como "Se formos a julgamento..." ou "Se fizermos um acordo...". No entanto, é essencial equilibrar; complicar excessivamente as previsões com múltiplos cenários condicionais pode prejudicar a clareza.

- **Circunstâncias Imprevisíveis**: A LSFA pode ser significativamente afetada por circunstâncias imprevistas. Mudanças repentinas nas condições de mercado ou decisões inesperadas podem alterar o cenário financeiro de maneira imprevisível, distorcendo os resultados da previsão.
- **Granularidade**: Alcançar um nível adequado de detalhe na previsão é crucial. Uma abordagem superficial pode perder nuances importantes, enquanto uma previsão excessivamente detalhada pode sobrecarregar as partes interessadas. O equilíbrio adequado é essencial para gerar uma LSFA útil.

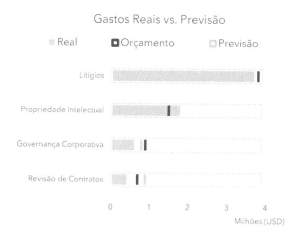

Gastos Reais vs. Previsão

Metas Futuras

- **Colaboração Aprimorada**: Estabelecer canais abertos de comunicação, compartilhar dados históricos de gastos e alinhar expectativas de custo pode levar a melhores estimativas de custos e permitir previsões mais confiáveis de despesas jurídicas externas.
- **Feedback e Melhorias**: Ao buscar ativamente feedback, identificar áreas para refinamento e implementar ações corretivas, as organizações podem aumentar a confiabilidade e a precisão de suas previsões de gastos jurídicos.
- **Refinamento das Previsões**: Revisar e refinar regularmente os modelos de previsão com base em dados de gastos reais e tendências de mercado pode ajudar a melhorar a precisão ao longo do tempo. Analisando o desempenho de previsões anteriores e incorporando lições aprendidas, as organizações podem ajustar seus modelos e parâmetros para se alinhar às necessidades comerciais em evolução e otimizar as previsões orçamentárias.
- **Soluções de Gestão de Gastos**: Considere a adoção de ferramentas, como soluções de gestão de gastos baseadas em IA. Essas tecnologias podem usar análises avançadas e aprendizado de máquina para fornecer previsões de gastos jurídicos mais precisas e orientadas por dados, melhorando a precisão geral das previsões.

Análise de Tendências

Analisar os padrões de gastos históricos é essencial para compreender e prever futuros custos jurídicos. Ao examinar despesas anteriores por tipo e fase de caso, os departamentos jurídicos podem identificar tendências e padrões que podem informar previsões mais precisas. Por exemplo, reconhecer que litígios substanciais geralmente levam ao aumento de custos pode ajudar a moldar estratégias de acordos e evitar estouros orçamentários. Além disso, revisar a distribuição das despesas entre escritórios de advocacia nos anos anteriores informa decisões sobre como otimizar a gestão de custos.

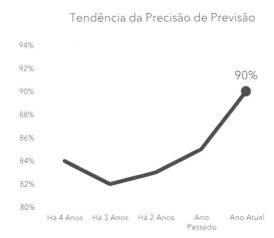

Tendência da Precisão de Previsão

Alocação de Orçamento por Área de Prática (BAPA)

As métricas de alocação de orçamento podem fornecer uma visão mais detalhada sobre a previsão de despesas. Especificamente, a Alocação de Orçamento por Área de Prática (BAPA) mede como uma organização distribui seu orçamento jurídico entre diferentes áreas de prática dentro do departamento jurídico. Ela quantifica a proporção

Tipo	RI		
Pessoas			
Operações			
Tecnologia			
Dados			

do orçamento destinada a áreas como privacidade, litígios, contratos, conformidade regulatória e outras. Ao entender a alocação do orçamento, as organizações podem garantir que os recursos sejam direcionados para áreas prioritárias, orientando operações jurídicas mais eficazes e melhor alinhamento com os objetivos organizacionais.

Para determinar a BAPA ou a alocação de orçamento entre outros segmentos, como unidades de negócio, usa-se uma distribuição percentual. Para calcular, divida o orçamento alocado para cada área de prática pelo orçamento total do departamento jurídico e expresse o resultado como uma porcentagem.

Fontes de Dados

Os dados podem ser obtidos de sistemas de gestão de casos, sistemas de eBilling ou faturas manuais.

Limitações

- **Alocação de Orçamento**: Cada área de prática pode ter necessidades e prioridades únicas, o que torna a alocação do orçamento de forma a satisfazer todas as partes interessadas um desafio. Isso pode levar a concessões e compromissos na distribuição de recursos, impactando a eficácia da alocação.
- **Falta de Previsão**: Previsões inadequadas ou pouco confiáveis, tanto internas quanto externas, podem prejudicar significativamente a alocação precisa de recursos orçamentários dentro do departamento jurídico.

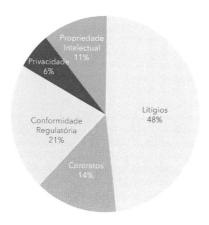

Alocação do Orçamento

- **Cortes Orçamentários Inesperados**: Cortes orçamentários ocasionais impostos pela gestão podem perturbar a alocação de orçamento planejada, gerando desafios no atendimento das necessidades de recursos do departamento jurídico.

Metas Futuras

- **Monitoramento do Orçamento**: Desenvolver um sistema robusto para monitorar os gastos e a alocação do orçamento com o nível apropriado de detalhe. Evite generalizar excessivamente as despesas como "Outros" e garanta uma categorização precisa das faturas para tomar decisões mais informadas sobre a alocação de recursos.

- **Colaboração Proativa**: Promova uma comunicação contínua e colaboração com os departamentos de finanças ou contabilidade para antecipar possíveis mudanças ou ajustes orçamentários. Sendo proativo, o departamento jurídico pode responder rapidamente a quaisquer modificações financeiras e ajustar proativamente os orçamentos conforme necessário.

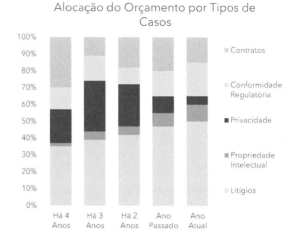

Alocação do Orçamento por Tipos de Casos

Análise de Tendências

A análise de tendências na alocação de orçamento pode revelar padrões de distribuição de recursos que foram eficazes no passado e ajudar a identificar áreas onde ajustes podem ser necessários para se adaptar a novas circunstâncias.

Ao revisar tendências históricas de alocação de orçamento, os departamentos jurídicos podem identificar áreas que precisam de readequação. Por exemplo, este gráfico de BAPA de exemplo indica uma redução contínua no orçamento de Privacidade e um aumento correspondente no orçamento de Conformidade Regulatória. Esse tipo de percepção pode permitir decisões mais informadas para a alocação futura do orçamento.

Orçamento do Departamento Jurídico vs. Real (LDBA)

Este indicador permite avaliar de forma eficaz a variação entre o orçamento do departamento jurídico e os gastos reais. Essa comparação oferece insights sobre a precisão do planejamento e controle financeiro. Os departamentos jurídicos podem avaliar o nível de precisão orçamentária ao comparar os gastos reais com o orçamento original.

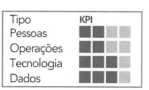

Tipo	KPI
Pessoas	■ ■ ▦ ▦
Operações	■ ■ ▦ ▦
Tecnologia	■ ■ ■ ▦
Dados	■ ■ ■ ▦

$$LDBA = \frac{(Orçamento - Real)}{Orçamento} \times 100$$

Ao comparar os gastos reais com a previsão antecipada, os departamentos jurídicos podem determinar a precisão orçamentária.

Por exemplo, com um orçamento definido de $20 milhões, se o gasto real for de $24 milhões, isso indicaria uma variação de -20%, apontando para um suborçamento. Por outro lado, se o gasto real for de $16 milhões, a variação seria de 20%, sugerindo um superávit orçamentário ou superorçamento.

LDBA é calculado subtraindo a despesa real do valor orçado, dividindo o resultado pelo valor orçado e multiplicando por 100 para obter a variação percentual.

$$\frac{20\ milhões - 24\ milhões}{20\ milhões} \times 100 = -20\%$$

Fontes de Dados

Os dados podem ser obtidos a partir de relatórios de gastos, bem como de relatórios de orçamento.

Filtros

- Área de Prática
- Unidade de Negócio
- Período de Tempo
- Escritório de Advocacia/Fornecedor

Variação no Orçamento do Departamento Jurídico

-20%

Extensões

- **Orçamento do Caso vs. Real (MBA)**: Esta extensão avalia o orçamento em comparação com os gastos reais de casos individuais, permitindo que os departamentos jurídicos obtenham uma compreensão detalhada do desempenho financeiro. Esta extensão ajuda a identificar possíveis excessos de custo ou economias por caso.

- **Orçamento de Fornecedores vs. Real (VBA)**: Esta extensão avalia o orçamento em comparação com os gastos reais de fornecedores ou escritórios individuais, permitindo que os departamentos jurídicos entendam melhor o desempenho orçamentário e de gastos com fornecedores. Essa extensão ajuda a identificar possíveis excessos de custo ou economias por fornecedor.

Limitações

- **Falta de Informações**: Parâmetros orçamentários mal definidos e o acompanhamento ineficaz dos gastos podem prejudicar a medição e comparação precisas dos gastos reais com as previsões. Isso pode gerar desafios na avaliação da precisão orçamentária e na tomada de decisões financeiras informadas.
- **Cronograma**: Vale destacar que avaliar esse indicador muito cedo no ano fiscal provavelmente não fornecerá uma visão abrangente. Embora as avaliações iniciais possam parecer positivas, elas não refletirão as tendências de gastos ao longo de todo o ano. Por outro lado, esperar até o final do ano pode atrasar os ajustes necessários. Para encontrar um equilíbrio, os departamentos jurídicos podem dividir e avaliar o orçamento anual trimestralmente, proporcionando uma compreensão mais oportuna dos padrões de gastos e facilitando ajustes conforme necessário.

Metas Futuras

- **Medidas de Controle de Custos**: Implementar medidas de controle de custos para minimizar despesas inesperadas que possam levar a estouros orçamentários. Isso pode incluir renegociações de contratos com fornecedores, otimização da alocação de recursos ou utilização de tecnologia para soluções mais econômicas.
- **Ajustes Orçamentários**  **Proativos**: Desenvolver um sistema para ajustes proativos. Se mudanças significativas nos requisitos jurídicos ou

nas condições financeiras ocorrerem durante o ano, tente inserir flexibilidade para que o orçamento possa ser ajustado prontamente para refletir essas mudanças.

- **Revisões Orçamentárias Regulares**: Realizar revisões regulares do orçamento ao longo do ano fiscal para monitorar tendências e fazer os ajustes necessários para manter o orçamento alinhado.

Análise de Tendências

A análise de tendências do LDBA envolve examinar o desempenho da precisão orçamentária ao longo do tempo. Ao monitorar as variações entre o orçamento e os gastos reais em vários períodos, é possível identificar padrões. Por exemplo, se houver uma tendência consistente de variação positiva (superorçamento) ou negativa (suborçamento), especialmente entre fornecedores específicos ou em determinadas áreas de prática, pode ser necessário realizar ajustes.

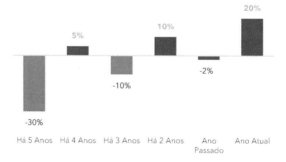

Tendência do Orçamento vs Real

Influenciadores Principais

- **Litígios e Disputas Jurídicas**: Disputas legais, especialmente litígios inesperados ou de grande impacto, podem influenciar significativamente os gastos reais.
- **Prioridades do Departamento Jurídico**: Por exemplo, se o departamento der mais ênfase à conformidade, ele pode alocar mais recursos para essa área.

Orçamento do Caso vs. Real (MBA)

O indicador Orçamento do Caso vs. Real (MBA) é uma extensão focada do Orçamento do Departamento Jurídico vs. Real (LDBA). Ele avalia especificamente a diferença entre o orçamento projetado e os gastos reais para casos jurídicos individuais, especialmente aqueles que se estendem por vários anos. Ao comparar os custos orçados e

Tipo	KPI
Pessoas	
Operações	
Tecnologia	
Dados	

os reais para casos em andamento, os departamentos jurídicos podem medir a precisão do seu planejamento financeiro para casos específicos. Este indicador é uma extensão do *Orçamento do Departamento Jurídico vs Real (LDBA)*.

$$MBA = \frac{(Valor\ Orçado\ para\ o\ Caso\ -\ Gasto\ Real\ para\ o\ Caso)}{Valor\ Orçado\ para\ o\ Caso} \times 100$$

Dada a importância de monitorar os gastos de casos, seja analisado durante a vida útil do caso ou em base periódica, o indicador MBA é uma ferramenta crucial para a maioria dos departamentos jurídicos. Ele garante que os departamentos mantenham transparência em relação às trajetórias financeiras dos casos individuais, permitindo ajustes orçamentários oportunos, conforme necessário.

Por exemplo, se o orçamento trimestral para um caso foi de $100 mil, mas o gasto real foi de $110 mil, o MBA apresenta uma variação de 10%:

$$\frac{110K - 100K}{100K} \times 100 = 10\%$$

Esse cálculo, embora simples, pode ser aplicado a vários cenários orçamentários, seja para toda a vida útil do caso, anual ou trimestral. O indicador MBA garante que os departamentos jurídicos possam gerenciar efetivamente seus recursos financeiros e tomar decisões informadas para cada caso que lidam.

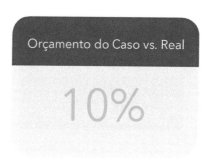

Orçamento do Caso vs. Real

10%

Fontes de Dados

Os dados para este indicador podem ser obtidos de sistemas de gestão de casos, sistemas de eBilling, dados de faturas manuais e sistemas de rastreamento de tempo.

Filtros

- Área de Prática
- Período de Tempo
- Escritório de Advocacia/Fornecedor

Limitações

- **AFAs**: Em casos com honorários fixos ou outros AFAs (arranjos de honorários alternativos), o faturamento pode ser acordado antecipadamente, sem a necessidade de rastreamento detalhado de horas e itens. Embora isso minimize o risco de estouros de orçamento, pode limitar a visibilidade sobre os detalhes específicos dos gastos, tornando desafiadora a análise aprofundada dos custos.

- **Atualização de Orçamentos**: À medida que os casos avançam, mudanças são inevitáveis, especialmente em litígios, onde surgem circunstâncias imprevistas e custos adicionais. É crucial avaliar e atualizar regularmente o orçamento para refletir as necessidades e exigências em evolução de cada caso com precisão.

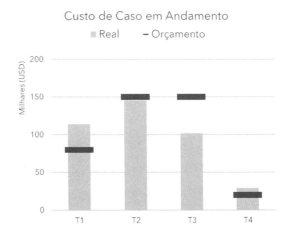

Custo de Caso em Andamento

Metas Futuras

Evitar ultrapassar ou ficar consistentemente abaixo do orçamento em certos casos requer monitoramento rigoroso e ajustes adequados ao orçamento. Seja uma variação pequena ou significativa, entender as razões subjacentes é essencial. Ao abordar essas variações de forma direta, os departamentos jurídicos podem melhorar a precisão orçamentária e a gestão financeira geral. Adote a prática de questionar e analisar os fatores que causam as variações orçamentárias para promover melhorias contínuas.

Percentual de Casos Gerenciados Dentro do Orçamento (MHB)

O indicador Percentual de Casos Gerenciados Dentro do Orçamento (MHB) quantifica a proporção de casos jurídicos que foram eficazmente gerenciados dentro dos seus orçamentos alocados. Esse indicador reflete a responsabilidade fiscal do departamento jurídico, a precisão no orçamento e a eficiência geral no manejo dos casos.

Tipo	KPI
Pessoas	
Operações	
Tecnologia	
Dados	

Para calcular o MHB, utilize a seguinte fórmula:

$$MHB = \frac{N^{\circ}\ de\ Casos\ Gerenciados\ Dentro\ do\ Orçamento}{Total\ de\ Casos} \times 100$$

% de Casos Gerenciados Dentro do Orçamento

63% ▲

Por exemplo, se houve 500 casos no último ano e 315 foram gerenciados dentro do orçamento, o MHB será de 63%:

$$\frac{315}{500} \times 100 = 63\%$$

O indicador MHB pode ser usado para:

- **Eficiência Financeira**: Um percentual alto de MHB indica um planejamento financeiro sólido e uma gestão eficaz dos casos jurídicos, assegurando que os custos não saiam do controle.

- **Precisão Orçamentária**: Se os casos frequentemente excederem seus orçamentos, isso pode indicar que as estimativas iniciais são muito conservadoras ou que há complexidades imprevistas.

- **Supervisão Operacional**: Percentuais baixos de MHB podem destacar áreas que precisam de atenção, sinalizando possíveis ineficiências ou a necessidade de revisar estratégias orçamentárias.

Casos Orçados por Área de Prática					
Último Ano					
Área de Prática	Nº de Casos	Nº de Casos Acima do Orçamento	Orçamento dos Casos (USD)	Valor Gasto Real (USD)	% Dentro do Orçamento
Patente	76	16	8.7M	9.1M	79%
Propriedade Intelectual	65	19	5.1M	5.6M	71%
Geral	42	16	9.4M	13.2M	62%
Contencioso	115	46	25.8M	28.7M	60%
Trabalhista	47	20	3.5M	4.4M	57%
Imobiliário	84	41	12.2M	14.3M	51%

- **Dinâmica do Mundo Real**: Embora o objetivo seja sempre seguir o orçamento, a natureza dinâmica dos processos jurídicos e elementos imprevisíveis podem causar desvios. O MHB fornece uma visão realista de quão bem o departamento navega nesses desafios.

Fontes de Dados

Os dados para esse indicador podem ser obtidos de sistemas de gestão de casos, sistemas de eBilling, dados de faturas manuais e relatórios orçamentários.

Filtros

- Área de Prática
- Localização/Jurisdição
- Advogado Responsável
- Unidade de Negócio

Limitações

- **Natureza Dinâmica dos Casos Jurídicos**: Alguns casos podem evoluir de maneiras inesperadas, levando a custos aumentados que são inevitáveis.
- **Integridade dos Dados**: A precisão desse indicador depende de registros orçamentários e detalhes de faturamento precisos.
- **Fatores Externos**: Circunstâncias externas imprevistas (como mudanças regulatórias ou eventos globais) podem afetar os custos dos casos.

Metas Futuras

- **Melhorar a Precisão**: Buscar percentuais mais altos de MHB ao longo do tempo, mostrando que o departamento está melhorando na previsão e cumprimento dos orçamentos.

- **Treinamento Financeiro**: Oferecer treinamento em gestão financeira e planejamento orçamentário para advogados e equipes jurídicas, aumentando suas capacidades de planejamento fiscal.
- **Ferramentas de Orçamento**: Implementar ferramentas avançadas de orçamento e softwares para auxiliar em previsões financeiras mais precisas.
- **Revisões Regulares**: Instituir revisões periódicas de orçamentos versus reais, permitindo ajustes proativos à medida que os casos avançam.

Análise de Tendências

- **Crescimento na Precisão Orçamentária**: Uma tendência ascendente geralmente indica aumento da precisão no orçamento e na gestão financeira, sendo um indicador positivo da capacidade do departamento de prever e controlar os custos com precisão.
- **Variações Sazonais**: Reconhecer desvios consistentes pode ajudar a identificar fatores externos que influenciam regularmente o orçamento, como atividades de final

Tendência da Percentagem de Casos Gerenciados Dentro do Orçamento de ano ou altas/baixas sazonais específicas do setor.

- **Impacto das Mudanças Organizacionais**: Observar mudanças após mudanças internas significativas (por exemplo, novas tecnologias ou processos) pode revelar seu efeito sobre a gestão orçamentária.

Principais Influenciadores

- **Mudanças Regulatórias**: Atualizações em regulamentações ou padrões jurídicos podem introduzir novos requisitos ou processos que não foram previstos durante os esforços iniciais de orçamento.
- **Variabilidade na Duração dos Casos**: Às vezes, um caso inicialmente previsto para ser concluído rapidamente pode se prolongar devido a complexidades imprevistas ou atrasos, impactando o orçamento alocado.

- **Complexidade dos Casos**: Casos mais complexos podem ser mais difíceis de serem orçados com precisão em comparação com casos rotineiros.
- **Experiência do Advogado**: Advogados experientes podem ter uma melhor capacidade de estimar custos com base em experiências anteriores.
- **Uso de Serviços Externos**: Dependência de serviços ou consultores externos pode introduzir variabilidade nos custos.

Índice de Satisfação com o Processo Orçamentário (BPSI)

O processo de orçamento exige precisão, dados e previsibilidade. Embora seja essencial para a gestão financeira, o processo pode ser árduo e desafiador. O Índice de Satisfação com o Processo Orçamentário (BPSI) é uma métrica projetada para medir a satisfação das partes interessadas nos esforços orçamentários do departamento jurídico. Ao avaliar o feedback, os departamentos jurídicos podem identificar áreas de melhoria, otimizar procedimentos e garantir que o processo de orçamento e previsão atenda às necessidades e expectativas das partes interessadas.

Tipo	PI			
Pessoas				
Operações				
Tecnologia				
Dados				

$$BPSI = \frac{(Soma\ das\ médias\ das\ respostas\ de\ cada\ questão)}{N^{\underline{o}}\ de\ Questões \times Valor\ Máximo} \times 100$$

O BPSI é calculado coletando e calculando a média das pontuações de uma pesquisa que avalia diversos aspectos do processo orçamentário do departamento jurídico.

A pesquisa é subjetiva, devendo ser adaptada por cada departamento jurídico de acordo com seus processos. Ela pode incluir perguntas sobre a satisfação com a clareza, facilidade de uso, comunicação e as ferramentas utilizadas no orçamento. A pontuação média é então expressa como uma porcentagem da pontuação máxima possível.

Para calcular o BPSI, some os resultados médios de cada questão e divida o total pelo número de questões, multiplicado pelo valor máximo (exemplo: 10). Garantir que todas as questões tenham o mesmo intervalo de valores (exemplo: 1 a 10) é crucial para uma medição precisa.

Por exemplo, utilizando os resultados médios de uma pesquisa de exemplo abaixo (na seção Fontes de Dados), obtemos um BPSI de aproximadamente 85%.

$$\frac{(9 + 8 + 9 + 7 + 10 + 8 + 8 + 9 + 9)}{(9 \times 10)}$$

Índice de Satisfação do Processo Orçamentário

85% ▲

$$= \frac{77}{90} \times 100 \cong 85\%$$

Engajar as partes interessadas no processo orçamentário promove transparência e pode aumentar a satisfação geral. Também ajuda a entender as limitações e prioridades da organização, promovendo um senso de responsabilidade. Medir regularmente o BPSI garante que o processo orçamentário continue eficiente e alinhado com as necessidades dos envolvidos.

Fontes de Dados

Os dados do BPSI podem ser obtidos de uma combinação de registros orçamentários, mecanismos de feedback e pesquisas, entrevistas ou discussões documentadas:

- **Registros Orçamentários**: Fornecem uma compreensão básica do processo orçamentário, incluindo as ferramentas e templates utilizados.
- **Pesquisas de Feedback**: Podem ser distribuídas para várias partes interessadas, incluindo equipe interna, fornecedores, escritórios de advocacia e outros chefes de departamento. As pesquisas oferecem uma maneira estruturada de reunir e quantificar feedback subjetivo.
- **Entrevistas ou Discussões**: Conversas diretas com partes interessadas podem fornecer uma visão mais detalhada e compreensão de suas experiências. Esse feedback deve ser documentado.

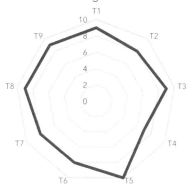

Pesquisa de Satisfação do Processo Orçamentário - Resposta Média por Pergunta

Exemplo de Pesquisa:

1. **Experiência Geral (0-10)**: Como você avalia a gestão do orçamento pelo departamento jurídico no último ano?
2. **Transparência (0-10)**: Qual o seu nível de satisfação com a transparência do processo orçamentário do departamento jurídico?
3. **Colaboração (0-10)**: Qual a sua satisfação com o nível de colaboração do departamento jurídico durante o processo orçamentário?
4. **Precisão (0-10)**: Como você avalia a precisão das estimativas orçamentárias fornecidas pelo departamento jurídico?
5. **Investimento de Tempo (0-10)**: Qual a sua satisfação com o tempo necessário para elaborar o orçamento do departamento jurídico?
6. **Abrangência (0-10)**: Você acredita que todas as preocupações orçamentárias foram devidamente consideradas durante o processo?
7. **Feedback (0-10)**: Você conseguiu fornecer contribuições durante as discussões de planejamento orçamentário?
8. **Eficiência (0-10)**: Como você classificaria a eficiência do processo orçamentário do departamento jurídico?
9. **Economia de Custos (0-10)**: O departamento jurídico buscou ativamente oportunidades de economia ou sugeriu abordagens alternativas para gerir as despesas jurídicas?

Filtros

- Área de Prática
- Escritório de Advocacia/Fornecedor
- Unidade de Negócios

Limitações

- **Disponibilidade de Dados**: Obter dados completos e precisos sobre a satisfação das partes interessadas pode ser desafiador, pois depende muito de feedback auto-relatado e respostas a pesquisas que podem estar sujeitas a vieses.
- **Frequência das Pesquisas**: Realizar pesquisas com muita frequência pode causar "fadiga" e resultar em respostas menos

precisas. Por outro lado, se feitas com pouca frequência, os participantes podem esquecer ou sentir indiferença ao fornecer feedback.

- **Respostas Subjetivas**: As respostas podem ser influenciadas por experiências passadas, independentemente da experiência atual com o orçamento.
- **Falta de Anonimato**: As pessoas podem hesitar em expressar suas opiniões verdadeiras se souberem que suas respostas não são anônimas, o que pode levar a respostas enviesadas ou imprecisas.

Metas Futuras

O objetivo principal do BPSI é aumentar a satisfação das partes interessadas e otimizar a eficiência do processo orçamentário, geralmente demonstrado por um BPSI na faixa-alvo de 80% a 100% de satisfação.

Isso também envolve a implementação de melhorias no processo com base no feedback das partes interessadas para otimizar a alocação de recursos e a gestão do orçamento, além de aprimorar a comunicação e a transparência, garantindo que as partes interessadas compreendam claramente o processo orçamentário e seus papéis dentro dele.

Análise de Tendências

Monitorar e analisar mudanças nos níveis de satisfação das partes interessadas ao longo do tempo auxilia na identificação de padrões ou tendências na eficiência do orçamento. Utilizando os insights do BPSI, os departamentos jurídicos podem identificar e compreender melhor as áreas potenciais para melhorias na previsão, avaliar o impacto de mudanças no processo e acompanhar a eficácia das medidas implementadas para melhorar o sistema orçamentário.

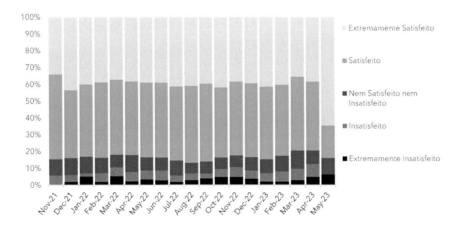

Tendência de Satisfação Geral com o Processo Orçamentário

Gestão de Recursos e Desempenho Interno

Otimizando o desempenho e a eficiência dos recursos jurídicos internos é fundamental para identificar como apoiar sua equipe e aumentar a produtividade. Aqui, você encontrará parâmetros projetados para avaliar e elevar a contribuição e a eficácia das equipes internas e da utilização de recursos.

Relação de Funcionários para a Equipe Jurídica (ELDH)

A métrica Relação de Funcionários para a Equipe Jurídica (ELDH) ilustra a escala e a capacidade do departamento jurídico interno dentro do contexto mais amplo da organização. O ELDH quantifica a extensão em que o departamento jurídico está equipado em relação a toda a força de trabalho da organização.

Tipo	Métrica
Pessoas	
Operações	
Tecnologia	
Dados	

$$ELDH = \frac{N^{\underline{o}}\ Total\ de\ Funcionários}{N^{\underline{o}}\ de\ Funcionários\ do\ Departamento\ Jurídico}$$

Relação de Funcionários para a Equipe Jurídica

344 ▲

Para calcular o ELDH, divida o total de funcionários da empresa pelo número de funcionários do departamento jurídico. Por exemplo, se uma empresa emprega 86.000 profissionais globalmente e mantém uma equipe jurídica interna composta por 250 indivíduos, sua relação ELDH chega a 344:

$$\frac{86,000}{250} = 344$$

Um departamento jurídico eficiente pode lidar com uma carga de trabalho mais substancial e fornecer suporte jurídico abrangente com um número menor de funcionários. Um ELDH mais alto, nesse contexto, pode significar a eficácia da equipe jurídica em gerenciar uma organização maior com mais eficiência e menos recursos, maximizando assim o valor que o departamento jurídico traz para a organização.

Relação de Funcionários para a Equipe Jurídica		
Função	N° de Funcionários	Relação Funcionários por Função
Advogado	108	796
Assistente Jurídico	96	896
Operações Jurídicas	46	1870

Em última análise, o objetivo deve ser encontrar um equilíbrio entre eficiência e suporte jurídico abrangente.

Uma relação mais alta pode sugerir que o departamento jurídico está operando de maneira ideal, com funcionários bem utilizados e uma distribuição equilibrada de recursos, enquanto uma relação mais baixa pode indicar uma forte dependência de advogados externos ou a necessidade de avaliar a eficiência da equipe jurídica e explorar oportunidades de otimização.

Fontes de Dados

Os dados dos funcionários podem ser obtidos do RH, além de registros adicionais do departamento jurídico/dados da equipe, incluindo detalhes sobre função, localização, etc., que podem estar disponíveis no sistema de gerenciamento de casos.

Filtros

- Localização/Jurisdição
- Unidade de Negócio
- Função
- Período de Tempo

Limitações

- **Advogados Externos**: O ELDH se concentra exclusivamente na quantidade de funcionários da equipe jurídica interna e pode não fornecer uma visão abrangente da estrutura de suporte jurídico se parceiros legais externos contribuírem significativamente para as questões jurídicas da organização.
- **Eficiência e Expertise**: O ELDH não aborda a qualidade ou a eficiência dos serviços jurídicos prestados, que podem variar amplamente entre os profissionais jurídicos, mesmo que a quantidade de funcionários permaneça constante.
- **Variação entre Departamentos**: Diferentes departamentos dentro da organização podem ter necessidades e complexidades jurídicas distintas. O ELDH pode não acomodar variações nas necessidades de suporte jurídico e complexidades.

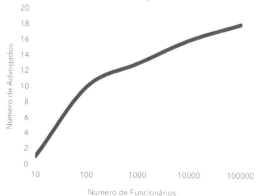

Crescimento Logarítmico do Número de Advogados

Metas Futuras

- **Alinhamento com Mudanças Organizacionais**: Quando ocorrem mudanças significativas, como fusões ou aquisições, o número de funcionários pode flutuar, tornando crucial adaptar os níveis de pessoal do departamento jurídico para atender às demandas crescentes.
- **Otimização da Alocação de Recursos**: Empregar advogados externos e Prestadores de Serviços Jurídicos Alternativos (ALSPs) quando apropriado, para evitar o excesso de pessoal no departamento jurídico interno e garantir a utilização eficiente dos recursos.

Análise de Tendências

A análise de tendências do ELDH permite que os departamentos jurídicos alinhem seus níveis de pessoal com as demandas organizacionais em evolução. Ela ajuda a manter uma proporção ideal, garantindo a eficiência dos recursos e abordando proativamente quaisquer desafios de pessoal

que possam surgir devido a mudanças nas circunstâncias ou flutuações na carga de trabalho. Fique atento às tendências no número total de funcionários dentro da organização. O crescimento rápido ou a redução de pessoal podem impactar significativamente a relação ELDH, destacando a necessidade de ajustes na equipe do departamento jurídico.

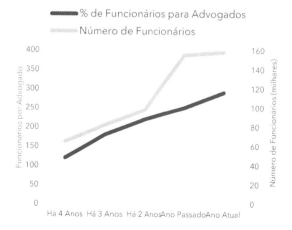

Tendência da Proporção de Funcionários para Advogados Internos

Principais Influenciadores

- **Fusões e Aquisições**: Quando uma empresa realiza fusões ou aquisições, a relação ELDH pode ser significativamente impactada. A integração de novos funcionários ou a gestão de questões jurídicas complexas decorrentes da reestruturação de grandes organizações pode exigir ajustes na quantidade de pessoal do departamento jurídico para atender às demandas em mudança.
- **Restrições Orçamentárias**: Cortes orçamentários dentro da organização podem influenciar a relação ELDH. A redução de financiamento pode levar o departamento jurídico a buscar soluções mais econômicas, como a utilização de advogados externos ou ALSPs para manter a eficiência.
- **Alocação de Recursos**: A tecnologia jurídica, incluindo automação e software de gestão jurídica, pode influenciar a eficiência com que o trabalho jurídico é realizado. A integração eficaz de tecnologia pode permitir que o departamento jurídico mantenha uma relação ELDH ideal enquanto gerencia responsabilidades crescentes.
- **Crescimento da Empresa**: À medida que uma empresa se expande, a relação entre o número de funcionários e a carga de trabalho jurídica pode não ser linear. Inicialmente, o crescimento pode aumentar a demanda por suporte jurídico; no entanto, à medida que a organização continua a crescer, a equipe jurídica pode ter acesso a mais recursos que podem ser investidos para melhorar sua capacidade de otimizar fluxos de trabalho, empregar tecnologia e automação, priorizar questões jurídicas e gerenciar de forma eficiente uma gama mais ampla de problemas.

Esses ajustes podem moderar a necessidade de um aumento direto no número de funcionários do departamento jurídico

Benchmarking

Comparações significativas devem ser restritas a organizações dentro da mesma indústria. O tamanho e a escala também devem ser considerados.

Da mesma forma, distinguir entre funcionários temporários e permanentes é importante, pois a composição da equipe, o treinamento e a experiência podem influenciar significativamente os resultados.

Além disso, o benchmarking deve levar em conta a natureza das operações comerciais de uma empresa e seu contexto geográfico, para fornecer insights abrangentes e acionáveis.

Advogados como Percentagem da Equipe Jurídica (APLS)

Com uma equipe dinâmica de advogados, paralegais, assistentes jurídicos, pessoal administrativo e profissionais de operações jurídicas, calcular a relação de Advogados como Percentagem da Equipe Jurídica (APLS) pode ser útil para aprimorar a composição e a eficiência do departamento jurídico, fornecendo uma visão geral da estrutura da equipe, alocação de recursos e eficiência operacional. O APLS permite que as organizações tomem decisões informadas sobre planejamento da força de trabalho, gestão de custos e otimização de desempenho dentro de seus departamentos jurídicos.

Tipo	Métrica
Pessoas	■■■□□
Operações	■■□□□
Tecnologia	■■■□□
Dados	■■■□□

$$APLS = \frac{N^{\underline{o}}\ de\ Advogados}{N^{\underline{o}}\ de\ Funcionários\ do\ Departamento\ Jurídico} \times 100$$

Você calcula o APLS dividindo o número total de advogados pelo número total de funcionários do departamento jurídico, expresso como uma porcentagem. Por exemplo, um departamento que emprega 120 advogados entre um total de 206 funcionários do departamento jurídico teria um APLS de 58%.

$$\frac{120}{206} \times 100 \cong 58\%$$

O APLS pode ser utilizado para informar:

- **Alocação de Recursos**: Um percentual muito alto pode indicar uma dependência excessiva de advogados para tarefas que paralegais, assistentes jurídicos ou administradores poderiam executar, enquanto um percentual muito baixo (sem a correspondente dependência de advogados externos) pode sugerir que os advogados estão sobrecarregados e espalhados demais.

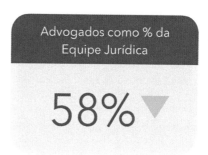

Advogados como % da Equipe Jurídica

58% ▼

- **Eficiência de Custos**: Os advogados normalmente recebem salários mais altos do que outros membros da equipe jurídica. Ao analisar essa métrica, os departamentos podem identificar oportunidades de economia de custos, garantindo que as tarefas sejam atribuídas ao recurso mais econômico.

- **Gestão e Desenvolvimento de Talentos**: Compreender a relação APLS pode ajudar nas estratégias de gestão de talentos, garantindo que haja um caminho claro para o progresso na carreira dentro do departamento e que haja um equilíbrio entre advogados seniores, advogados juniores e pessoal de apoio.

- **Qualidade do Serviço**: Uma equipe equilibrada pode atender melhor às necessidades da organização. Se houver poucos advogados em relação a outros funcionários, isso pode impactar a qualidade do aconselhamento jurídico e do serviço. Por outro lado, um número excessivo de advogados pode significar que o departamento está superqualificado ou com excesso de pessoal em relação à demanda da organização.

Distribuição da Equipe Jurídica

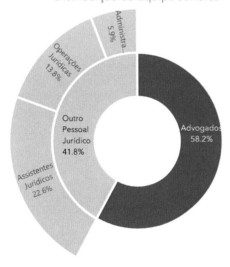

Fontes de Dados

Esses dados podem ser obtidos do RH e dos registros de pessoal do departamento.

Extensões

- **Operações Jurídicas como Percentagem da Equipe Jurídica (LOPLS)**: O LOPLS mede a relação entre o pessoal de Operações Jurídicas e o total de funcionários do departamento jurídico, oferecendo

insights sobre o impacto das funções operacionais e a otimização da alocação de recursos.

- **Assistentes Jurídicos e Administrativos como Percentagem da Equipe Jurídica (PAPLS):** O PAPLS calcula a relação entre a equipe de paralegais e administrativos em relação ao total da equipe jurídica, o que ajuda a avaliar e otimizar os papéis de suporte e a distribuição de recursos.

Limitações

- **Conhecimento e Capacidade**: Sem contexto, o APLS pode não considerar as habilidades e capacidades variadas dos membros da equipe jurídica. Comparar simplesmente o número de advogados com o total de funcionários jurídicos pode não captar a expertise única e as contribuições que cada um traz para a equipe.
- **Variação de Tarefas**: Essa métrica não diferencia entre os tipos de tarefas ou casos tratados por advogados em comparação com outros funcionários jurídicos. Ela não leva em conta a complexidade ou a carga de trabalho de questões jurídicas específicas, que podem variar amplamente.
- **Mudança de Papéis**: Os papéis e responsabilidades da equipe jurídica podem evoluir ao longo do tempo. Alguns funcionários não advogados podem assumir tarefas rotineiras que tradicionalmente eram tratadas por advogados. Essa métrica pode não capturar essas alocações de responsabilidade.
- **Contratados e Funcionários Temporários**: O APLS pode não levar em conta os funcionários jurídicos temporários ou contratados

que contribuem para o trabalho jurídico em certos momentos, mas não fazem parte da equipe jurídica permanente.

Metas Futuras

- **Tecnologia e Automação**: Incorporar tecnologia jurídica e soluções de automação para simplificar tarefas rotineiras pode melhorar a eficiência operacional. Ao reduzir a dependência de processos manuais, a proporção de advogados em relação ao pessoal de apoio e operacional pode ser otimizada para trabalhos jurídicos mais estratégicos e complexos.
- **Aprimoramento das Capacidades do Pessoal Não Advogado**: Investir no treinamento e desenvolvimento do pessoal não advogado, capacitando-os a lidar com mais tarefas tradicionalmente reservadas para advogados, permitindo que os advogados concentrem seus esforços em estratégias de alto nível e desafios jurídicos complexos. Isso não apenas ajuda a alcançar uma relação APLS equilibrada, mas também garante que cada membro da equipe opere em seu máximo potencial, resultando em eficiência geral do departamento e economia de custos.

Análise de Tendências

Acompanhando o APLS, é possível descobrir insights valiosos sobre a otimização da força de trabalho. O APLS pode ser um indicador de se o departamento jurídico está adequadamente dimensionado com o equilíbrio certo de profissionais jurídicos.

Um aumento consistente na porcentagem pode sugerir uma necessidade crescente de expertise jurídica dentro da organização, enquanto uma tendência de queda pode

indicar uma mudança para a utilização de mais pessoal de apoio, advogados externos, ALSPs ou a adoção de automação e tecnologia.

Tendência de Advogados como % da Equipe Jurídica

58.20%

Há 4 Anos   Há 3 Anos   Há 2 Anos Ano Passado Ano Atual

Principais Influenciadores

- **Inovação em Serviços Jurídicos:** A indústria jurídica está em crescimento com modelos alternativos, como ALSPs e a contratação de mais profissionais de operações jurídicas, o que pode afetar o APLS. As organizações podem optar por depender mais de serviços jurídicos não tradicionais e recursos externos terceirizados, reduzindo a necessidade de uma alta porcentagem de conselheiros internos mais caros.
- **Mudanças Regulatórias:** Novas ou em evolução regulamentações podem aumentar a demanda por expertise jurídica especializada, potencialmente exigindo uma maior proporção de advogados para aconselhar sobre e navegar por essas mudanças. Além disso, um ambiente mais litigioso em uma jurisdição ou setor específico pode necessitar de uma maior proporção de advogados.
- **Clima Econômico:** Em períodos de recessão econômica, as empresas podem reduzir contratações ou até

mesmo fazer demissões. Isso pode afetar a relação APLS.

- **Avanços Tecnológicos:** O aumento de ferramentas de tecnologia jurídica, como análise de contratos impulsionada por IA, pode reduzir a necessidade de certos papéis dentro do departamento jurídico.
- **Disponibilidade de Pessoal Qualificado:** A disponibilidade de advogados qualificados ou pessoal jurídico não advogado no mercado de trabalho pode influenciar as decisões de pessoal.

Benchmarking

Ao comparar sua relação APLS com a de seus colegas de indústria, você pode obter insights mais relevantes sobre como moldar melhor a estratégia do departamento. Relações mais altas podem indicar uma oportunidade para realocar recursos e aproveitar mais pessoal de apoio ou soluções tecnológicas para lidar com tarefas rotineiras, permitindo que os advogados se concentrem em questões mais estratégicas e complexas. Relações mais baixas podem indicar oportunidades para expandir sua equipe jurídica e mitigar riscos potenciais.

Operações Jurídicas como Percentagem da Equipe Jurídica (LOPLS)

As operações jurídicas emergiram como uma força transformadora nos departamentos jurídicos, contribuindo para a otimização de processos jurídicos, simplificação de operações e maximização da eficiência. Os profissionais de operações jurídicas desempenham um papel vital na definição, lançamento e condução de iniciativas que aumentam a visibilidade das despesas jurídicas, desempenho dos fornecedores e métricas. Essa métrica é uma extensão da relação de Advogados como Percentagem da Equipe Jurídica (APLS).

Tipo	Métrica
Pessoas	
Operações	
Tecnologia	
Dados	

$$LOPLS = \frac{N^{\circ} \, de \, Profissionais \, de \, Operações \, Jurídicas}{Total \, de \, Funcionários \, Jurídicos} \times 100$$

Para calcular o LOPLS, divida o número de Profissionais de Operações Jurídicas pelo número total de funcionários jurídicos e expresse o resultado como uma porcentagem.

Por exemplo, uma empresa com 206 funcionários jurídicos e 28 profissionais de operações jurídicas teria um LOPLS de 13%.

$$\frac{28}{206} \times 100 \cong 13\%$$

Operações Jurídicas como % da Equipe Jurídica

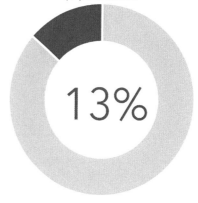

13%

Medir e monitorar o LOPLS pode destacar:

- **Eficiência Operacional**: Uma porcentagem mais alta de funcionários de operações jurídicas pode indicar um foco na simplificação de processos, implementação de tecnologia e melhoria da eficiência operacional geral dentro do departamento jurídico.
- **Alocação Estratégica de Recursos**: Compreender a relação

LOPLS é uma maneira adicional para os departamentos jurídicos garantirem que os advogados possam se concentrar em tarefas estratégicas de alto valor.

- **Melhoria de Processos**: Os profissionais de operações jurídicas frequentemente lideram iniciativas para melhorar processos, reduzir

- ineficiências e implementar melhores práticas.
- **Métricas de Desempenho e Análise**: As equipes de operações jurídicas geralmente são responsáveis por rastrear métricas de desempenho e apresentá-las aos interessados de maneira abrangente e compreensível.

- **Desenvolvimento e Treinamento de Talentos**: As equipes de operações jurídicas frequentemente supervisionam programas de treinamento, garantindo que a equipe jurídica esteja atualizada com as últimas regulamentações, tecnologias e melhores práticas.

Porcentagem de Departamentos com Operações Jurídicas
Fonte: Relatório de Benchmarking sobre Maturidade das Operações Jurídicas ACC 2020

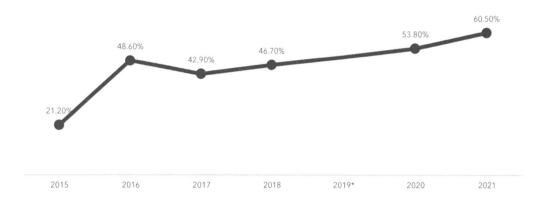

Assistentes Jurídicos e Administrativos como Percentagem da Equipe Jurídica (PAPLS)

Assistentes jurídicos (paralegais) e pessoal administrativo são membros importantes do departamento jurídico, apoiando advogados e garantindo operações eficientes. Os paralegais normalmente auxiliam na pesquisa jurídica, redação de documentos,

Tipo	Métrica
Pessoas	
Operações	
Tecnologia	
Dados	

gerenciamento de casos e comunicação com clientes, enquanto os administrativos cuidam de tarefas administrativas, incluindo agendamento e gestão de documentos. Suas responsabilidades podem se sobrepor, mas geralmente estão estreitamente alinhadas. A colaboração entre paralegais e pessoal administrativo com advogados e outros membros do departamento jurídico é crucial para a entrega eficiente de serviços jurídicos. Essa métrica é uma extensão da relação de Advogados como Percentagem da Equipe Jurídica (APLS).

$$PAPLS = \frac{\text{Número de Paralegais e Administrativos}}{\text{Total de Funcionários Jurídicos}} \times 100$$

Paralegais e Administrativos como Percentagem da Equipe Jurídica (PAPLS) fornece insights sobre se o departamento jurídico possui o pessoal de suporte adequado para lidar com tarefas administrativas, liberando o tempo dos advogados para se concentrarem em trabalhos mais complexos.

Para calcular o PAPLS, some o número de paralegais e pessoal administrativo e divida a soma pelo número total de funcionários do departamento jurídico, expressando o resultado como uma porcentagem. Por exemplo, um departamento jurídico com 206 funcionários, dos quais 58 são paralegais ou pessoal administrativo, teria um PAPLS de 28%.

$$\frac{58}{206} \times 100 \cong 28\%$$

Uma relação bem equilibrada de paralegais e pessoal administrativo geralmente contribui

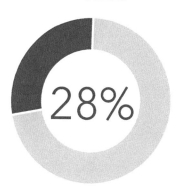

Assistentes Jurídicos e Administrativos como Percentagem da Equipe Jurídica

28%

para a otimização de custos. Paralegais e pessoal administrativo geralmente têm escalas salariais mais baixas do que advogados e profissionais de operações jurídicas, tornando-os uma solução econômica para lidar com tarefas rotineiras.

Um PAPLS baixo sugere que um departamento jurídico pode estar subutilizando seus recursos de suporte ou que precisa de mais recursos de apoio. Essa subutilização pode colocar uma carga excessiva sobre os advogados, afetando sua produtividade e eficiência. Além disso, uma equipe jurídica sobrecarregada pode não ter a capacidade necessária para acompanhar o trabalho rotineiro de conformidade e regulatório. Um número menor de pessoal de apoio pode limitar a capacidade do departamento jurídico de lidar com tarefas especializadas, como revisões de documentos em larga escala ou pesquisas complexas, que são áreas onde os paralegais geralmente se destacam.

Por outro lado, uma relação mais alta pode indicar o compromisso de um departamento jurídico com a eficiência e a produtividade. Com os paralegais lidando com pesquisa jurídica, preparação de documentos e gerenciamento de casos, e os administradores cuidando de tarefas operacionais e essenciais do dia a dia, o departamento pode simplificar processos e reduzir o tempo gasto em atividades rotineiras. Isso permite que os advogados se concentrem em fornecer aconselhamento e consultoria jurídica de maior valor, focando nos aspectos estratégicos dos casos e em questões jurídicas complexas, melhorando, em última análise, os resultados para a organização.

No entanto, é crucial manter uma abordagem equilibrada. Embora uma relação mais alta destaque a importância dos papéis de suporte, um percentual excessivamente alto pode sugerir que o departamento está afastando seus advogados de tarefas e decisões jurídicas críticas. Por outro lado, um percentual muito baixo pode levar a ineficiências e sobrecarregar os advogados, prejudicando suas responsabilidades principais.

Encontrar a relação ideal é importante. Isso garante uma distribuição equitativa da carga de trabalho, permitindo que o departamento opere com eficiência máxima, enquanto assegura que os advogados permaneçam profundamente envolvidos em questões jurídicas essenciais. O equilíbrio certo promove um ambiente colaborativo onde cada membro da equipe pode contribuir efetivamente com sua expertise. Avaliar e ajustar regularmente essa relação permitirá que o departamento jurídico refine continuamente seu desempenho e alocação de recursos, garantindo que permaneça ágil e

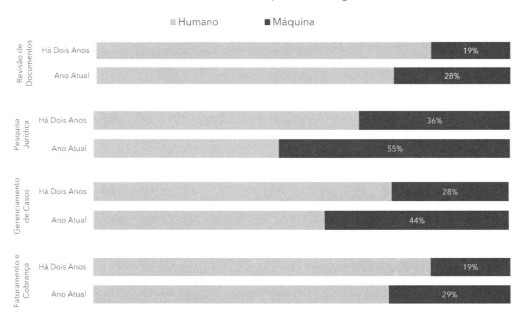

Tarefas Jurídicas Afetadas pela Tecnologia

responsivo às demandas em constante evolução do cenário jurídico.

Além disso, à medida que a tecnologia avança, ela tem o potencial de remodelar os papéis de paralegais e administradores dentro do departamento jurídico. Por exemplo, com processos simplificados, automação e soluções tecnológicas eficientes em vigor, paralegais e administradores podem se ver com mais tempo e recursos para se treinarem e se envolverem em tarefas de nível superior. Eles podem auxiliar em iniciativas estratégicas, na comunicação com clientes, na gestão de projetos ou até mesmo

contribuir para esforços de desenvolvimento de negócios. Essa flexibilidade aumentada permite que paralegais e administradores maximizem suas habilidades e expertise, tornando-os recursos valiosos além de seus papéis de suporte tradicionais. Sua expertise e habilidades únicas os tornam ativos indispensáveis, aumentando a eficiência e o impacto da equipe jurídica, ao mesmo tempo em que promovem uma abordagem adaptativa e inovadora em relação ao cenário jurídico em mudança, além de alinhar o departamento jurídico com as demandas e objetivos organizacionais.

Idade Média dos Casos (MAA)

A métrica de Idade Média dos Casos (MAA) quantifica o tempo médio necessário (duração total do caso) para resolver (encerrar) questões jurídicas dentro de uma organização. Ela fornece uma visão geral da eficiência e pontualidade do departamento jurídico ao lidar e concluir disputas e outras questões legais.

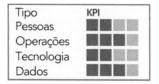

Tipo	KPI
Pessoas	■■□□
Operações	■■■□
Tecnologia	■■□□
Dados	■■■□

$$MAA = \frac{(Soma\ da\ Duração\ dos\ Casos)}{Número\ de\ Casos}$$

Para calcular a Idade Média dos Casos (MAA), some as durações de todos os casos (desde a iniciação até o encerramento) dentro de um período específico (ou outro filtro significativo, como área de prática) e, em seguida, divida pelo número total de casos.

Por exemplo, se houver 103 casos de emprego encerrados no ano passado e a duração total de todos esses casos combinados foi de 2.018 meses, a MAA para os casos de emprego encerrados no último ano é de 19,6 meses.

É crucial abordar os atrasos prontamente para evitar feedback negativo e manter a imagem da empresa positiva com os clientes.

O MAA pode ser utilizado para:

- **Eficiência Operacional**: O MAA oferece insights sobre a eficiência do departamento jurídico. Um MAA mais curto indica maior eficiência,

Idade Média dos Casos: Trabalhista

19.6 mes.

enquanto um MAA mais longo pode sugerir gargalos ou complexidades em determinados casos, áreas de prática ou envolvimento de advogados externos.

- **Alocação de Recursos**: Ao entender o tempo médio necessário para resolver casos, os departamentos jurídicos podem alocar melhor recursos para áreas que exigem mais atenção ou simplificar processos para reduzir o MAA.

- **Gestão de Riscos**: Casos prolongados podem representar riscos para a organização, tanto financeiramente quanto em termos

Idade Média dos Casos Últimos 2 Anos				
Área de Prática	Número de Casos	Idade Média (Meses)	Gasto Total (USD)	Custo Médio por Caso (USD)
Litígios	129	35.1	67,870,750	526,130
Contratos	209	23.3	4,857,520	23,242
Trabalhista	103	19.6	3,984,235	38,682
Propriedade Intelectual	72	13.1	3,975,840	55,220
Regulatório	78	9.6	1,804,203	23,131

de reputação. Monitorar o MAA ajuda a identificar e tomar ações corretivas em casos que estão distorcendo a média.

- **Comunicação com Stakeholders**: O MAA pode ser usado como uma ferramenta de gestão para definir expectativas e se comunicar com stakeholders sobre a resolução de casos.

Fontes de Dados

As fontes de dados podem incluir sistemas de gerenciamento de casos e dados de faturamento eletrônico ou faturas manuais.

Filtros

- Tipo de Caso/Área de Prática
- Escritório de Advocacia/Fornecedor
- Período de Tempo
- Localização/Jurisdição

Metas Futuras

- **Adoção de Tecnologia**: A adoção de tecnologia jurídica, como ferramentas de e-discovery ou sistemas de gerenciamento de contratos, pode simplificar os processos jurídicos e potencialmente reduzir a MAA. Avalie o impacto dos investimentos em tecnologia na

gestão de casos e nos tempos de encerramento.

- **Treinamento e Desenvolvimento da Equipe Jurídica**: O treinamento e desenvolvimento contínuos da sua equipe jurídica podem influenciar a MAA. Invista em educação contínua para aprimorar a expertise jurídica e a eficiência.

Limitações

- **Higiene dos Dados**: As pessoas muitas vezes se esquecem de encerrar casos ou os encerram muito tarde, portanto, a métrica pode não refletir com precisão a conclusão dos casos. Para resolver problemas de higiene dos dados, considere implementar um sistema automático de fechamento ou de sinalização para casos que estiverem inativos por um período prolongado, como seis meses ou um ano, evitando que esses casos inflacionem artificialmente a MAA.
- **Falta de Contexto**: A MAA fornece informações sobre um único critério: o tempo necessário para encerrar um caso. Os casos podem variar significativamente em complexidade, escopo e tempo de resolução. A MAA também não fornece informações sobre a qualidade do

Idade dos Casos de Propriedade Intelectual por Escritório de Advocacia
Últimos 2 Anos

Escritório de Advocacia	Número de Casos	Idade Média (Meses)	Gasto Total (USD)	Custo Médio por Caso (USD)
White e Goldstone	8	19.7	241,842	30,230
Smeeth & Jones	12	18.2	462,639	38,553
Waverly & Metro	16	14.1	582,521	36,408
Clause & Associados	3	12.7	312,485	104,162
Harbour & Crown & Cross	20	12.3	1,504,400	75,220
Weisz & Associados	7	10	456,578	65,225
Best Law Group	5	9.4	376,100	75,220
Merry Davis Legal	1	8.3	39,275	39,275

trabalho concluído ou a satisfação do cliente, portanto, é prudente considerá-la em conjunto com outras métricas.

- **Outliers**: Casos que são excepcionalmente longos ou curtos podem distorcer os dados. Para mitigar esse problema, estabeleça critérios claros para identificar e lidar com outliers. Você pode optar por excluir outliers de certas análises ou investigar casos excepcionalmente longos para entender as razões subjacentes.

Análise de Tendências

Analisar as tendências da MAA pode ajudar os departamentos jurídicos a monitorar o desempenho, otimizar a alocação de recursos, avaliar a adequação de fornecedores para projetos futuros e identificar áreas potenciais para melhoria de processos.

Se você implementou melhorias de processo, como automação de fluxo de trabalho ou processos de aprovação simplificados, avalie seu impacto. Procure por reduções correspondentes nos tempos de encerramento de casos.

Os departamentos jurídicos também podem cruzar as tendências da MAA para determinar se há correlação com a satisfação do cliente. Tempos de resolução de casos mais rápidos podem levar a pontuações mais altas de satisfação do cliente.

Novos insights também podem ser obtidos ao analisar a MAA em um nível mais granular,

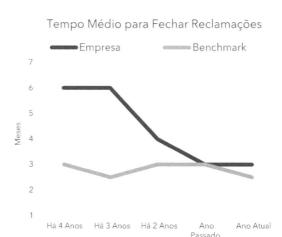

Tempo Médio para Fechar Reclamações

como por área de prática ou tipo de caso. Existem certas áreas de prática que consistentemente fecham casos mais rapidamente do que outras? Identificar isso pode informar uma alocação de recursos mais eficiente.

Benchmarking

O benchmarking setorial fornece um contexto adicional e valioso para avaliar a MAA dentro de setores específicos. Por exemplo, indústrias como seguros ou atendimento ao cliente priorizam a resolução rápida de questões jurídicas para atender às expectativas dos clientes e requisitos regulatórios, resultando frequentemente em uma MAA mais baixa.

Compreender esses benchmarks permite que as organizações estabeleçam metas realistas, identifiquem áreas para melhoria e aloque recursos de forma eficaz.

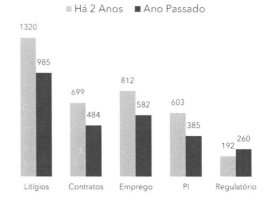

Média de Dias para Concluir Casos

Tendência da Fase do Caso (MPT)

A métrica de Tendência da Fase do Caso (MPT) rastreia a relação entre os casos abertos e fechados ao longo de um período específico. O MPT oferece insights sobre a carga de trabalho do departamento jurídico, a alocação de recursos e o manuseio de casos. Ao calcular o MPT, os departamentos jurídicos podem avaliar quantos casos estão sendo encerrados com sucesso em relação ao número de casos que estão atualmente abertos. Essa relação ajuda a avaliar a capacidade do departamento de acompanhar novos casos à medida que são abertos e resolver os existentes.

$$MPT = \frac{\text{Número Médio de Casos Fechados}}{\text{Número Médio de Casos Abertos}}$$

O MPT fornece informações sobre a alocação de recursos. Uma alta relação de casos fechados para abertos geralmente indica que o departamento está gerenciando sua carga de trabalho de forma eficaz e alocando recursos para lidar e resolver casos prontamente, sugerindo que a equipe jurídica está mantendo o controle de sua carga de casos.

Para determinar a relação de casos fechados para abertos em um determinado período (como um mês, trimestre ou ano), divida o número de casos fechados pelo número de casos abertos. Por exemplo, no 3º trimestre, se 587 casos foram fechados e 668 casos foram abertos, o MPT chega a 0,87 para aquele trimestre.

$$\frac{587}{668} = 0.87$$

Tendência da Fase do Caso no 3º Trimestre:

0.87

Uma relação de 0,87 indica que para cada 1 caso aberto, 0,87 casos foram fechados.

Se o número de casos abertos consistentemente superar o número de casos fechados, isso pode sugerir um acúmulo, levando potencialmente a atrasos e insatisfação do cliente. Por outro lado, se os casos fechados frequentemente superarem os abertos, isso pode indicar uma tendência geralmente positiva refletindo uma resolução eficiente de casos; no entanto, também pode sinalizar um potencial excesso de pessoal ou sobrecarga no departamento jurídico. Tal tendência pode justificar uma avaliação da alocação de recursos, possivelmente redirecionando esforços para Prestadores de

		Tendência da Fase do Caso Ano até a Data										
	Jan	Fev	Mar	Abr	Mai	Jun	Jul	Ago	Set	Out	Nov	Dez
Casos Fechados	222	255	269	211	206	200	214	176	197	247	179	277
Casos Abertos	234	295	358	311	286	298	268	207	193	228	188	214

Serviços Jurídicos Alternativos (ALSPs), soluções tecnológicas ou outros serviços escaláveis.

Ao monitorar o MPT, os departamentos jurídicos podem abordar proativamente potenciais desequilíbrios na carga de trabalho, garantindo a resolução oportuna de casos e a alocação eficiente de recursos.

Fonte de Dados

Os dados podem ser obtidos do sistema de gerenciamento de casos para informações sobre o número de casos abertos e fechados.

Filtros

- Tipo de Caso/Área de Prática
- Período de Tempo
- Escritório de Advocacia/Fornecedor
- Profissional

Tendência da Fase do Caso
Mês Atual

■ Aberto ■ Fechado ━ Proporção Fechados a Abertos

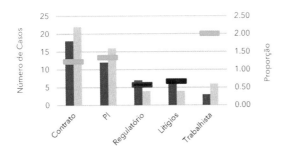

Limitações

- **Variabilidade dos Casos**: Devido às variações nos ciclos de vida dos casos entre diferentes áreas de prática ou unidades de negócio, lançar uma rede ampla pode resultar em um MPT distorcido. Para resolver isso, considere segmentar a análise por departamento ou área de prática para obter uma visão mais detalhada

das tendências de eficiência. Isso pode ajudar a identificar áreas que possam necessitar de melhorias específicas nos processos, sem serem ofuscadas por casos com ciclos de vida inerentemente mais longos.
- **Fechamento Incompleto dos Casos**: Um dos desafios comuns ao calcular o MPT é o risco de a equipe não fechar os casos prontamente após sua conclusão. Quando as equipes jurídicas se esquecem de fechar os casos, isso cria uma discrepância entre os dados registrados e os dados reais.

Metas Futuras

- **Qualidade dos Dados**: Melhorar a precisão, a completude e a qualidade geral dos dados para garantir que os casos reflitam com precisão seu status em tempo real.
- **Automação**: Mitigar o fechamento incompleto de casos com um sistema automatizado de rastreamento de casos que possa capturar e processar dados para eliminar erros humanos ou monitorar a atividade dos casos e sinalizar ou fechar automaticamente aqueles que não foram atualizados ou faturados por um período específico. Isso pode garantir cálculos de MPT mais precisos e atualizados.
- **Análise de Causas Raiz**: Identificar as causas raízes dos casos que permanecem abertos por períodos prolongados e abordar fatores controláveis que contribuem para atrasos.
- **Tecnologia**: Utilizar avanços em aprendizado de máquina e IA para analisar e prever os resultados dos casos, identificar gargalos e otimizar a resolução de casos.

Análise de Tendências

A análise de tendências do MPT pode ser usada para monitorar o progresso e a eficiência do processo de gerenciamento de casos. As tendências do MPT podem revelar oportunidades de melhoria e potenciais gargalos no ciclo de vida dos casos.

Por exemplo, no gráfico de tendência de MPT mostrado acima, há um pico de casos abertos durante março, o mesmo mês que apresenta a maior diferença entre casos abertos e fechados. No entanto, à medida que o MPT avança de julho em diante, a diferença diminui, e em dezembro, o número de casos fechados supera o número de casos abertos. Esse tipo de insight capacita os líderes a identificar e investigar causas subjacentes para tomar as ações necessárias para preencher quaisquer lacunas, além de se preparar para o futuro.

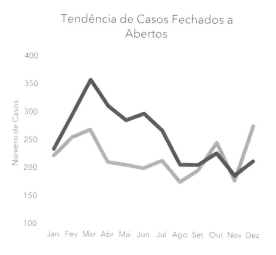

Tendência de Casos Fechados a Abertos

Principais Influenciadores

- **Tendências de Acordo**: As práticas de acordo dentro da indústria ou preferidas pelos tribunais ou advogados opostos podem influenciar como as partes abordam e resolvem disputas jurídicas, impactando o ritmo de fechamento dos casos.

- **Melhorias Internas**: O treinamento de funcionários, a otimização de processos ou a implementação de novas tecnologias de gerenciamento de casos podem impactar a MAA. Por exemplo, um departamento que recentemente conduziu treinamento para funcionários com o objetivo de melhorar a eficiência no manejo de casos pode observar mudanças no número de casos abertos e fechados ao longo do tempo. Analisar dados históricos pode ajudar na avaliação da eficácia do treinamento e na identificação de estratégias para alcançar sua relação MPT ideal.

Benchmarking

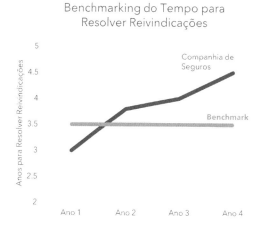

Benchmarking do Tempo para Resolver Reivindicações

Analisar e comparar o MPT com benchmarks da indústria fornece insights valiosos sobre a eficiência das operações, identificando áreas potenciais para melhoria e garantindo que o desempenho do departamento jurídico permaneça competitivo dentro do contexto específico da indústria.

Número de Horas Gastas por Advogado por Mês (HSAM)

A métrica de Número de Horas Gastas por Advogado por Mês (HSAM) oferece uma visão geral de como as tarefas jurídicas são distribuídas entre os advogados internos com base em sua especialização e função dentro de um determinado mês. Essa métrica não apenas captura o volume de casos tratados, mas também fornece insights sobre as implicações financeiras e a eficiência geral da utilização dos recursos internos.

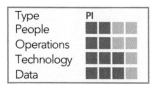

Para calcular o HSAM, some as horas faturadas dentro daquela área de prática (ou caso específico) e divida pelo número de advogados que faturaram essas horas.

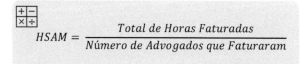

$$HSAM = \frac{Total\ de\ Horas\ Faturadas}{Número\ de\ Advogados\ que\ Faturaram}$$

A tabela do relatório HSAM abaixo ilustra como as tarefas jurídicas são divididas e como os recursos são demandados entre os advogados internos ao longo do último ano:

Média de Horas Mensais Gastas por Advogados por Área de Prática Ano até a Data		
Área de Prática	Nº de Casos	Média de Horas/Mês
Litígios	115	91
Propriedade Intelectual	65	87
Geral	42	79
Patente	76	52
Bens Imóveis	84	39
Conformidade	15	35
Trabalhista	47	29
Média		59

Por exemplo, observe a área de prática "Litígios", que parece estar demandando a maioria dos recursos dos advogados internos, com 91 horas por mês. Se esse número for significativamente maior do que o do ano

Número Médio de Horas Gastas em Casos de Litígios

91 h

anterior, isso provavelmente indica um aumento na quantidade ou na complexidade dos casos de litígios. Esse insight pode guiar a tomada de decisões estratégicas, como alocar mais recursos para o departamento de litígios, oferecer treinamento adicional ou até mesmo reconsiderar certas práticas empresariais para reduzir riscos de litígios.

Fontes de Dados

Os dados para essa métrica podem ser encontrados no sistema de gerenciamento de casos e nos dados de rastreamento de tempo ou faturamento eletrônico interno. O conjunto de dados ideal incluiria detalhes do caso, juntamente com as particularidades do advogado designado.

Filtros

- Função
- Área de Prática
- Período de Tempo

Limitações

- **Subjetividade na Complexidade dos Casos**: Sem contexto, o HSAM pode ignorar a natureza multifacetada das questões jurídicas, pois se concentra predominantemente no volume de casos atribuídos, deixando de lado sua profundidade e complexidade.
- **Contexto Financeiro Limitado**: A métrica pode não transmitir adequadamente as nuances financeiras de riscos latentes ou oportunidades ligadas a cada caso.
- **Qualidade vs. Quantidade**: Essa métrica evita o aspecto qualitativo das tarefas realizadas. Avaliar a eficácia e os resultados do trabalho jurídico realizado exigiria um parâmetro de desempenho distinto.

Metas Futuras

- **Equilíbrio Ótimo da Carga de Trabalho**: Defina metas que priorizem um equilíbrio harmonioso da carga de trabalho entre os advogados internos. Isso envolve aliviar a carga dos advogados sobrecarregados e garantir que as tarefas estejam alinhadas com a especialização e capacidade.
- **Advogado Interno vs. Advogado Externo**: O ato de equilibrar as tarefas gerenciadas internamente e aquelas terceirizadas para advogados externos é vital, dependendo do tamanho, escala e operações de cada departamento jurídico. Para equipes internas mais enxutas que dependem mais de advogados externos, pode ser mais relevante expandir o HSAM para incluir advogados externos, bem como advogados internos. Certifique-se de levar em conta a profundidade do envolvimento dos advogados externos.

Principais Influenciadores

- **Mudança nas Prioridades Jurídicas**: Ajustes nas estratégias ou objetivos organizacionais frequentemente impactam as operações do departamento jurídico e as prioridades legais. Por exemplo, uma mudança organizacional mais ampla na estratégia ou reestruturação pode aumentar a demanda por certas áreas de prática ou em determinadas épocas, enquanto reduz a demanda em outras.
- **Requisitos de Especialização**: Alguns casos exigem expertise especializada. Esses tipos de outliers e casos especializados podem distorcer a distribuição de tarefas, enfatizando a necessidade de gestão de expertise, realocação de recursos ou consideração de ajuda de advogados externos.
- **Simplificação de Processos Jurídicos**: A incorporação de ferramentas ou processos eficientes, como plataformas de revisão de contratos automatizadas, pode influenciar a distribuição da carga de trabalho, permitindo que os advogados internos se aprofundem em questões mais impactantes.

Tempo para Encerrar Casos Não Judiciais (TCNT)

A métrica Tempo para Encerrar Casos Não Judiciais (TCNT) mede a duração média necessária para resolver todo o ciclo de vida de casos não judiciais dentro do departamento jurídico. Ela exclui especificamente os prazos prolongados associados a casos de julgamento, permitindo uma avaliação focada da eficiência do

Tipo	KPI
Pessoas	■■■□□
Operações	■■■□
Tecnologia	■■□□
Dados	■■□□

departamento em abordar e concluir questões, reivindicações e disputas resolvidas fora de julgamentos litigiosos. O TCNT pode ajudar a avaliar a capacidade de resposta do departamento jurídico e identificar áreas onde a otimização de processos ou a alocação de recursos podem ser necessárias para melhorar a eficácia operacional.

$$TCNT = \frac{Duração\ Total\ dos\ Casos\ Não\ Judiciais\ Encerrados}{Número\ de\ Casos\ Não\ Judiciais\ Encerrado}$$

Para calcular o TCNT, comece identificando todos os casos não judiciais que foram fechados durante o período em análise. Para cada caso, calcule a duração necessária para o fechamento e some todas as durações dos casos fechados no período em questão. Por fim, divida a duração total pelo número de casos não judiciais fechados.

Tempo Médio para Encerrar Questões de Conformidade

5.4 mes.

Tempo para Fechar Casos Não Judiciais
Ano até a Data

Área de Prática	Nº de Casos	Tempo Médio para Encerrar (Meses)
Propriedade Intelectual	43	4.1
Geral	29	3.9
Patente	23	2.5
Emprego	12	7.4
Conformidade	7	5.4
Imobiliário	1	6.2
TCNT		5

Fontes de Dados

Os dados podem ser obtidos do sistema de gerenciamento de casos.

Filtros

- Unidade de Negócio
- Área de Prática
- Localização/Jurisdição

Limitações

- **Outliers**: É crucial identificar e excluir outliers no conjunto de dados. Ao excluir casos de julgamento, o objetivo desta métrica é, inerentemente, focar em casos mais rotineiros. Outliers, como casos excepcionalmente prolongados, podem distorcer a média, levando a conclusões potencialmente enganosas.

- **Complexidade dos Casos**: Mesmo entre os casos não judiciais, a complexidade pode variar. Dois casos fechados no mesmo período podem exigir quantidades de esforço e recursos drasticamente diferentes.
- **Qualidade em vez de Velocidade**: Um tempo mais curto para fechamento não equivale sempre a um trabalho bem feito. Garantir que os casos sejam tratados de maneira completa e diligente é igualmente crucial.
- **Carga de Trabalho do Departamento Jurídico**: A carga de trabalho e a capacidade do próprio departamento jurídico devem ser consideradas. Uma equipe jurídica com falta de pessoal ou sobrecarregada pode ter dificuldades para fechar casos prontamente

Metas Futuras

- **Otimização de Processos**: Com menos influenciadores externos do que os litígios tradicionais, o TCNT pode ajudar a identificar gargalos e áreas dentro do processo jurídico que podem estar causando atrasos.
Essas informações permitem melhorias direcionadas nos processos, simplificando fluxos de trabalho e

reduzindo atrasos desnecessários na resolução e fechamento.

- **Alocação de Recursos**: Essa métrica ajuda a determinar se o departamento jurídico tem os recursos adequados alocados para lidar efetivamente com casos não judiciais. Se o tempo para fechar esses casos for consistentemente maior do que o desejado, o esperado ou os benchmarks da indústria, isso pode indicar a necessidade de pessoal adicional, treinamento aprimorado ou investimentos em tecnologia.

Principais Influenciadores

- **Mudanças Regulatórias**: Mudanças nas leis e regulamentos podem afetar o tempo necessário para resolver questões jurídicas. Novas regulamentações podem exigir pesquisas jurídicas mais extensas, verificações de conformidade e negociações, levando a tempos de fechamento mais longos.
- **Localização/Jurisdição**: O cenário jurídico pode variar por região e jurisdição. Diferentes regiões podem ter procedimentos, requisitos legais e prazos para resolução e fechamento de casos não judiciais distintos.

Análise da Carga de Trabalho dos Advogados Internos (ICWA)

O relatório de Análise da Carga de Trabalho dos Advogados Internos (ICWA) oferece uma perspectiva detalhada sobre a distribuição das tarefas jurídicas entre os advogados internos. Utilize o ICWA para avaliar o número de casos atribuídos, orçamentos e despesas, o que pode fornecer insights valiosos e acionáveis sobre a eficiência da alocação de recursos, avaliação de desempenho e tomada de decisões estratégicas.

Tipo	Relatório
Pessoas	
Operações	
Tecnologia	
Dados	

Os relatórios de ICWA podem fornecer insights sobre:

- **Carga de Trabalho Equilibrada**: Ao apresentar um relatório detalhado sobre o número de casos, o orçamento total de cada caso e a despesa para cada advogado interno, o ICWA permite que os departamentos jurídicos garantam que as cargas de trabalho estejam equilibradas, promovendo a equidade e maximizando a produtividade.
- **Avaliação de Desempenho**: O relatório do ICWA ajuda a identificar

áreas onde a distribuição de trabalho poderia se beneficiar de ajustes, garantindo que os advogados não fiquem sobrecarregados e possam fornecer aconselhamento jurídico de qualidade.
- **Supervisão Financeira**: Ao comparar o valor orçado para cada caso com a despesa real, os departamentos jurídicos podem identificar áreas de eficiência financeira ou possíveis descuidos.
- **Planejamento Estratégico:** Reconhecer padrões na distribuição da carga de trabalho e na eficácia dos advogados pode ajudar no

Carga de Trabalho do Advogado Interno Ano até a Data								
Advogado	Função	Área de Prática	Nº de Casos	Casos Encerrados	Orçamento do Caso (USD)	Gasto do Caso (USD)	Gasto Médio por Caso (USD)	Variação do Orçamento (USD)
Martin, Jules	AS	Corporativo	32	28	820K	615K	19.2K	+205K
Jackson, Omar	AS	Patente	23	20	230K	260K	11.3K	-30K
Franklin Jr, Joshua	AJ	Imigração	22	20	110K	87K	3.95K	+23K
Summer, Elizabeth	SO	Litígios	20	15	3M	2.1M	105K	+900K
Norton, Kate	AJ	IP	19	18	280K	195K	10.3K	+85K
White, Matthew	AJ	Contratos	18	16	145K	132K	7.3K	+13K
Kumar, Rajesh	AS	Trabalhista	14	12	480K	391K	28K	+89K
Larrington, John	SO	Imobiliários	9	7	4.75M	2.98M	331K	+80K
McDaniel, Alice	SO	Litígios	2	1	5.1M	3.4M	1.7M	+1.1M

planejamento futuro, garantindo que os recursos sejam alocados de forma eficaz com base na especialização e capacidade.

Fontes de Dados

Os dados podem ser obtidos do sistema de gerenciamento de casos, dados de faturamento eletrônico e faturas, bem como registros financeiros e orçamentários.

Filtros

- Função
- Área de Prática
- Período de Tempo

Limitações

- **Subjetividade na Complexidade dos Casos**: Os relatórios de ICWA podem não levar em conta a complexidade variável das questões jurídicas, pois consideram apenas a quantidade e o custo dos casos atribuídos e não avaliam a qualidade do trabalho realizado. Avaliar a eficácia e os resultados das tarefas jurídicas requer métricas de desempenho adicionais.
- **Exclusão de Tarefas Não Relacionadas a Casos**: A métrica se concentra exclusivamente no trabalho relacionado a casos e pode não capturar tarefas não relacionadas a casos, como pesquisa jurídica ou funções administrativas, que também contribuem para a carga de trabalho de um advogado.
- **Contexto Financeiro Limitado**: Embora os relatórios de ICWA considerem orçamentos e valores reais, eles podem não refletir totalmente as implicações financeiras de riscos ou oportunidades potenciais relacionadas a cada caso.
- **Requisitos de Especialização**: Alguns casos exigem expertise especializada. Enfrentar tais casos especializados pode distorcer a distribuição de tarefas, enfatizando a necessidade de gestão de expertise.

Metas Futuras

- **Equilíbrio Ótimo da Carga de Trabalho**: Estabeleça metas para alcançar uma distribuição equilibrada da carga de trabalho entre os advogados internos. Busque minimizar a carga de trabalho dos advogados sobrecarregados e garantir que o trabalho seja atribuído com base na especialização e capacidade, promovendo eficiência e serviços jurídicos de alta qualidade.
- **Advogado Interno vs. Advogado Externo**: O equilíbrio entre o trabalho gerenciado internamente e o terceirizado para advogados externos é essencial.
- **Simplificação de Processos Jurídicos**: A incorporação de ferramentas ou processos eficientes, como plataformas de revisão de contratos automatizadas, pode influenciar a distribuição da carga de trabalho, permitindo que os advogados internos se concentrem em questões mais exigentes ou mais impactantes.

Porcentagem de Resultados de Litígios Bem-Sucedidos (PSLO)

A Porcentagem de Resultados de Litígios Bem-Sucedidos (PSLO) é uma métrica para os advogados internos avaliarem sua taxa de sucesso na resolução de disputas a seu favor. Ela quantifica o número de casos de litígios vencidos em tribunal, favoravelmente arquivados ou de outra forma resolvidos ou acordados em termos favoráveis, em comparação com todos os casos de litígios ao longo do mesmo período, expressa como uma porcentagem.

Tipo	KPI
Pessoas	
Operações	
Tecnologia	
Dados	

$$PSLO = \frac{N^\circ\ de\ Vitórias}{(Soma\ de\ Vitórias\ +\ Derrotas)} \times 100$$

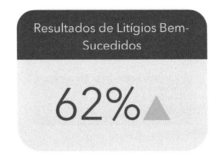

Resultados de Litígios Bem-Sucedidos

62% ▲

Uma ressalva importante com essa métrica é determinar o que constitui uma "vitória" em comparação com uma "derrota". Vencer é subjetivo; às vezes, não importa quanto um caso custe, ele pode ser considerado uma vitória se a reputação da organização não for afetada, porque há muito em jogo. Outras vezes, o objetivo pode ser vencer financeiramente. O elemento/critério mais crítico ao calcular e analisar a PSLO é ser capaz de definir o que uma "vitória" significa para você e ter a capacidade de classificar os casos fechados de acordo.

Uma vez que você tenha um critério definindo vitórias e derrotas para o seu departamento jurídico, calcule a PSLO dividindo o número total de vitórias pela soma do número total de vitórias e do número total de derrotas (em outras palavras, todos os casos de litígios ao longo do mesmo período), multiplicando o resultado por 100. Por exemplo:

$$\frac{115}{(115 + 70)} \times 100 \cong 62\%$$

Essa métrica pode ser utilizada para avaliação

de conselhos internos, externos ou mistos, dependendo de como seu departamento jurídico gerencia os casos de litígios. Em geral, ela pode ser usada na avaliação do desempenho do departamento jurídico, tanto na litígios diretos quanto na gestão da representação de advogados externos, se aplicável. Para departamentos jurídicos que utilizam a ajuda de advogados externos, a PSLO ajuda na identificação de escritórios e fornecedores envolvidos em casos bem-sucedidos, reconhecendo sua contribuição para a obtenção de resultados favoráveis.

Fontes de Dados

Os detalhes dos casos e os resultados são comumente documentados no sistema de gerenciamento de casos e nos sistemas de gerenciamento de documentos. Outras fontes podem incluir:

- **Registros do Departamento:** O departamento jurídico pode manter registros separados de litígios/casos detalhando critérios e número de vitórias, registros de tribunal, acordos de liquidação e informações sobre custos e resultados relacionados.

- **Faturas:** As faturas de advogados externos, especialistas, mediadores, árbitros e tribunais podem incluir informações sobre os resultados dos litígios. Dependendo de como seu departamento jurídico lida com litígios, você pode querer incluir também dados de despesas internas.

Resultados de Litigios
Ano Passado

Status	Delito	Lesão Pessoal	Questões Trabalhistas	Responsabilidade do Produto
Retirado	2	1	-	8
Indeferido	13	23	4	5
Vencido	11	48	32	24
Pendente	28	4	12	26
Perdido	2	3	1	1
Aguardando Julgamento	9	2	10	26

Filtros

- Tipo de Litígios
- Área de Prática
- Localização/Jurisdição
- Unidade de Negócio
- Período de Tempo
- Resultado do Caso

Limitações

- **Contexto e Repercussões:** O sucesso em litígios pode ser subjetivo e pode não representar sempre o impacto mais amplo ou possível de um resultado legal.
- **Complexidade e Principais Influenciadores:** Os resultados de litígios bem-sucedidos podem ser influenciados por uma multitude de

fatores além do controle ou estratégia do departamento jurídico, incluindo a percepção do júri, eventos imprevisíveis, sentimento público, mudanças regulatórias, condições econômicas ou mudanças nas atitudes sociais.

- **Quantificação de Resultados:** Nem todos os resultados de litígios podem ser medidos. Fatores como danos à reputação da marca, confiança do cliente ou moral dos funcionários são frequentemente difíceis de quantificar, mas podem ter efeitos substanciais e duradouros sobre o sucesso e a reputação geral de uma organização.
- **Benchmarking:** Diferentes organizações têm tolerâncias de risco e estratégias de litígios variadas. O que pode ser considerado um sucesso para uma organização pode não estar alinhado com a apetite de risco ou prioridades de outra.

Metas Futuras

- **Litígios com Custo Eficiente:** Reduzir o custo total dos litígios enquanto mantém ou melhora a qualidade da representação legal.
- **Alinhamento Estratégico:** Alinhar a estratégia jurídica com os objetivos empresariais, trabalhando em estreita colaboração com outros departamentos, como compliance, gestão de riscos ou finanças, para garantir que as vitórias jurídicas estejam estrategicamente posicionadas para beneficiar a organização.
- **Ciclo de Feedback:** Estabelecer um ciclo de feedback com advogados internos, advogados externos, LPOs, ALSPs, etc., para identificar áreas de melhoria na estratégia e táticas de litígios. Revisar

regularmente as métricas de desempenho e buscar oportunidades de colaboração e eficiência.

- **Impacto Financeiro:** Rastrear os custos associados à vitória em um caso ajuda a determinar o ROI das ações legais. Definir uma meta para otimizar o impacto financeiro envolve minimizar os custos incorridos durante os litígios, seja através de gerenciamento eficiente de casos, alocação de recursos econômica ou negociações estratégicas com advogados externos e fornecedores.

Tendência da Taxa de Sucesso em Litígios

62.16%

Análise de Tendências

A PSLO pode servir como um indicador poderoso do desempenho do departamento jurídico ao longo do tempo, ilustrando insights valiosos sobre a eficácia e a taxa de sucesso do departamento.

Um aumento consistente na PSLO normalmente significa que o departamento é hábil em gerenciar riscos legais e navegar habilmente por disputas. Por outro lado, uma tendência de queda pode sugerir a necessidade de o departamento refinar suas estratégias de gerenciamento de litígios ou fortalecer seus processos de gestão de riscos.

Valor dos Litígios Perdidos (VLL)

Valor dos Litígios Perdidos (VLL) quantifica o impacto financeiro sobre uma organização de resultados legais desfavoráveis. Enquanto a métrica da Porcentagem de Resultados de Litígios Bem-Sucedidos (PSLO) identifica vitórias jurídicas, o VLL oferece um contrapeso, proporcionando transparência sobre o custo das perdas. Isso inclui custos de acordos desfavoráveis, danos concedidos pelo tribunal, honorários legais, custos de oportunidade e outras despesas relacionadas ao que seria considerado uma perda. É importante notar que, assim como no PSLO, o que constitui uma perda em comparação com uma vitória é altamente subjetivo; isso depende diretamente de como sua equipe define vitórias e perdas e como cada resolução de caso é categorizada.

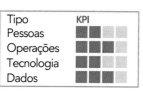

Tipo	KPI
Pessoas	
Operações	
Tecnologia	
Dados	

Uma consideração crucial para a métrica VLL é a caracterização precisa de uma "perda". As perdas podem ir além de meras derrotas financeiras; podem incluir cenários em que a reputação da organização sofre ou os objetivos estratégicos são comprometidos. Portanto, é imperativo definir o que constitui uma perda dentro do seu contexto organizacional específico e aplicar essa definição de maneira consistente ao avaliar o impacto dos litígios perdidos e ao calcular o VLL.

Um VLL consistentemente alto pode indicar fraquezas potenciais na estratégia jurídica, na representação ou até mesmo em processos internos que levam a resultados de litígios insatisfatórios e onerosos. Por outro lado, um VLL baixo, quando visto junto a um PSLO alto, sugeriria um departamento jurídico robusto e eficaz

Fontes de Dados

Os detalhes dos casos e os resultados são comumente documentados no sistema de gerenciamento de casos e nos sistemas de gerenciamento de documentos. Outras fontes podem incluir:

- **Registros do Departamento:** O departamento jurídico pode manter registros separados de litígios/casos

Valor de Litígios Perdidos
Ano até a Data

Tipo de Litígio	Valor de Litígios Perdidos ($)	% de Perda
Responsabilidade do Produto	815,342	5%
Bens Imóveis	613,458	19%
Direitos de PI	575,325	27%
Problemas Trabalhistas	515,305	33%
Disputas Contratuais	485,172	11%
Total	3,004,602	19%

detalhando critérios e número de vitórias, registros de tribunal, acordos de liquidação e informações sobre custos e resultados relacionados.

- **Faturas:** As faturas de advogados externos, especialistas, mediadores, árbitros e tribunais podem incluir informações sobre os resultados dos litígios. Dependendo de como seu departamento jurídico lida com litígios, você pode querer incluir também dados de despesas internas.

Filtros

- Tipo de Litígios
- Área de Prática
- Localização/Jurisdição
- Unidade de Negócio

- Período de Tempo
- Resultado do Caso

Limitações

- **Impacto Não Monetário**: O VLL se concentra nas implicações financeiras diretas de resultados de casos não bem-sucedidos. Consequências intangíveis, como danos à reputação da marca ou moral dos funcionários, não são capturadas por essa métrica, mas podem ser significativas.
- **Limitações Preditivas**: O VLL é retrospectivo, utilizando apenas dados de casos fechados. Dependendo de como seu departamento jurídico lida com litígios, você pode querer incluir também dados de despesas internas; portanto, ele não necessariamente prevê vulnerabilidades ou resultados de litígios futuros.
- **Variabilidade nos Custos**: As verdadeiras implicações financeiras de alguns litígios podem evoluir ao longo do tempo. Por exemplo, um acordo inicialmente pequeno pode resultar mais tarde em um grande ônus financeiro devido a multas regulatórias ou mudanças operacionais obrigatórias.
- **Definindo uma "Perda"**: Determinar o que constitui uma perda pode ser desafiador. Isso pode envolver casos em que a organização define o resultado do caso como uma "vitória", mas incorrer em multas ou taxas, que podem ser ou são consideradas "perdas", ou vice-versa. Esclarecer os critérios para definir as perdas a serem incluídas no VLL é crucial para adaptar o VLL às suas necessidades.

Metas Futuras

- **Melhorando a Estratégia**: Reconhecer padrões ou tendências em casos que resultaram em perdas pode servir como uma oportunidade de aprendizado valiosa. As organizações podem usar esse insight para reavaliar suas táticas jurídicas e desenvolver estratégias mais eficazes para casos futuros.
- **Revisando o Desempenho**: Perdas legais frequentes ligadas a certos advogados internos, advogados externos ou fornecedores podem sinalizar que uma avaliação ou mudança é necessária, garantindo que a empresa se associe aos melhores talentos disponíveis, otimizando a qualidade da representação legal.
- **Gestão de Riscos**: Identificar áreas de vulnerabilidade jurídica consistente permite a mitigação proativa, reduzindo a chance de resultados semelhantes no futuro.
- **Pontuação Composta com PSLO**: Criar uma pontuação composta que inclua tanto o VLL quanto o PSLO oferecerá uma medida abrangente da saúde jurídica, fornecendo uma visão equilibrada tanto das forças quanto das fraquezas.

Análise de Tendências

Analisar as tendências do VLL fornece uma perspectiva estratégica para as organizações identificarem e gerenciarem proativamente os riscos financeiros enquanto ajustam suas estratégias jurídicas.

Tendências consistentes no VLL, sejam elas ascendentes ou descendentes, oferecem insights valiosos sobre a eficácia da estratégia do departamento jurídico.

Picos súbitos no VLL podem servir como indicadores precoces de complexidades de casos em evolução, mudanças regulatórias ou eventos externos que influenciaram ou podem até mesmo estar influenciando os resultados dos litígios.

Ao acompanhar as tendências do VLL, os departamentos jurídicos obtêm uma compreensão abrangente de sua exposição financeira e podem tomar decisões baseadas em dados para aprimorar suas estratégias de mitigação de riscos.

Principais Influenciadores

- **Eventos Externos**: Monitorar o VLL durante períodos de mudança na indústria, na sociedade ou na economia, como recessões, crises geopolíticas ou incidentes específicos da indústria, pode revelar seus efeitos diretos e indiretos nos resultados e custos dos litígios.

- **Percepção**: Como o público e a mídia percebem um caso específico pode influenciar indiretamente seu resultado como uma vitória ou uma derrota. Se houver uma narrativa predominante que retrate a organização de maneira negativa, apesar do que poderia ser considerado objetivamente uma vitória legal, isso pode resultar em outras ramificações para a reputação e na potencial perda de negócios ou receita.

- **Registros Históricos de Litígios**: Juízes, árbitros e até mesmo advogados opositores podem revisar e referenciar o histórico jurídico de uma organização. Um histórico de infrações, violações ou decisões questionáveis pode criar uma presunção de culpa ou má conduta em novos casos, mesmo que o contexto seja diferente.

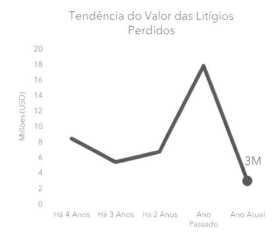

Tendência do Valor das Litígios Perdidos

Gestão de Escritórios de Advocacia e Fornecedores

Manter relações produtivas com advogados externos e prestadores de serviços exige monitoramento e alinhamento regulares. Neste capítulo, descubra parâmetros definidos para supervisionar a qualidade, a eficiência de custos, o desempenho e a harmonia estratégica dessas parcerias importantes.

Número de Escritórios de Advocacia e Fornecedores Contratados (LFVE)

Utilize a métrica de Número de Escritórios de Advocacia e Fornecedores Envolvidos (LFVE) para obter insights sobre a contagem e concentração de escritórios e fornecedores com os quais seu departamento jurídico estabeleceu parcerias, filtrados por critérios específicos que são significativos para o seu departamento jurídico. Ao examinar medidas como localização, jurisdição, unidade de negócios e área de prática, as organizações podem avaliar a diversidade de fornecedores e otimizar o engajamento com os mesmos.

Tipo	Métrica
Pessoas	■■■■
Operações	■■■
Tecnologia	■■■
Dados	■■■

O LVFE é uma métrica simples que ajuda o departamento jurídico a desenvolver estratégias ao emitir RFPs (Solicitações de Proposta) e alocar orçamentos, e pode ser particularmente útil na identificação de anomalias. Por exemplo, se houver apenas um escritório ou fornecedor contratado para casos em uma localização específica, isso pode levantar preocupações sobre oportunidades limitadas de negociação e dependência de fornecedores, levando em consideração a quantidade e a frequência dos casos nessa localização.

Por outro lado, muitos fornecedores podem resultar em custos de gestão mais altos, excesso de pessoal e desafios logísticos.

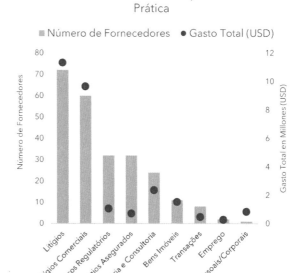

Número de Fornecedores por Área de Prática

Área de Prática	N° de Fornecedores	Gasto Total (USD)
Litígios	72	11,327,195
Gerais/Comerciais	60	9,657,672
Serviços Regulatórios	32	1,062,065
Litígios Segurados	32	713,376
Assessoria e Consultoria	24	2,368,824
Bens Imóveis	11	1,538,573
Transações	8	465,680
Trabalhista	2	274,548
Lesões Pessoais	1	842,026

Localização de Fornecedores nos Estados Unidos

Fontes de Dados

Os dados do LFVE podem ser obtidos por meio do sistema de gerenciamento de casos, sistema de gerenciamento de fornecedores e dados de faturamento eletrônico e faturas.

Filtros

- Tipo de Fornecedor
- Unidade de Negócio
- Área de Prática
- Localização/Jurisdição

Limitações

- **Complexidade da Carga de Trabalho**: A complexidade e a natureza do trabalho realizado pelos fornecedores podem variar significativamente. Por exemplo, um escritório pode gerenciar um complexo processo de ação coletiva ou um caso de fusão e aquisição de alto risco, enquanto outro pode lidar com questões mais simples e transacionais. Contar apenas os fornecedores não leva em consideração a disparidade na complexidade e na escala das tarefas que eles executam.
- **Escopo e Especialidade**: A aplicabilidade da métrica LFVE deve ser considerada no contexto das diversas especializações dentro do campo jurídico. Casos especializados podem exigir expertise que não necessite de relacionamentos contínuos com fornecedores após a resolução. Uma estratégia focada exclusivamente na redução do número de fornecedores poderia comprometer a qualidade dos serviços jurídicos.

Metas Futuras

- **Consolidação de Fornecedores**: Tome decisões informadas sobre a alocação de recursos em meio à busca por controle de custos e eficiência. Aplicar o Princípio de Pareto (regra 80/20) pode ajudar a identificar rapidamente os 20% dos fornecedores que contribuem com 80% do valor, auxiliando nas decisões de consolidação de fornecedores.
- **Diversidade e Inclusão de Fornecedores**: Os departamentos jurídicos podem ampliar seu conjunto de fornecedores, buscando incluir perspectivas diversas.

Análise de Tendências

As tendências do LFVE podem oferecer insights valiosos sobre o engajamento dos fornecedores, o panorama em evolução dos serviços de fornecedores e a estratégia do departamento jurídico. A análise de tendências do LVFE não apenas rastreia como os relacionamentos com fornecedores são gerenciados ao longo do tempo, mas também sinaliza a capacidade de resposta do departamento jurídico às demandas emergentes e melhorias na eficiência.

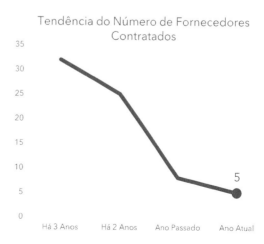

Tendência do Número de Fornecedores Contratados

Principais Influenciadores

- **Fusões e Aquisições e Expansões**: Reestruturações ou desinvestimentos podem levar a mudanças no engajamento com fornecedores devido à integração ou novas exigências. A expansão para novos mercados ou regiões pode exigir o envolvimento com fornecedores familiarizados com as leis e regulamentos locais.
- **Tecnologias Emergentes**: A adoção de IA e automação pode impactar a demanda por certos tipos de serviços jurídicos e influenciar o engajamento com fornecedores.

Tempo Médio de Resposta dos Fornecedores para Solicitações do Departamento Jurídico (VRTR)

Esta métrica fornece insights sobre a dinâmica colaborativa entre o departamento jurídico e seus fornecedores externos e escritórios de advocacia. Em vez de se concentrar apenas na conclusão das tarefas atribuídas, essa métrica destaca a pontualidade e a capacidade de resposta dos fornecedores em áreas críticas, como comunicação, atualizações e eficácia geral da colaboração.

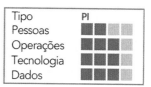

Tipo	PI		
Pessoas	■	■	■
Operações	■	■	■
Tecnologia	■	■	■
Dados	■	■	■

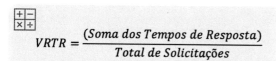

$$VRTR = \frac{(Soma\ dos\ Tempos\ de\ Resposta)}{Total\ de\ Solicitações}$$

O VRTR (Valor do Tempo de Resposta do Fornecedor) considera o elemento humano da colaboração. Trata-se de construir parcerias baseadas em confiança, confiabilidade e comunicação eficaz. As organizações valorizam fornecedores que respeitam a importância de respostas rápidas, especialmente em assuntos jurídicos com prazos apertados e rigorosos, e que participam ativamente de diálogos francos e transparentes. Essa compreensão não apenas simplifica a logística, mas também fortalece a sinergia geral entre o departamento jurídico e seus fornecedores.

Uma solicitação, no contexto do VRTR, pode ser tão simples quanto uma pergunta enviada por e-mail ou tão significativa quanto um pedido exigido pelo tribunal.

Calcule o VRTR coletando e somando os tempos de resposta para cada solicitação feita e, em seguida, fazendo a média do número total de solicitações.

Por exemplo, se, em um período de dois meses, o fornecedor em questão processou 33 solicitações, o VRTR desse fornecedor seria de (um pouco menos de) dois dias:

Tempo Médio de Resposta do Fornecedor

2 dias

$$\frac{60}{33} \cong 2\ dias$$

O VRTR pode ser calculado para cada fornecedor individualmente, para todos os fornecedores ou com uma variedade de outros filtros, dependendo do que for mais significativo para o seu departamento jurídico.

Fontes de Dados

Os dados do VRTR podem ser obtidos de e-mails, sistemas de gerenciamento de casos e sistemas de rastreamento ou gerenciamento de tickets.

Os dados devem incluir informações essenciais, como o Fornecedor ou ID do Fornecedor, o tipo de solicitação, a pessoa responsável por enviar a solicitação, a data e hora do recebimento da solicitação, o período entre o recebimento da solicitação e a resposta inicial, e o carimbo de data/hora indicando quando o ticket foi fechado, o problema resolvido ou a solicitação concluída.

Filtros

- Tipos de Solicitação
- Área de Prática
- Unidade de Negócio
- Canal de Comunicação
- Fornecedor(es)

Limitações

- **Variedade de Solicitações:**
Solicitações feitas por meio de canais
de comunicação por telefone podem
receber respostas mais imediatas,
enquanto consultas mais complexas,
como pedidos de diligência prévia,
podem exigir vários dias ou semanas.
Diferentes solicitações podem ter
níveis variados de complexidade,
exigindo mais tempo para que os
fornecedores reúnam informações,
realizem pesquisas ou forneçam
respostas abrangentes. Para garantir
uma análise precisa e insights
significativos, é crucial categorizar e
avaliar as solicitações com base em
sua natureza e complexidade.
- **Completação da Solicitação:** Se
as solicitações não contiverem
informações suficientes ou claras, os
fornecedores podem enfrentar

atrasos na compreensão e resposta a
elas.

- **Falta de Sistemas de
Rastreamento:** Em muitos casos, as
pessoas podem fazer telefonemas ou
enviar um e-mail rápido sem
documentar tudo sobre a solicitação
ou os detalhes da resposta do
fornecedor. A falta de rastreamento
padronizado dificulta a medição e
análise precisas dos tempos de
resposta dos fornecedores.

Metas Futuras

- **Implementação de
SLAs/Hotlines:** O departamento
jurídico pode se comprometer a
estabelecer um SLA dedicado ou
uma linha direta conveniente com os
fornecedores, garantindo
comunicação contínua e eficiente. Os
SLAs criam uma compreensão mútua
dos prazos dentro dos quais as
solicitações do departamento
jurídico devem ser atendidas,
assegurando alinhamento entre as
necessidades e expectativas do
departamento jurídico e as
capacidades dos fornecedores.
- **Canais de Comunicação:**
O departamento jurídico pode se
concentrar em simplificar os canais
de comunicação com os
fornecedores, como a
implementação de um portal
centralizado de rastreamento/tickets
ou a adoção de ferramentas de
colaboração para comunicação
eficiente e segura. O departamento
jurídico pode optar por padronizar,
por exemplo, decidindo que a
comunicação por telefone deve
ocorrer apenas em casos de urgência
extrema, e-mails para alta prioridade,
e solicitações eletrônicas para todos
os outros níveis de prioridade.

Tempo de Resposta do Fornecedor por Canal
de Comunicação

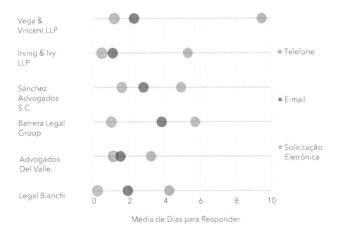

- **Avaliações de Desempenho dos Fornecedores e Feedback:** Avaliações regulares de desempenho, coleta de feedback interno ou condução de avaliações de fornecedores pelo departamento jurídico podem impulsionar melhorias na capacidade de resposta dos fornecedores. O feedback e as discussões sobre os tempos de resposta podem incentivar os fornecedores a aprimorar seus processos e priorizar a comunicação pontual.
- **Cenário Competitivo:** A competição entre fornecedores pode incentivá-los a melhorar sua capacidade de resposta para ganhar uma vantagem competitiva. Os departamentos jurídicos podem aproveitar esse ambiente competitivo para negociar tempos de resposta mais favoráveis.

Análise de Tendências

Ao monitorar o VRTR, o departamento jurídico pode identificar e entender as mudanças na capacidade de resposta dos fornecedores e os fatores que influenciam essas variações. Por exemplo, a análise de tendências pode revelar que os tempos de resposta melhoraram constantemente, passando de uma média de três dias úteis para dois dias úteis ao longo do último ano. Isso indica um aumento na eficiência e na rapidez nas colaborações com os fornecedores.

No entanto, a análise também pode descobrir variações sazonais, com certos meses apresentando tempos de resposta mais longos devido a uma maior demanda ou prioridades concorrentes. Por exemplo, durante períodos de alta atividade comercial, como o final do trimestre ou do ano, os tempos de resposta podem aumentar ligeiramente devido a cargas de trabalho maiores ou volumes elevados de solicitações.

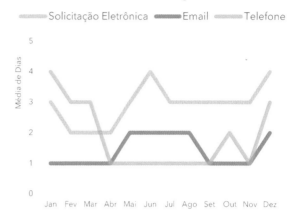

Tendência do Tempo Médio de Resposta dos Fornecedores por Canal de Comunicação

Essas variações sazonais permitem que o departamento jurídico antecipe e gerencie as expectativas durante períodos mais movimentados, aloque recursos de forma adequada e mantenha uma comunicação eficaz com os fornecedores.

Benchmarking

Ao comparar os tempos de resposta de seus fornecedores com benchmarks do setor, as organizações podem avaliar sua competitividade e eficácia na gestão de relacionamentos com fornecedores. O benchmarking permite a identificação de fornecedores que consistentemente atendem ou superam os padrões da indústria, destacando as melhores práticas que podem ser adotadas para melhorar a colaboração. Também ajuda a identificar fornecedores cujos tempos de resposta estão abaixo das médias do setor, levando a uma avaliação mais aprofundada e a possíveis discussões para melhorar a comunicação e a eficiência. Por exemplo, imagine que o departamento jurídico está acostumado a receber respostas dos fornecedores em três dias úteis, mas você ouve que a norma no mercado é de um dia útil.

Gasto Externo Total por Função de Profissional (TESR)

O relatório de Gasto Externo Total por Função do Profissional (TESR) oferece uma discriminação das despesas jurídicas externas de uma organização, categorizando-as com base nas funções dos profissionais envolvidos. Ele mostra a distribuição do gasto jurídico entre os papéis dos advogados externos, incluindo os dados dos Honorários Médios Compostos (BAR) [6] dos profissionais. Dada a variação nas definições de funções entre diferentes escritórios e fornecedores, este relatório ajuda a padronizar e comparar custos.

Tipo	RI
Pessoas	▪️▪️▪️
Operações	▪️▪️▪️
Tecnologia	▪️▪️▪️
Dados	▪️▪️▪️

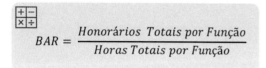

$$BAR = \frac{Honorários\ Totais\ por\ Função}{Horas\ Totais\ por\ Função}$$

Embora haja várias maneiras de calcular as taxas médias para o TESR, sugerimos usar o método BAR (Honorários Médios Compostos). Para determinar o BAR para cada função, divida o total de taxas pagas a essa função pelo total de horas cobradas por essa função.

Por exemplo, se os sócios cobraram 1.664 horas a um total de $1,3M, o BAR para os sócios será de $781,25.

$$\frac{1,300,000}{1,664} = 781.25$$

Os relatórios TESR podem incluir outras métricas também, proporcionando transparência na alocação do orçamento entre os diferentes papéis dos profissionais. Isso pode ajudar os departamentos jurídicos a alinhar os recursos orçamentários com suas necessidades específicas. Por exemplo, o TESR facilita a identificação de funções que podem estar sobrecarregadas ou subutilizadas, permitindo que os

Taxa Média Composta por Função Ano até a Data			
Função	BAR (USD)	Total de Honorários (USD)	% do Gasto Total
Sócio	784	1,3M	40%
Associado	427	1,1M	35%
Assistente Jurídico	176	326K	10%
Consultor Jurídico	1179	145K	4%
Outro	298	399K	11%
Todos	573	3,3M	100%

departamentos jurídicos otimizem suas estratégias de alocação de recursos para uma melhor eficiência. Também pode ajudar na comparação dos custos de advogados externos com os padrões da indústria, ajudando as organizações a avaliar a competitividade de suas despesas jurídicas.

Fontes de Dados

Os dados podem ser obtidos de sistemas de gerenciamento de casos, sistemas de faturamento eletrônico ou faturas manuais. Para garantir a precisão e a uniformidade nos relatórios, é crucial mapear os dados dos profissionais recebidos do escritório de advocacia para as categorias de função pré-

---

[6] BAR (Blended Average Rate - Honorário Médio Composto): Refere-se à taxa horária média calculada entre vários profissionais ou funções. É determinado dividindo o total de honorários cobrados pelo total de horas trabalhadas, fornecendo uma taxa única que reflete uma média dos diferentes valores de cobrança dentro de uma equipe ou departamento jurídico.

definidas do departamento jurídico. Faturas claras e padronizadas contendo o nome do Profissional, a taxa, a função e o valor total são essenciais para relatórios precisos.

Filtros

- Áreas de Prática
- Casos
- Escritório de Advocacia/Fornecedor
- Período de Tempo

Extensões

- **Mudança Anual nos Honorários Médios Compostos (YBARC):** Este relatório foca nas mudanças de taxa anuais, identificando e rastreando as flutuações de taxas ao longo do tempo e calculando a porcentagem pela qual elas mudam.

Limitações

- **Qualidade dos Dados**: Relatórios precisos dependem de dados limpos e organizados. Os departamentos jurídicos devem incentivar os escritórios de advocacia a serem meticulosos na codificação correta de itens de linha e tipos de

profissionais para garantir relatórios precisos. Estabelecer uma definição de função consistente e padronizada também pode ser benéfico. Por exemplo, os escritórios de advocacia podem usar designações complexas como assistente jurídico sênior nível 3', que podem ser simplificadas para 'assistente jurídico' para uma análise consistente.

- **Uso da Categoria "Outros"**: Deve-se ter cautela ao utilizar a categoria "outros", pois isso pode introduzir ambiguidade na análise de custos. Essa situação geralmente surge ao rastrear profissionais de áreas não jurídicas, como pessoal de TI ou profissionais de várias indústrias que contribuem para casos jurídicos específicos.

- **AFAs**: Quando os escritórios de advocacia empregam taxas fixas ou taxas fixas, as faturas podem não apresentar uma discriminação detalhada das tarefas e atividades concluídas por cada Profissional. Para abordar essa questão, os escritórios de advocacia e fornecedores podem fornecer faturas "shadow" (faturas sombra), que oferecem uma

Gasto por Função do Profissional - Litígios

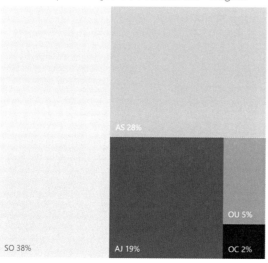

Gasto por Função do Profissional - Imigração

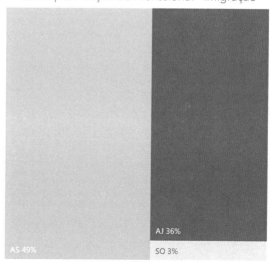

discriminação de tarefas e atividades específicas para melhorar a transparência e a precisão na análise de custos.

Metas Futuras

O relatório TESR oferece uma visão da distribuição das despesas jurídicas entre diferentes funções, permitindo que os departamentos jurídicos tomem decisões informadas adaptadas aos seus objetivos e às características únicas dos escritórios de advocacia contratados. Ao segmentar e comparar gastos dentro de segmentos específicos, como localizações ou escritórios de advocacia individuais, o TESR pode destacar melhor disparidades ou tendências.

Além disso, os departamentos jurídicos podem usar o TESR para identificar potenciais ineficiências. Se os associados ou sócios estão assumindo a maior parte do trabalho rotineiro, pode ser prudente considerar a redistribuição de tarefas para paralegais ou assistentes jurídicos, otimizando a alocação de recursos. Essa visão específica por função também é benéfica ao examinar os gastos por área de prática. Litígios complexos podem justificar um maior envolvimento de sócios, enquanto áreas de prática como imigração, repletas de papelada, podem ver uma contribuição mais significativa de paralegais.

Para garantir a precisão e a confiabilidade do relatório, os departamentos jurídicos devem manter uma comunicação aberta com os escritórios de advocacia e fornecedores, utilizando o TESR para enfatizar a importância do rastreamento do tempo e da entrada precisa de dados, a fim de mitigar o risco de dados incompletos ou errôneos. Ao promover uma abordagem colaborativa, os departamentos jurídicos podem garantir que os insights derivados do relatório TESR sejam precisos e acionáveis.

Análise de Tendências

Acompanhando o TESR ao longo do tempo, você poderá monitorar seu progresso em relação aos objetivos de controle de recursos e gestão de custos.

Um aumento ou diminuição consistente nas despesas para funções específicas dos profissionais pode indicar estratégias de alocação de recursos em evolução ou mudanças de foco. Analisar os dados ano a ano pode ajudar a identificar as áreas onde os esforços de gestão de custos foram bem-sucedidos ou onde ajustes são necessários. Além disso, rastrear como a distribuição de gastos entre as funções dos profissionais muda ao longo do tempo pode destacar as preferências ou necessidades organizacionais em evolução. Por exemplo, uma tendência de maior utilização de paralegais ou associados juniores em certas funções pode indicar iniciativas de economia de custos bem-sucedidas, alocação estratégica de recursos ou mudanças na complexidade do trabalho jurídico.

As tendências nos gastos por função dos profissionais também podem esclarecer os padrões de seleção de fornecedores. Por exemplo, se houver um aumento consistente nas despesas com uma função específica associada a um determinado escritório de advocacia, isso pode indicar uma mudança deliberada na estratégia de fornecedores ou o surgimento de um prestador preferido para certas tarefas jurídicas.

Variação Anual dos Honorários Médios Compostos (YBARC)

Mudança na Taxa Média Composta Anual (YBARC) é uma métrica que mede a variação anual nas taxas de faturamento combinadas dos profissionais. Esta métrica oferece insights sobre a evolução dos custos jurídicos, ajudando as organizações a entender e antecipar mudanças em seus gastos jurídicos.

Tipo	KRI
Pessoas	
Operações	
Tecnologia	
Dados	

$$YBARC = \frac{(Honorário\ Médio\ Composto\ Ano\ 2\ -\ Honorário\ Médio\ Composto\ Ano\ 1)}{Honorário\ Médio\ Composto\ Ano\ 1} \times 100$$

O Honorário Médio Composto (BAR) é um componente fundamental no cálculo do YBARC. Ela representa a média ponderada de todas os honorários em diferentes funções dentro de um escritório de advocacia ou departamento jurídico. O BAR é uma métrica útil para entender o custo médio dos serviços jurídicos, considerando as diversas funções e taxas de faturamento envolvidas no trabalho jurídico.

Para calcular o YBARC, subtraia o honorário médio composto do ano anterior da taxa do ano atual, divida pelo valor do honorário médio composto do ano anterior e multiplique por 100.

Por exemplo, ao gerar relatórios de BAR no final do ano, você pode notar que os sócios de um escritório de advocacia externo tinham

Mudança Anual no BAR: Sócio

1.6% ▲

uma BAR de $571 há dois anos, que aumentou para $580 no ano passado. O YBARC dos profissionais sócios deste escritório seria um aumento de 1,6%.

$$\frac{(580 - 571)}{571} \times 100 \cong 1.6\%$$

Fontes de Dados

Os dados do YBARC podem ser obtidos de sistemas de gerenciamento de casos, sistemas de faturamento eletrônico e faturas manuais.

Filtros

- Função do Profissional
- Área de Prática
- Escritório de Advocacia/Fornecedor
- Localização/Jurisdição

Mudança Anual no BAR por Função			
Função	Ano Anterior (USD)	Ano Atual (USD)	% de Aumento
Conselheiro	1180	1209	2.5
Sócio	772	784	1.6
Associado	427	427	
Assistente Jurídico	176	179	1.7
Outros	298	301	1.0

Limitações

- **Visão Instantânea**: O YBARC oferece insights sobre as mudanças nos honorários, mas não explica o "porquê" por trás delas ou seu impacto financeiro mais amplo.
- **Alocação de Carga de Trabalho**: Sem saber como as tarefas estão distribuídas entre as funções, é desafiador avaliar as verdadeiras implicações de custo. Por exemplo, um aumento nos honorários dos associados pode ter um impacto maior se eles estiverem lidando com mais trabalho.

Para uma visão holística das implicações dos honorários e da distribuição de tarefas, é benéfico também referenciar a métrica de Gasto Total Externo por Função do Profissional (TESR).

Metas Futuras

- **Monitoramento Regular**: Acompanhe continuamente o YBARC para se manter atualizado sobre as mudanças nos honorários e garantir o alinhamento com as expectativas orçamentárias.
- **Benchmarking**: Compare o YBARC da sua organização com os padrões da indústria ou com organizações pares para entender se as mudanças nos honorários dos profissionais estão alinhadas com as tendências de mercado.
- **Cláusulas Contratuais**: Considere incluir cláusulas em contratos com prestadores de serviços jurídicos que abordem mudanças nos honorários, garantindo que os aumentos de taxa sejam justificáveis e estejam alinhados com os termos acordados.

- **Comunicação Interna**: Comunique regularmente o YBARC e suas implicações aos stakeholders internos, garantindo que haja uma compreensão compartilhada das tendências de gastos jurídicos.

Análise de Tendências

Use os relatórios YBARC para acompanhar e analisar mudanças nas práticas de gerenciamento de honorários e seu impacto em vários aspectos dos gastos jurídicos ao longo do tempo. Alguns pontos importantes a serem considerados na análise de tendências do YBARC são:

- **Padrões de Aumento de Taxas**: Análise dados históricos para identificar tendências nos aumentos de taxas entre diferentes funções dos profissionais, áreas de prática ou escritórios de advocacia.
- **Aplicação da Conformidade**: Avalie a eficácia da aplicação de limites de aumento de honorários e como os fornecedores aderem ao percentual de aumento estabelecido.
- **Transparência e Responsabilidade**: Examine como os esforços de gerenciamento de honorários contribuíram para aumentar a transparência e a

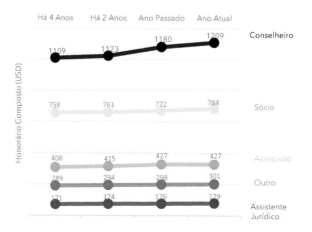

Tendência dos Honorários Compostos

responsabilidade nos gastos jurídicos e nas práticas de faturamento.

- **Relacionamentos com Fornecedores**: Avalie o impacto do gerenciamento de honorários na promoção de relacionamentos de longo prazo com prestadores de serviços jurídicos e se esses esforços colaborativos contribuíram para serviços mais econômicos.

Função[7]	Há 4 Anos	Há 2 Anos	Ano Passado	Ano Atual	Aumento Médio
CJ	1109	1123	1180	1209	2.93%
SO	758	761	772	784	1.13%
AS	408	415	427	427	1.54%
OU	289	294	298	301	1.37%
AJ	171	174	176	179	1.53%

Tendência nos Honorários Médios Compostos (USD)

Principais Influenciadores

- **Inflação**: A inflação desempenha um papel crucial na afetar as mudanças nos honorários.
- **Mudanças na Indústria**: Alterações como aumento da concorrência, novas tecnologias e prestadores de serviços jurídicos alternativos podem impactar o uso de honorários compostos.
- **Mudanças nos Contratos**: Os tipos de casos que o departamento
- jurídico está gerenciando podem mudar ao longo do tempo, o que pode impactar os honorários e funções dos profissionais.

Benchmarking

O benchmarking dos YBARCs não apenas fornece uma perspectiva comparativa, mas também oferece aos departamentos jurídicos insights acionáveis para melhorar sua eficiência operacional e prudência financeira.

- **Compreensão Contextual**: O benchmarking fornece um contexto para as mudanças nos honorários, ajudando os departamentos jurídicos a discernir se seus ajustes nas tarifas dos profissionais estão alinhados com os padrões da indústria ou se são exceções. Saber onde se posicionam em comparação com os pares pode orientar os departamentos jurídicos na tomada de decisões informadas sobre negociações de honorários e orçamentos.
- **Adoção de Melhores Práticas**: Ao entender como os pares lidam com as mudanças nos honorários, os departamentos podem adotar estratégias e melhores práticas comprovadas dentro de suas indústrias específicas para otimizar suas estruturas de taxas.
- **Comunicação com Stakeholders**: Os dados de benchmarking podem ser uma ferramenta valiosa ao se comunicar com stakeholders, justificando pedidos de orçamento ou explicando mudanças nos honorários.

---

[7] CJ: Consultor Jurídico / Conselheiro; SO: Sócio; AS: Associado; OU: Outros; AJ: Assistente Jurídico / Paralegal

Orçamento do Fornecedor vs. Custo Efetivo (VBA)

A métrica de Orçamento de Fornecedor vs. Custo Efetivo (VBA) fornece uma análise comparativa entre o compromisso financeiro orçado para fornecedores e os gastos reais incorridos. Esta métrica oferece insights sobre a eficiência financeira dos contratos com fornecedores, destacando as diferenças entre os custos previstos e os custos realizados.

Tipo	KRI		
Pessoas	■	■	■
Operações	■	■	■
Tecnologia	■	■	■
Dados	■	■	■

$$VBA = \frac{Orçamento - Custo\ Efetivo}{Orçamento} \times 100$$

O VBA é calculado subtraindo o gasto real do valor orçado, dividindo o resultado pelo valor orçado e, em seguida, multiplicando por 100 para obter a variação percentual.

Por exemplo, se uma empresa alocou $1 milhão para um fornecedor, mas acabou gastando $1,1 milhão, seu VBA refletiria uma variação desfavorável de 10%.

$$\frac{1\ milhão - 1.1\ milhão}{1\ milhão} \times 100 = -10\%$$

Monitorar o VBA oferece às organizações uma

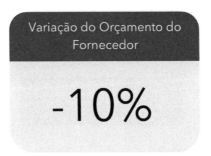

Variação do Orçamento do Fornecedor

-10%

visão detalhada de suas parcerias com fornecedores. Uma variação favorável consistente pode sinalizar boas habilidades de negociação, gestão eficiente de fornecedores ou até mesmo condições de mercado favoráveis. Por outro lado, variações desfavoráveis recorrentes podem ser sinais de alerta indicando operações ineficientes dos fornecedores, mudanças no escopo ou interrupções inesperadas no mercado.

Orçamento de Fornecedor vs. Custo Efetivo						
Ano Atual						
Fornecedor	N° de Casos Ativos	N° de Casos Acima do Orçamento	Orçamento do Fornecedor (USD)	Custo Efetivo (USD)	Orçamento Restante (USD)	Variação
Jim Patio Law Firm	87	2	5.8M	2.7M	3.1M	+1%
Upright Law Associados	56	6	2.2M	1.3M	900K	+5%
Smeeth & Jones	44	10	3.7M	897K	2.8M	+3%
Accuracy Firma	39	1	4.1M	3.6M	500K	+13%
Oma & Steele	27	0	1.5M	587K	913K	-8%
Trese LLC	16	0	145K	138K	7K	-3%
Upright Law	6	1	230K	89K	140K	+7%
Mildred and Lois	5	0	701K	209K	492K	-3%
Smeeth & Jones	3	1	241K	43K	198K	+2%

Fontes de Dados

Os dados podem ser obtidos de solicitações/submissões de orçamento, dados de eBilling e faturas, relatórios orçamentários e do sistema de gerenciamento de casos.

Filtros

- Área de Prática
- Localização/Jurisdição
- Caso
- Escritório de Advocacia/Fornecedor

Limitações

- **Orçamento Inconsistente**: O VBA requer dados orçamentários, o que significa a exclusão de quaisquer casos para os quais não existam alocações orçamentárias. Se você incluir casos para os quais não há informações orçamentárias na análise de VBA, isso pode distorcer os resultados. Para garantir uma comparação mais consistente e "igual a igual", inclua apenas casos com informações orçamentárias documentadas.
- **Casos em Andamento**: É uma prática recomendada executar o VBA periodicamente - trimestral ou anualmente. No entanto, sem uma análise de tendências, o VBA sozinho não consegue contabilizar completamente os casos que abrangem vários períodos ou até anos. Isso significa que, para casos em andamento com ciclos de vida mais longos, apenas uma parte do orçamento total (relevante para aquele período) será incluída, o que pode distorcer a precisão orçamentária percebida.

Metas Futuras

- **Ajustes Dinâmicos**: Revise o VBA ao longo dos ciclos de vida dos casos para determinar quando ou o que influencia a superação ou subutilização do orçamento, a fim de desenvolver um sistema ou metodologia que leve em conta e permita ajustes orçamentários mais dinâmicos, particularmente para casos de longo prazo que se estendem por vários anos, ajudando a garantir que o orçamento geral esteja alinhado com a evolução do escopo e dos requisitos dos contratos e casos.
- **Tecnologia Integrada**: Invista em ferramentas de eBilling, gestão orçamentária e monitoramento de despesas que possam ser utilizadas para documentar, rastrear e fornecer atualizações consistentes e transparentes sobre os gastos com fornecedores. Isso pode ajudar a possibilitar respostas rápidas a potenciais excessos orçamentários e oferecer insights para orientar uma melhor previsão financeira.
- **Treinamento Regular**: Organize sessões de treinamento para equipes internas e fornecedores sobre requisitos e diretrizes de cobrança, além de melhores práticas em gestão orçamentária e relatórios financeiros.
- **Análise Profunda**: Busque análises de VBA mais detalhadas para entender padrões e outliers, além de identificar áreas específicas de preocupação ou melhoria, para que você possa abordá-las e remediá-las.

Análise de Tendências

- **Super ou Subutilização do Orçamento**: Se um fornecedor fica abaixo do orçamento ano após ano, isso pode indicar que os orçamentos iniciais estão sendo estabelecidos muito altos ou que o fornecedor é particularmente eficiente, o que pode deixar dinheiro na mesa que poderia ser utilizado em outras áreas. Por outro lado, a superação consistente do orçamento sugere potenciais ineficiências ou uma subestimação recorrente dos custos durante a fase de elaboração do orçamento, o que pode causar problemas no futuro.

- **Benchmarking e Avaliação de Fornecedores**: Analisar tendências entre fornecedores pode ajudar a identificar quais fornecedores aderem consistentemente aos seus orçamentos e quais tendem a se desviar. Utilize essas informações para se comunicar com os fornecedores e determinar como estabelecer orçamentos mais realistas, evitando surpresas.
- **Eficácia das Metas**: Se os orçamentos foram modificados com base em avaliações e desempenhos anteriores, acompanhe se os ajustes foram eficazes ou se requerem mais atenção.

Principais Influenciadores

- **Mudanças Contratuais**: Emendas inesperadas aos contratos de serviço ou mudanças no escopo podem levar a variações significativas nos custos. Um caso previamente orçado pode se tornar mais caro devido a inclusões adicionais ou alterações nos termos acordados.
- **Flutuações Cambiais**: Se você estiver trabalhando com fornecedores internacionais, até mesmo uma mudança modesta nas taxas de câmbio pode criar uma diferença notável nos custos. Essas alterações podem influenciar a disparidade entre o orçamento e o valor real.
- **Complexidades Não Previstas**: Às vezes, os fornecedores encontram complexidades que não eram evidentes durante o processo inicial de elaboração do orçamento. Esses desafios inesperados podem elevar os custos além do orçamento original.

Número de Profissionais por Fornecedor (NTV)

O relatório de Número de Profissionais por Fornecedor (NTV) é uma ferramenta para departamentos jurídicos que buscam obter insights sobre como seus fornecedores jurídicos alocam seus recursos. Este relatório fornece uma visão sobre a distribuição de profissionais ativos designados para gerenciar casos e tarefas em nome da organização. Compreender como os fornecedores distribuem seus recursos pode ajudar os departamentos jurídicos a avaliar o alinhamento das capacidades dos fornecedores com as necessidades jurídicas e orçamentárias da organização.

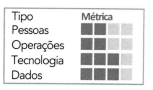

Tipo	Métrica
Pessoas	
Operações	
Tecnologia	
Dados	

Cada fornecedor opera com sua própria estratégia única de alocação de recursos. Embora não exista uma distribuição única de Profissionais que funcione melhor, variações nessas alocações podem, às vezes, levar a ineficiências, especialmente quando mapeadas em relação ao tipo e ao escopo das tarefas jurídicas atribuídas. Ao focar apenas nos profissionais ativos - aqueles designados para os casos do departamento jurídico e incluídos nas faturas durante um período específico - este relatório fornece uma imagem mais clara da atribuição de papéis de recursos de um fornecedor em relação a casos, projetos e tarefas.

Fontes de Dados

Os dados do NTV podem ser obtidos de sistemas de gestão de casos, sistemas de eBilling ou faturas manuais. O elemento crítico é focar apenas nos profissionais que estiveram ativamente faturando durante o período estipulado.

Filtros

- Caso
- Tipo de Caso/Área de Prática
- Localização/Jurisdição
- Função do Profissional

Número de Profissionais Ativos por Fornecedor Ano até a Data					
Fornecedor	Sócio	Associado	Paralegal	Consultor	Outro
Lemke Group	13	39	10	7	2
Little, Buckridge and Streich LLP	3	34	15	4	7
Wolf-Boyle LLP	6	42	35	2	1
Johnston, Wilkinson and Kilback LLP	14	36	36	1	6
Cameron Schuster LLP	3	54	21	0	0
Mossbacher, McQuiod & Patton	7	16	19	4	3
Muller, Grant and Ziemann LLP	11	31	9	0	4
Guevara & Carbajal PLLC	1	17	12	3	3
Bednar and Haley LLP	5	3	2	1	1
Rivas-Carrion	2	12	8	2	0

Limitações

- **Profundidade da Expertise**: O relatório de NTV simplesmente quantifica os Profissionais, mas não avalia a profundidade ou a amplitude de sua experiência. Um fornecedor com menos profissionais, mas mais experientes, pode ser mais valioso do que um com muitos Profissionais menos experientes.
- **Nível de Envolvimento**: O mero número de Profissionais não revela seu nível de envolvimento. Por exemplo, alguns podem ser de meio período ou podem não estar totalmente engajados no projeto, diluindo a força percebida sugerida por NTVs mais altos. Da mesma forma, um paralegal em um escritório pode realizar tarefas de nível superior e entregar mais valor a uma taxa mais baixa do que paralegais em outro escritório.
- **Implicações de Custo**: Sem integrar dados financeiros, o relatório não fornecerá insights sobre a relação custo-benefício dos fornecedores. Dois fornecedores com o mesmo número de Profissionais podem ter estruturas de faturamento muito diferentes.

Metas Futuras

- **Atribuição de Profissionais**: Esforce-se para alcançar uma alocação mais eficiente de Profissionais pelos fornecedores. Isso pode envolver trabalhar em estreita colaboração com os fornecedores para garantir que o número adequado de Profissionais com a expertise necessária seja designado para casos específicos. O objetivo é evitar sobrecarga ou subutilização, o que pode impactar tanto os custos quanto a qualidade do serviço.
- **Colaboração com Fornecedores**: Promova uma colaboração mais profunda com fornecedores-chave. Estabeleça canais de comunicação claros para discutir estratégias de alocação de recursos, expectativas de desempenho e alinhamento com as necessidades em evolução do departamento jurídico. Busque parcerias com fornecedores que sejam flexíveis, responsivas e adaptáveis.
- **Gestão de Custos**: Defina metas para redução ou contenção de custos. Utilize dados históricos de NTV para identificar oportunidades de reduzir alocações de recursos desnecessárias, simplificar processos e negociar arranjos econômicos com os fornecedores.

Análise de Tendências

A análise de tendências do NTV pode revelar se os fornecedores têm feito esforços para otimizar sua alocação de recursos e melhorar a eficiência ao longo do tempo. Por exemplo, uma tendência de diminuição no número de Profissionais para casos rotineiros pode ser um indicativo de esforços bem-sucedidos de simplificação, potencialmente levando a economias de custos para a organização.

Os departamentos jurídicos também podem usar a análise de tendências do NTV para avaliar se os fornecedores estão demonstrando escalabilidade em sua alocação de recursos. Seus fornecedores são responsivos a flutuações no volume ou na complexidade do trabalho jurídico? Analisar as tendências na alocação de recursos pode revelar se os fornecedores se adaptam efetivamente para atender às demandas em mudança.

Número de Casos com Profissionais de Porta Giratória (RDTC)

A métrica de Número de Casos de Profissionais de Porta Giratória (RDTC) mede com que frequência os profissionais externos contribuem apenas minimamente para os casos jurídicos. Embora os departamentos jurídicos frequentemente contratem diversos profissionais externos devido às suas habilidades especializadas, um

Tipo	PI
Pessoas	
Operações	
Tecnologia	
Dados	

alto índice de RDTC pode sugerir uma dependência de profissionais que estão envolvidos de forma breve, em vez de poucos indivíduos profundamente conhecedores e comprometidos. Esse padrão de engajamento pode levantar preocupações sobre a consistência das contribuições do advogado externo, bem como potenciais questões relacionadas à confidencialidade e segurança dos dados.

$$RDTC = \frac{Número\ de\ Horas\ Faturadas\ pelo\ Profissional}{Total\ de\ Horas\ do\ Caso} \times 100$$

Engajar numerosos profissionais que desempenham cada um pequeno papel pode aumentar o risco de exposição de informações sensíveis da empresa. Isso é especialmente preocupante quando esses profissionais não estão regularmente envolvidos com a organização ou o caso, aumentando o potencial para violações de dados não intencionais. Além disso, a falta de profissionais e equipes dedicadas e consistentes para casos e projetos pode interromper a continuidade e a compreensão das necessidades jurídicas. A introdução constante e a familiarização de novos profissionais com os detalhes do caso ou do projeto também podem prejudicar a eficiência e a qualidade dos serviços jurídicos.

Para calcular o RDTC, siga estes passos:

1. Para cada caso, calcule o total de horas faturáveis.

Fornecedor	Nº de Profissionais de Porta Giratória	Horas Totais	Honorários Totais (USD)	% do Total do Caso
Guevara & Carbajal PLLC	8	41	4,980	0.8%
Bednar and Haley LLP	7	53	10,870	0.5%
Rivas-Carrion	5	46	14,542	0.9%
Reichel and Reilly LLP	5	29	13,750	1.0%
Olvera, Burgos, and Gonzales LLP	4	24	4,520	0.2%
Jerde, Johns & Schmitt	3	32	6,412	1.1%
Torphy-Schroeder LLP	1	16	15,200	0.7%
Prohaska LLC	1	10	2,548	1.0%

Número de Casos de Profissionais de Porta Giratória
Ano até a Data

2. Calcule o número de horas que cada profissional faturou para esse caso.
3. Divida as horas faturadas por cada profissional pelo total de horas do caso.
4. Se a contribuição de um profissional for inferior a 1%, categorize-o como 'profissional de porta giratória'.
5. Para cada caso, conte o número de 'Profissional de Porta Giratória'.
6. Gere o relatório final mostrando apenas os casos que incluem pelo menos um 'Profissional de Porta Giratória'.

Fontes de Dados

Os dados do RDTC podem ser obtidos do sistema de gestão de casos, do sistema de eBilling e dos registros de faturas para o período escolhido (por exemplo, o ano anterior).

Filtros

- Escritório de Advocacia/Fornecedor
- Caso
- Área de Prática
- Período de Tempo

Limitações

- **Especialização:** Um profissional de porta giratória não implica necessariamente em ineficiência ou redundância. Alguns casos podem exigir uma expertise altamente especializada, significando que um especialista é trazido para algumas horas cruciais, contribuindo com menos de 1% do total de horas, mas agregando um valor significativo.
- **Natureza do Caso:** Certos assuntos jurídicos podem envolver inerentemente um conjunto diversificado de habilidades, exigindo múltiplos profissionais que contribuem minimamente, mas são essenciais para o caso. Por exemplo, um negócio de fusões e aquisições

pode requerer a contribuição de especialistas em tributação, emprego, propriedade intelectual e outros.

- **AFAs:** Os Acordos de Honorários Alternativos (AFAs) podem complicar o relatório de RDTC. Quando a cobrança não é estritamente baseada no número de horas, mas em outros fatores, a relação entre as horas faturadas e a taxa total pode não ser indicativa da importância de um profissional. Quando possível, defina condições no sistema de relatórios para gerenciar essas nuances. A limpeza de dados pode ser necessária para remover quaisquer anomalias ou outliers que possam distorcer os resultados.

Metas Futuras

- **Utilização Otimizada de Advogados Externos**: Esforce-se para ter uma equipe mais consistente de Profissionais para cada caso. Isso minimiza potenciais riscos de segurança e garante uma equipe mais estável, familiarizada com os detalhes de cada caso.
- **Identificação da Dependência Excessiva**: Se uma área de prática específica ou tipo de caso

> **ⓘ DICA**
>
> É importante observar que o limite para o que constitui um Caso de Profissional de Porta Giratória pode variar de uma organização para outra, e o valor de 1% é apenas um exemplo. Algumas organizações podem optar por utilizar um limite diferente, como 2% ou 5%, dependendo de suas necessidades e objetivos específicos.

consistentemente apresentar um número elevado de profissionais de porta giratória, isso pode indicar uma dependência excessiva de consultores especializados. Essa pode ser uma oportunidade para investir no treinamento de equipes internas ou na contratação de um especialista dedicado.

- **Controle de Qualidade**: Para casos em que os resultados foram menos favoráveis, verifique se há uma correlação com altos índices de porta giratória. Se sim, isso pode sugerir que a falta de consistência está afetando a qualidade dos serviços jurídicos.

Análise de Tendências

- **Consistência ao Longo do Tempo**: Uma tendência que mostra uma diminuição no número de profissionais de porta giratória ao longo do tempo indica que os esforços do departamento jurídico para gerenciar a consistência dos fornecedores estão dando resultados. Por outro lado, uma tendência ascendente pode justificar uma investigação.
- **Impacto das Intervenções**: Se o departamento jurídico tomou

medidas para abordar a questão da porta giratória no passado, a análise de tendências pode mostrar quão eficazes foram essas intervenções. Por exemplo, após a implementação de um programa de treinamento para fornecedores ou a renegociação de contratos, há uma diminuição notável nos índices de porta giratória?

Principais Influenciadores

- **Consultas:** Em casos complexos, um departamento jurídico pode buscar múltiplas opiniões ou consultas para garantir uma abordagem abrangente. Isso pode levar à participação de vários Profissionais, cada um contribuindo com uma pequena parte, mas juntos proporcionando uma perspectiva holística.
- **Políticas e Turnover dos Fornecedores:** Escritórios de advocacia com alta rotatividade de funcionários ou que frequentemente rotacionam a equipe entre projetos podem aumentar o número de profissionais de porta giratória. As políticas dos fornecedores e as práticas de gestão interna desempenham, portanto, um papel significativo.
- **Duração do Caso:** Um caso de longa duração pode sofrer mudanças de equipe ao longo do tempo. Novos integrantes podem estar se familiarizando ou assumindo o trabalho de um colega que está saindo, fazendo com que mais profissionais faturam menos horas durante o período de transição.
- **Tamanho e Estrutura do Fornecedor:** Escritórios de advocacia maiores, com estruturas mais hierárquicas, podem envolver mais profissionais nas fases iniciais

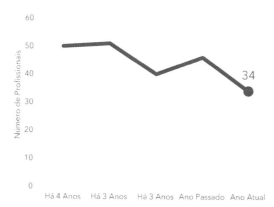

Tendência de Casos com Profissionais de Porta Giratória

de um caso. Membros da equipe júnior podem estar envolvidos inicialmente e depois ser substituídos por membros mais experientes, levando a um cenário de porta giratória.

Número de Casos por Fornecedor (NMV)

O Número de Casos por Fornecedor (NMV) analisa e ilustra informações sobre o desempenho dos fornecedores, a eficiência na gestão de casos e o equilíbrio na alocação de trabalho jurídico. Sem uma visão clara sobre o volume e a natureza dos casos atribuídos a cada fornecedor, os departamentos jurídicos podem, inadvertidamente, inflacionar os custos jurídicos, alocar recursos de forma inadequada ou perder oportunidades de negociação e descontos por volume.

Tipo	Métrica
Pessoas	
Operações	
Tecnologia	
Dados	

O NMV ilustra uma análise dos casos ativos, casos concluídos, orçamentos financeiros e despesas reais para cada fornecedor, proporcionando uma visão abrangente de seu histórico e engajamento com a organização. Esses dados oferecem às organizações uma visão detalhada e abrangente de seus relacionamentos com os fornecedores.

O NMV ajuda as organizações a avaliar sua dependência de fornecedores específicos. Ao examinar o volume de casos atribuídos a cada fornecedor, as organizações podem garantir que alocam recursos de forma eficaz. Isso evita sobrecarregar um fornecedor com muitos casos ou subutilizar seus serviços.

A dependência excessiva de um único fornecedor pode representar riscos, como limitações de capacidade ou potenciais conflitos de interesse. Os departamentos jurídicos podem usar os dados do NMV para diversificar estrategicamente os relacionamentos com os fornecedores.

Fonte de Dados

Os dados para NMV podem ser obtidos a partir do sistema de gestão de casos, sistema de gestão de fornecedores ou sistema de faturamento eletrônico.

Filtros

- Faixa de Fornecedores (As opções podem incluir os 10 principais, 30 principais ou uma lista completa)
- Área de Prática
- Localização/Jurisdição

Número de Casos por Fornecedor						
Ano Até a Data						
Fornecedor	Número de Casos Ativos	Casos Concluídos	Orçamento do Fornecedor (USD)	Gasto do Fornecedor (USD)	Gasto Médio por Caso (USD)	Orçamento Restante (USD)
Jim Patio	87	614	5.8M	2.7M	64K	3.1M
Reichel and Reilly LLP	56	428	2.2M	1.3M	34K	900K
Smeeth & Jones	44	347	3.7M	897K	85K	2.8M
Accuracy Firma	39	541	4.1M	3.6M	105K	500K
Oma & Steele	27	209	1.5M	587K	59K	913K
Trese Associates LLC	16	43	145K	138K	73K	7K
Upright Law Associados	6	14	230K	89K	27K	140K
Mildred and Lois LC	5	2	701K	209K	147K	492K
Prohaska LLC	3	9	241K	43K	81K	198K

Limitações

- **Complexidade do Caso**: O relatório apresenta o número de casos ativos e concluídos, mas não transmite a complexidade ou a profundidade de cada caso. Um número maior de casos mais simples pode exigir menos esforço do que um número menor de casos complexos.
- **Nuância de Especialização**: Alguns fornecedores podem se especializar em áreas que, por sua natureza, têm custos mais altos ou mais baixos ou exigem um envolvimento mais prolongado, o que não é capturado apenas pela quantidade ou custo dos casos.
- **Falta de Dados Contextuais**: Informações, como o motivo pelo qual um determinado fornecedor foi escolhido para mais casos ou por que alguns casos tinham um orçamento maior, não estão incluídas no NMV. O contexto pode influenciar a interpretação.

Metas Futuras

- **Otimização do Orçamento**: Avalie as tendências de gastos juntamente com o NMV para refinar as alocações orçamentárias. Identifique fornecedores que consistentemente entregam trabalhos de qualidade dentro ou abaixo do orçamento e recompense-os com mais casos ou contratos de longo prazo. Ao analisar o orçamento restante em relação ao número de casos ativos, os departamentos jurídicos podem prever potenciais excessos ou sobras orçamentárias. Isso permite que eles realoquem fundos proativamente, se necessário, e ajustem as estimativas orçamentárias futuras com base no

desempenho histórico dos fornecedores.

- **Consolidação de Fornecedores**: Com base no desempenho e na eficiência dos fornecedores, considere consolidar casos com escritórios de alto desempenho, oferecendo a você uma vantagem para negociar e uma comunicação mais ágil.
- **Metas de Diversidade e Inclusão**: Estabeleça metas para engajar fornecedores diversos, promovendo DEIB (Diversidade, Equidade, Inclusão e Pertencimento) em contratações jurídicas.

Análise de Tendências

- **Desempenho ao Longo do Tempo**: Ao comparar o número de casos ativos e concluídos em diferentes períodos, os departamentos jurídicos podem acompanhar a eficiência e o desempenho dos fornecedores, identificando quaisquer mudanças no engajamento.
- **Adesão ao Orçamento**: O acompanhamento do NMV juntamente com o BPSI (Índice de Satisfação com o Processo

Tendência do Número de Casos por Fornecedor

Orçamentário) pode ilustrar quão precisas são as previsões orçamentárias, identificando potenciais áreas para melhoria.

- **Equilíbrio de Carga de Trabalho**: A análise de tendências do NMV ajuda no equilíbrio da carga de trabalho ao destacar disparidades no número de casos atribuídos a diferentes fornecedores. Os departamentos jurídicos podem garantir que o trabalho seja distribuído de maneira uniforme, prevenindo gargalos e otimizando a eficiência geral.

Principais Influenciadores

- **Mudanças na Estratégia**: Quando uma organização decide redirecionar suas operações comerciais para novos mercados, indústrias ou áreas de prática, isso frequentemente resulta no engajamento com fornecedores que se especializam nessas novas áreas de foco. Consequentemente, a distribuição de casos jurídicos entre os fornecedores pode passar por mudanças substanciais para se alinhar com a direção estratégica em evolução.
- **Mudanças Regulatórias e de Conformidade**: Indústrias como saúde, finanças ou práticas ambientais são altamente suscetíveis a mudanças em regulamentações e requisitos de conformidade. Em resposta a novas demandas legais, as organizações podem exigir mais expertise jurídica especializada. Isso pode levar a uma redistribuição de casos entre fornecedores ou a aumentos no engajamento com maior ênfase nas áreas afetadas por mudanças regulatórias.
- **Capacidades Internas:** Se a equipe interna passar por

treinamento ou contratar especialistas em uma área jurídica específica, a dependência de fornecedores externos pode diminuir.

- **Adoção de Tecnologia Jurídica**: A adoção de soluções de tecnologia jurídica dentro da organização pode impactar as tendências do NMV. A automação e as ferramentas de tecnologia jurídica podem permitir que o departamento jurídico lide com certos tipos de casos de forma mais eficiente, reduzindo a necessidade de suporte de fornecedores externos nessas áreas.

Análise da Distribuição de Despesas Externas (EEDA)

O Relatório de Análise de Distribuição de Despesas Externas (EEDA) serve como uma lente, concentrando-se nos custos dos casos em categorias específicas, como cópias, viagens, refeições, especialistas e mais.

Tipo	Relatório
Pessoas	▪▪▪
Operações	▪▪▪
Tecnologia	▪▪▪▪
Dados	▪▪▪

O EEDA pode ser utilizado de várias maneiras:

- **Insights Orçamentários**: Compreender quais tipos de despesas estão consumindo as maiores porções do orçamento.
- **Gestão de Custos**: Identificar oportunidades para negociar taxas fixas para certas despesas ou impor o uso de fornecedores mais econômicos.
- **Previsão**: Utilizar dados históricos para prever despesas futuras e alocar orçamentos de acordo.
- **Aplicação de Políticas**: Determinar se as despesas reportadas (como refeições ou viagens) estão alinhadas com as políticas da empresa ou se precisam ser revisadas.
- **Poder de Negociação**: Com uma compreensão clara das despesas significativas, negociar melhores taxas e condições com fornecedores.
- **Eficiência Operacional:** Identificar se certas despesas (como cópias ou processamento de texto) podem ser internalizadas ou se são mais econômicas quando terceirizadas.
- **Transparência:** O EEDA também fornece aos interessados uma visão clara e transparente das despesas, garantindo responsabilidade.

Para calcular o Percentual de Despesas, use o seguinte cálculo:

$$Percentual\ das\ Despesas = \frac{Tipo\ de\ Despesa}{Despesas\ Totais} \times 100$$

Distribuição de Despesas Externas Q1			
Código da Despesa	Tipo de Despesa	Despesa Total (USD)	% das Despesas
E124	Outros	28,870	37%
E112	Taxas Judiciais	16,473	21%
E106	Pesquisa Online	13,769	18%
E101	Cópias	9,025	12%
E111	Refeições	3,428	4%
E110	Viagens	2,493	3%
E103	Processamento de Texto	2,461	3%
E105	Telefone	1,641	2%
Todos		78,160	100%

Fontes de Dados

As informações de despesas podem ser extraídas dos dados de faturas nos sistemas de gestão de casos e de eBilling.

Filtros

- Área de Prática
- Localização/Jurisdição
- Departamento
- Escritório de Advocacia/Fornecedor

Limitações

- **Desafios de Dados**: A falta de dados, práticas de faturamento agrupado ou despesas mal codificadas podem reduzir a granularidade e a precisão na categorização de despesas. Despesas categorizadas como "Outros" podem incluir gastos com cópias, pesquisas e outras atividades específicas.
- **Contexto Incompleto**: Embora o EEDA forneça insights sobre a distribuição das despesas, pode não capturar o contexto por trás de certas despesas. Por exemplo, um aumento repentino nas despesas de cópia pode ser devido a um pedido legítimo do cliente para produzir uma grande quantidade de documentação.
- **Flutuações Cambiais**: Lidar com fornecedores em diferentes regiões pode introduzir flutuações cambiais, afetando a precisão da análise de despesas quando os gastos são convertidos para uma moeda comum.

Metas Futuras

- **Refinamento de Requisitos**: Os departamentos jurídicos podem avaliar a necessidade de republicar diretrizes de faturamento ou redefinir os termos de engajamento para insistir em uma codificação precisa e conformidade. Além disso, considere implementar e aprimorar a revisão automatizada de faturas de eBilling para identificar, ajustar ou rejeitar

cobranças mal codificadas ou inadequadas.
- **Otimização de Custos**: Sinalizar despesas não autorizadas, irregulares ou cobradas de forma inadequada ajuda o departamento jurídico a identificar melhor estratégias eficazes de gestão de despesas.
- **Transparência nas Despesas**: Fornecedores que oferecem distribuições de despesas transparentes e detalhadas podem inspirar confiança em suas práticas de faturamento. Incentive os fornecedores a fornecer descrições abrangentes das despesas para garantir clareza.

Análise de Tendências

- **Mudanças na Distribuição de Despesas**: Com o tempo, a distribuição de despesas pode mudar. A análise de tendências pode destacar essas mudanças, levando a uma investigação das razões subjacentes para que as estratégias possam ser adaptadas conforme necessário.
- **Previsão Orçamentária**: Analisar tendências históricas permite que os departamentos jurídicos façam previsões orçamentárias mais

Tendência de Gastos Totais por Categoria

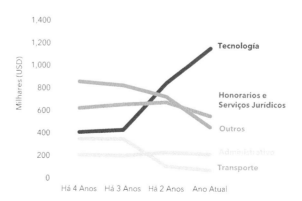

155

precisas. Ao entender como as despesas evoluíram ao longo do tempo, eles podem estimar melhor as necessidades de gastos futuras e alocar recursos adequadamente.

Principais Influenciadores

- **Adoção de Tecnologia**: A introdução e adoção de novas tecnologias ou ferramentas de software para tarefas como e-discovery, ferramentas de pesquisa assistidas por IA ou gestão de documentos e contratos podem levar a mudanças nas despesas relacionadas à pesquisa online, processamento de texto e cópias.
- **Mudanças Regulatórias**: Alterações em regulamentos ou leis podem impactar processos jurídicos e despesas. Por exemplo, novos requisitos de arquivamento ou medidas de conformidade podem resultar em aumentos nas taxas judiciais ou em outras despesas relacionadas.
-

- **Tendências de Trabalho Remoto:** Com o aumento do trabalho remoto, as despesas relacionadas a viagens e refeições podem diminuir, enquanto aquelas associadas a tecnologia e ferramentas de comunicação podem aumentar.
- **Concorrência no Mercado**: O aumento da concorrência na indústria jurídica frequentemente leva a pressões sobre taxas de faturamento e despesas, à medida que escritórios e fornecedores se esforçam para oferecer preços competitivos aos clientes.
- **Eventos Globais**: Eventos globais significativos, como desastres naturais, pandemias ou mudanças geopolíticas, podem impactar várias categorias de despesas. Por exemplo, as despesas de viagem serão afetadas por restrições de viagem durante uma pandemia.

Relatório Resumido de UTBMS (UTBMSR)

O Relatório Resumo do UTBMS (UTBMSR) fornece uma análise detalhada da alocação de trabalho em várias categorias do UTBMS ou Sistema de Gestão Baseado em Tarefas Uniformes. Esses códigos padronizados criam um mapa estruturado do trabalho jurídico, permitindo uma análise precisa. O UTBMSR fornece uma estrutura padronizada para categorizar diversas tarefas e atividades jurídicas.

Tipo	Relatório
Pessoas	
Operações	
Tecnologia	
Dados	

O UTBMSR ilustra de forma rápida e fácil como os advogados externos distribuem seu tempo e recursos ao longo do ciclo de vida do caso. Ao comparar essas alocações entre várias categorias do UTBMS, as organizações podem obter uma visão panorâmica da eficiência operacional e do foco de seus escritórios de advocacia. Isso pode ser fundamental na tomada de decisões sobre seleção de escritórios, alocação de recursos e na estratégia jurídica geral.

Por exemplo, a partir dos dados amostrais, podemos observar que a categoria L200 tem sido amplamente utilizada por vários escritórios. A categoria L200, ou Petições e Moções Pré-Julgamento, é uma categoria principal que possui seis categorias filhas mais específicas (L210-L260).

- Todos os escritórios dedicaram pelo menos 20% de seus esforços à categoria L200. Juntamente com um alto PSLO (Percentual de Resultados de Litígios Bem-Sucedidos), isso pode indicar uma estratégia jurídica sólida ao alcançar consistentemente marcos de sucesso na fase pré-julgamento.
- Thomas & Woo dedicaram 100% de seus gastos e Smeeth & Jones dedicaram 96% de seus gastos à categoria L200, o que pode ser devido a uma anomalia, um erro ou uma especialização.

Principais Considerações:

- É essencial explorar mais a fundo para obter melhores insights do

Porcentagem do Gasto do Fornecedor por Fase						
Escritório de Advocacia	Gasto Total (USD)	L100	L200	L300	L400	L500
Weisz & Associates	122,282	3%	48%	24%	3%	7%
Oma & Steele	265,542	1%	45%	2%		15%
Jim Patio Law Firm	363,559	1%	65%	30%		3%
Prime & Thistlewood	86,546	31%	23%	4%	27%	11%
Smeeth & Jones	221,282	2%	96%	2%		
King Knight LP	349,595	1%	37%	7%	9%	23%
Mildred and Lois LC	43,670	77%	20%	1%		1%
Waterline Associates	607,154		27%	1%	2%	
Thomas & Woo	89,300		100%			

UTBMSR. Por exemplo, concentre-se em uma área de prática ou fornecedor específico ao gerar este relatório. Misturar categorias pode resultar em um relatório confuso que carece de insights acionáveis.

- Tanto as métricas de tempo quanto as financeiras oferecem perspectivas valiosas. Enquanto as métricas de tempo fornecem insights sobre a distribuição do trabalho, as métricas financeiras podem destacar eficiências ou ineficiências de custo.
- Dados limpos e precisos são cruciais para a precisão do UTBMSR. Trabalhe com os fornecedores para treiná-los ou incentivá-los a melhorar sua higiene de faturamento (veja a Análise de Higiene de Faturas (IHA)) para melhorar os dados que você recebe.

Fontes de Dados

Os dados do UTBMSR podem ser obtidos de sistemas de gestão de casos, sistemas de eBilling e faturas manuais.

Filtros

- Caso
- Área de Prática
- Período de Tempo
- Escritório de Advocacia/Fornecedor
- Profissional

Extensões

- **Relatório de Tarefas de Descoberta (DTR):** O UTBMSR pode ser aplicado a várias etapas do projeto; o DTR restringe a análise à fase de Descoberta (L300).

Limitações

- **Precisão dos Dados**: A precisão do UTBMSR depende fortemente da exatidão das faturas coletadas. Classificações incorretas ou dados ausentes podem introduzir imprecisões, potencialmente diminuindo a confiabilidade do relatório. Em casos em que existem lacunas de dados, este relatório pode oferecer um meio para retificar e completar o conjunto de dados.
- **Categorias Personalizadas**: Categorias personalizadas, que variam de cliente para cliente, podem carecer de padronização entre diferentes escritórios de advocacia ou fornecedores. Essa diversidade nas definições de categorias pode complicar a comparação de dados e dificultar os esforços de benchmarking em relação aos padrões da indústria.

> ### (i) DICA
>
> Para mais informações sobre dados de faturas e uma exploração detalhada do processo de revisão de faturas jurídicas, incluindo a detecção de itens de fatura anômalos, os leitores podem consultar o artigo de pesquisa intitulado "Detectando Itens de Fatura Anômalos no Ciclo de Vida de Casos Jurídicos" por Valentino Constantinou e Mori Kabiri. Este artigo fornece insights sobre a aplicação de arquiteturas de modelos de aprendizado de máquina e os desafios enfrentados na detecção de anomalias dentro do ciclo de vida de casos jurídicos.
>
> [1] https://arxiv.org/abs/2012.14511

Metas Futuras

A principal meta futura com o UTBMSR é identificar e investigar anomalias. Por exemplo, veja os dados amostrais na tabela a seguir:

Tempo Gasto por Área de Prática e Fase					
Ano até a Data					
Área de Prática	L100	L200	L300	L400	L500
Serviços de Imóveis	83%				
Venda	86%	5%			
Emprego	15%	5%	18%	1%	
Litígios	37%	14%	24%	1%	
Lesões Pessoais / Corporais	33%	19%	43%	1%	
Ação Judicial	56%	16%	25%		
Condenação	55%	10%	9%	22%	
Transmissão	71%	12%	6%	2%	6%
Litigio Asegurado	32%	21%	42%	1%	
Discriminação	24%	4%	69%	0%	

As seguintes anomalias ou padrões podem ser observados:

- **Alta Concentração em Áreas de Prática Específicas**: As áreas de prática "Imobiliário e Local de Trabalho" e "Venda" apresentam uma porcentagem incomumente alta de tempo alocado à categoria L100, com 83% e 86%, respectivamente. Isso pode indicar que essas áreas de prática estão fortemente focadas nas fases iniciais ou em tarefas associadas ao L100 e podem não estar progredindo para estágios ou tarefas posteriores. Vale a pena investigar se essa é uma prática padrão ou se há um gargalo impedindo que esses casos avancem.

- **Domínio de uma Única Fase**: A área de prática "Discriminação" tem impressionantes 69% do tempo alocado à categoria L300. Isso pode significar que uma parte significativa dos casos de discriminação está centrada em tarefas ou atividades associadas ao L300. Pode ser interessante explorar se isso se deve à natureza dos casos de discriminação ou se há uma razão específica pela qual uma porcentagem tão alta de tempo é dedicada a essa fase.

- **Diferente dos Demais**: A área de prática "Condenação" tem 22% do tempo alocado à categoria L400, o que é notavelmente mais alto do que todas as outras áreas de prática. Isso pode sugerir que as tarefas ou atividades associadas ao L400 são particularmente significativas para os casos de condenação ou que certos itens estão sendo codificados incorretamente

Identificar, investigar e abordar anomalias ou padrões do UTBMSR não apenas melhorará os futuros relatórios do UTBMSR, mas também aprimorará outras métricas e relatórios, incluindo a IHA.

Benchmarking

O benchmarking com outros departamentos

jurídicos permite que as organizações avaliem a eficiência de suas operações jurídicas. Elas podem identificar áreas onde sua alocação de recursos pode ser eficiente em comparação com organizações semelhantes, levando a melhorias nos processos. Os insights obtidos a partir do benchmarking com organizações pares também podem informar a tomada de decisões estratégicas.

Por exemplo, se um departamento jurídico descobrir que alocou significativamente mais recursos para uma categoria específica do que seus pares, pode reconsiderar sua estratégia jurídica ou revisar suas prioridades.

Relatório de Tarefas de Descoberta (DTR)

O Relatório de Tarefas de Descoberta (DTR) apresenta uma análise focada da alocação de tempo e recursos para tarefas de descoberta, que são aspectos críticos de muitos casos jurídicos. Ele complementa o UTBMSR e fornece insights valiosos sobre a eficiência e os custos do processo de descoberta. Este relatório é uma extensão do Relatório Resumido de UTBMS (UTBMSR).

Tipo	Relatório
Pessoas	
Operações	
Tecnologia	
Dados	

Ao restringir o foco à fase de Descoberta, o DTR permite que os departamentos jurídicos monitorem os recursos (em termos de tempo, dinheiro e pessoal) gastos em tarefas de descoberta para diferentes casos, mantendo transparência sobre os gastos e o status. O DTR pode ser segmentado por escritórios de advocacia, funções de profissionais, áreas de prática, casos e períodos de tempo, para obter insights sobre diferentes alocações.

Por exemplo, analisar o tempo faturado pelos sócios para cada tarefa específica de descoberta possibilita comparações mais informadas entre os fornecedores.

Usando o DTR, os departamentos jurídicos podem determinar se certos sócios estão gastando mais tempo do que a média em determinadas tarefas, indicando oportunidades de otimização de custos. Isso também pode capacitar as organizações a definir metas futuras para melhorar a eficiência, reduzir custos, aumentar a precisão e aprimorar a satisfação do cliente. Se você notar altas porcentagens sob L300 ao executar seu UTBMSR, pode usar o DTR para aprofundar a análise e investigar insights mais acionáveis.

Total Faturado por Sócios em Tarefas de Descoberta – L300							
Ano até a Data							
Fornecedor	Gasto Total (USD)	L310	L320	L330	L340	L350	L390
Braga Partners	39,858	43%	29%	9%			19%
Monday Law Group	37,486	10%	3%		72%	15%	
Avon Law Consulting	34,874				100%		
White and Goldstone	10,793	80%	2%	5%		13%	
Weisz & Associates	8,480		10%	55%	10%	15%	10%
Abacus & Bowers	4,387						100%

Análise de Casos com Acordos de Honorários Alternativos (AFAMA)

Os Acordos de Honorários Alternativos (AFAs) podem ser uma abordagem mutuamente benéfica para departamentos jurídicos e seus escritórios de advocacia e fornecedores. Os AFAs representam uma mudança em relação ao modelo tradicional de hora faturável, oferecendo uma maneira mais flexível e colaborativa de estruturar os contratos. Para os departamentos jurídicos, os AFAs proporcionam maior previsibilidade e controle de custos. Eles podem alinhar os gastos jurídicos aos orçamentos de forma mais eficaz e reduzir a incerteza da cobrança por hora. Por outro lado, os prestadores de serviços jurídicos se beneficiam dos AFAs ao fomentar relações mais fortes com os clientes.

Tipo	Relatório
Pessoas	
Operações	
Tecnologia	
Dados	

O Relatório de Análise de Casos com Acordos de Honorários Alternativos (AFAMA) desempenha um papel crucial, fornecendo uma visão abrangente dos casos e projetos tratados em várias categorias de AFA. Ao examinar fatores como custos totais, arranjos de honorários específicos utilizados (por exemplo, taxas fixas, honorários de sucesso,

Gasto dos Profissionais por Área de Prática (USD)
Ano até a Data

Nome do Caso	Categoria do Caso	Idade (Meses)	Advogado Principal	Estimativa vs. Real (USD)	Escritório	Arranjo de Honorários	Resultado
Cascade contra Quasar	Litígios	14	Carter, Nicholas	450K vs. 480K	Escritório de Advocacia Bianchi	Limite de Honorários	Positivo
Fusão Lexington	Fusões e Aquisições	9	Bennet, Olivia	310K vs. 320K	Escritório de Advocacia Bianchi	Taxa Integrada	Positivo
Contratos Estelares	Contrato	7	Sullivan, Omar	280K vs. 283K	Escritório de Advocacia Bianchi	Retenção	Positivo
Energia Zenith	Licenças	12	Fisher, Halle	260K vs. 268K	Del Valle Abogados	Honorários Contingentes	Negativo
Tributação Beacon	Tributação	10	Green, Robert	265K vs. 267K	Grupo Legal Barrera	Limite de Honorários	Negativo
Comércio Solsticial	Litígios	8	Robinson, Linda	200K vs. 203K	Ibáñez & Inga Avogados	Tarifa Fixa	Pendente
Tecnologia Equinócio	Licenças	11	Benitez, Mateo	175K vs. 179K	Advogados Arana e Ayala	Retenção	Pendente
Cascade contra Nexus	Litígios	15	Duarte, Ricky	90K vs. 95K	Escritório Jurídico Espinosa	Honorários Contingentes	Acordo
Nova Product	Responsabilidade	6	Ford, Daniel	75K vs. 77K	Escritório de Advocacia Bianchi	Tarifa Fixa	Negativo
Fusão Celestial	Estratégia	5	Garret, Sabrina	58K vs. 59K	Juárez & Justo Advogados	Tarifa Fixa	Acordo

taxas limitadas, etc.) e os resultados dos casos resultantes, os departamentos jurídicos podem tomar decisões baseadas em dados sobre quais AFAs são mais adequados para diferentes tipos de casos e projetos.

Os insights de um relatório AFAMA podem ajudar os departamentos jurídicos a encontrar um equilíbrio entre controle de custos e qualidade de serviço, garantindo que as estruturas de honorários escolhidas estejam alinhadas com seus objetivos únicos. Assim, o relatório AFAMA contribui para o sucesso mútuo dos departamentos jurídicos e seus prestadores de serviços, promovendo transparência, colaboração e eficiência de custos nas contratações jurídicas.

Fontes de Dados

Os dados do AFAMA podem ser obtidos de sistemas de gestão de casos, sistemas de eBilling e faturas manuais.

Filtros

- Área de Prática/Tipo de Caso
- Tipo de AFA
- Localização/Jurisdição
- Resultado
- Escritório de Advocacia/Fornecedor

Limitações

- **Dados Incompletos**: Em alguns sistemas, as faturas de AFA podem não ser facilmente identificáveis, tornando desafiador criar um relatório AFAMA abrangente. Para resolver isso, você pode analisar faturas individuais em busca de padrões que sugiram AFAs, como menos itens de linha com cobranças substanciais.
- **Falta de Detalhes**: As AFAs muitas vezes carecem de desagregações

detalhadas das tarefas, tornando mais difícil determinar exatamente quais serviços foram realizados ou avaliar o progresso e a qualidade até que o trabalho esteja completo. Solicitar faturas "shadow[8]" dos fornecedores pode oferecer uma visão mais detalhada do trabalho e dos custos, melhorando a transparência.

Análise de Tendências

- **Orçamentação e Previsão**: As tendências do AFAMA são valiosas para avaliar a precisão orçamentária. Ao comparar os custos estimados com as despesas reais ao longo do tempo, os departamentos jurídicos podem identificar áreas onde seus processos orçamentários podem precisar de ajustes. Isso ajuda a refinar as estimativas orçamentárias para casos futuros, garantindo que os recursos financeiros sejam alocados de forma eficaz.
- **Tomada de Decisão Estratégica**: O relatório AFAMA pode ajudar a determinar se arranjos de honorários específicos são rentáveis ou se precisam ser renegociados. Os departamentos jurídicos podem usar esses dados para alocar melhor os casos a escritórios ou advogados com base no desempenho passado, otimizando a alocação de recursos.
- **Avaliação de Desempenho**: Revisar regularmente o relatório AFAMA melhora a avaliação do desempenho do advogado externo. Isso garante que os recursos investidos em serviços externos gerem retornos ao atender às

---

[8] Shadow Invoice: Fatura paralela fornecida pelos prestadores de serviços que detalha o trabalho realizado e as horas dedicadas, mas sem o objetivo de cobrança formal. É usada para monitorar e analisar custos de forma mais detalhada, sem impacto financeiro imediato.

expectativas de qualidade e eficiência.

- **Negociação Aprimorada**: Equipado com dados históricos de gastos, resultados de casos e insights sobre a eficiência de vários escritórios e advogados, o departamento jurídico pode participar de negociações mais estratégicas. Isso inclui negociar termos contratuais favoráveis, serviços com valor agregado e arranjos de honorários que se alinhem aos objetivos e metas financeiras do departamento.

Benchmarking

O benchmarking do AFAMA pode ajudar na otimização de custos ao identificar as estruturas de honorários que oferecem o melhor valor enquanto mantêm a qualidade do serviço. Também permite a avaliação de desempenho do advogado externo em diferentes modelos de honorários, ajudando os departamentos jurídicos a selecionar escritórios que consistentemente entregam resultados de qualidade e custo-efetivos.

Além disso, o benchmarking do AFAMA facilita a tomada de decisões informadas, orientando os departamentos jurídicos sobre quando implantar estruturas de honorários específicas para diferentes tipos de casos. Ele fortalece os esforços de negociação com dados históricos de desempenho de AFA, aumentando o poder de barganha e a equidade nas discussões sobre arranjos de honorários. Essa abordagem garante que as estruturas de honorários estejam alinhadas com os objetivos estratégicos, promovendo transparência, mitigação eficaz de riscos e melhoria contínua.

Gastos por Profissional por Área de Prática (TSPA)

A métrica de Gastos de Profissionais por Área de Prática (TSPA) oferece uma análise detalhada dos gastos jurídicos em várias áreas de prática, segmentadas por funções específicas de profissionais. Ao avaliar os gastos associados a funções como Sócio, Associado, Assistente Jurídico, Consultor e outras dentro de cada área de prática, essa métrica fornece uma visão abrangente de como os recursos jurídicos e os orçamentos são alocados.

Gasto dos Profissionais por Área de Prática (USD) Ano até a Data					
Área de Prática	Sócio	Associado	Assistente Jurídico	Consultor	Outros
Litígios	4,951,678	3,131,375	124,218	1,282,777	767,429
Transações	2,403,815	2,270,673	22,786	458,380	674
Imóveis	2,293,414	1,550,585	170,848	216,973	65,799
Fusões e Aquisições	2,293,414	1,550,585	170,848	216,973	65,799
Litígios Segurados	1,621,667	591,311	89,668	233,157	39,159
Comercial	1,621,667	591,311	89,668	233,157	39,159
Finanças	493,148	214,332	519	183,435	-
Impostos	228,680	81,545	153	3,230	2,363
Regulatório	109,546	17,481	5,348	2,639	-

A TSPA permite que os departamentos jurídicos identifiquem áreas onde os recursos estão sendo alocados de forma desproporcional. Ao analisar os gastos dos Profissionais, eles podem obter insights que os informam sobre como reatribuir tarefas e responsabilidades para otimizar a utilização de recursos e reduzir custos. Além disso, ao entender quais áreas de prática consomem mais recursos, eles podem alocar os recursos orçamentários de acordo e evitar excessos de gastos.

A TSPA também pode ser utilizada para avaliar o desempenho dos Profissionais e o desempenho das áreas de prática, ajudando a identificar advogados ou equipes que são mais eficientes ou econômicos na gestão de casos jurídicos.

Fontes de Dados

Os dados do TSPA podem ser obtidos de sistemas de gestão de casos, sistemas de eBilling, faturas manuais e dados de sistemas de rastreamento de tempo.

Filtros

- Período de Tempo
- Escritório de Advocacia/Fornecedor
- Unidade de Negócio

Extensões

- **Gastos dos Profissionais por Localização (TSL):** Uma perspectiva expandida que detalha as despesas de cada área de prática por localização, oferecendo insights sobre as variações regionais nos gastos jurídicos.

Limitações

- **Precisão dos Dados**: Faturas consistentes e claras que detalham a função do Profissional, a área de prática e o valor correspondente são imprescindíveis para gerar um TSPA preciso.
- **Variação de Honorários**: Ao categorizar os gastos por funções e áreas de prática, o TSPA não captura a possível variação nas cobranças pelos mesmos papéis em diferentes áreas de prática.

Metas Futuras

- **Otimização da Alocação de Tarefas**: Identificar oportunidades para redistribuir tarefas visando eficiência de custos. Por exemplo, se uma área de prática específica tem uma alta participação de Profissionais sócios, avalie se algumas tarefas poderiam ser transferidas para associados ou paralegais sem comprometer a qualidade.
- **Acordos de Honorários Alternativos (AFAs)**: Se certas áreas de prática são consistentemente caras, independentemente da função do profissional, pode ser prudente explorar AFAs, como taxas fixas, taxas limitadas ou incentivos baseados em desempenho para gerenciar e prever melhor os gastos jurídicos.
- **Colaboração entre Práticas**: Incentivar a colaboração para compartilhar conhecimentos, melhores práticas e recursos. Isso pode levar a um tratamento mais eficiente de questões jurídicas e à economia de custos.

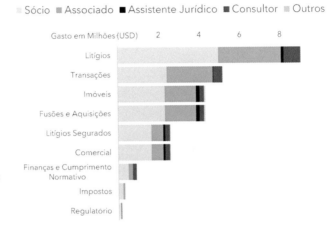

Análise de Tendências

- **Comparação de Gastos Ano a Ano**: Um aumento consistente nos gastos de uma área de prática específica pode indicar uma demanda crescente ou a complexidade dos casos, enquanto uma tendência de queda pode sugerir melhorias na eficiência ou uma mudança nas operações comerciais que afetam os requisitos jurídicos.
- **Mudança na Distribuição de Funções**: Monitorar como a distribuição de funções muda ao longo do tempo em cada área de prática pode destacar preferências ou requisitos em evolução. Por exemplo, uma tendência de maior envolvimento de associados ou paralegais em áreas de prática tradicionalmente dominadas por sócios pode indicar iniciativas de treinamento bem-sucedidas, estratégias de controle de custos ou a adoção de novas tecnologias, como IA especializada ou software jurídico.

- **Foco na Área de Prática**: Uma análise de tendências também pode indicar quais áreas de prática estão ou estão se tornando mais centrais para o negócio devido a mudanças regulatórias, alterações no mercado ou decisões estratégicas de negócios.

Gasto por Profissional por Localização (TSL)

A métrica de Gastos dos Profissional por Localização (TSL) oferece uma análise geográfica das despesas jurídicas, segmentada por funções específicas dos profissionais. Como uma extensão da métrica de Gastos por Profissional por Área de Prática (TSPA), o TSL aprofunda a distribuição regional dos custos jurídicos, fornecendo

Tipo	RI
Pessoas	■■■
Operações	■■
Tecnologia	■■■
Dados	■■■

insights sobre como diferentes regiões ou jurisdições influenciam os gastos jurídicos totais.

Gasto por Profissional por Localização (USD) Ano Até a Data					
Localização	Sócio	Associado	Assistente Jurídico	Consultor	Outros
California	5,491,124	3,412,782	112,341	713,945	482,716
New York	4,022,473	2,874,215	91,276	592,172	382,671
Texas	1,813,429	1,191,341	73,642	208,657	136,942
Florida	1,197,682	804,929	103,892	284,517	85,429
Illinois	978,543	1,486,518	29,157	122,948	127,584
Pennsylvania	711,316	398,274	87,428	176,371	98,376
Ohio	615,482	721,593	68,973	134,762	89,642
Georgia	212,671	912,518	78,249	118,384	82,431
North Carolina	404,293	111,475	52,982	305,716	73,285
Michigan	208,572	204,891	217,382	94,847	66,918
Washington	196,754	118,578	67,854	86,527	258,547
Massachusetts	214,285	297,672	39,275	78,348	48,652
Idaho	188,970	103,011	49,967	69,282	37,632

A métrica TSL pode ser utilizada para obter insights sobre:

- **Dinâmicas Regionais**: Ao entender a distribuição dos gastos em diferentes locais, os departamentos jurídicos podem discernir como as taxas de mercado locais, as especializações jurídicas e a demanda regional por serviços jurídicos impactam seus orçamentos.

- **Planejamento Estratégico**: Essa métrica ajuda na previsão de orçamentos para cada local, garantindo que recebam suporte adequado sem excessos de gastos. Também auxilia na identificação de regiões onde os serviços jurídicos podem ser mais econômicos ou onde há uma demanda maior por expertise jurídica especializada.

- **Eficiência Operacional**: Ao comparar os custos de diferentes funções de Profissionais em diferentes locais, as organizações podem identificar potenciais ineficiências ou áreas que requerem atenção adicional. Isso pode guiar decisões relacionadas à contratação, terceirização ou até mesmo ao estabelecimento de novas operações jurídicas em regiões específicas.

Índice de Satisfação com Fornecedores e Escritórios de Advocacia (VSI)

O Índice de Satisfação com Fornecedores e Escritórios de Advocacia (VSI) serve como uma avaliação quantitativa da satisfação do departamento jurídico com os serviços oferecidos por todos os parceiros externos. Ele pode abranger vários critérios, incluindo, mas não se limitando a, responsividade, custo-efetividade, comunicação, expertise, profissionalismo e qualidade geral do serviço.

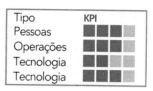

Tipo	KPI
Pessoas	
Operações	
Tecnologia	
Tecnologia	

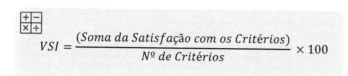

$$VSI = \frac{(Soma\ da\ Satisfação\ com\ os\ Critérios)}{N^{\underline{o}}\ de\ Critérios} \times 100$$

Índice de Satisfação com Fornecedores

87% ☺

A pontuação do VSI é determinada agregando as avaliações de satisfação para cada critério coletadas a partir de pesquisas (veja as Fontes de Dados abaixo), e, em seguida, dividindo pelo número de critérios.

$$Exemplo: \frac{609}{700} \times 100 = 87\%$$

Fontes de Dados

Use pesquisas para coletar insights valiosos sobre o desempenho dos fornecedores de sua equipe jurídica interna. Aqui está um exemplo:

1. **Custo-efetividade (0-10)**: Quão satisfeito você está com a custo-efetividade dos serviços prestados por [Escritório/Fornecedor]? Considere fatores como o alinhamento dos custos com a qualidade do serviço e os resultados.
2. **Comunicação (0-10)**: Avalie sua satisfação com a comunicação e a responsividade de [Escritório/Fornecedor]. Pense sobre quão eficaz e rápida é a comunicação deles, como respondem a perguntas e como

mantêm você informado.
3. **Especialização (0-10)**: Quão satisfeito você está com a especialização e o conhecimento demonstrados por [Escritório/Fornecedor] em sua área? Reflita sobre a profundidade do conhecimento jurídico e da indústria deles e como isso se aplica às suas necessidades.
4. **Gestão do Relacionamento (0-10)**: Quão satisfeito você está com a capacidade de [Escritório/Fornecedor] de gerenciar e promover um relacionamento de trabalho positivo? Considere os esforços deles para construir confiança, colaboração e abordar suas preocupações.
5. **Pontualidade (0-10)**: Quão satisfeito você está com a pontualidade de [Escritório/Fornecedor] em relação às entregas? Pense sobre a rapidez com que eles entregam trabalhos de

qualidade e respondem a suas perguntas ou solicitações.

6. **Profissionalismo (0-10))**: Quão satisfeito você está com o profissionalismo e a conduta de [Escritório/Fornecedor] ao longo de suas interações? Considere a postura deles, a ética e a aderência aos padrões e melhores práticas da indústria.

7. **Taxa de Sucesso (0-10)**: Quão satisfeito você está com a taxa de sucesso ou os resultados alcançados através dos serviços de [Escritório/Fornecedor]? Reflita sobre a eficácia das estratégias deles e os resultados obtidos.

Filtros

- Escritório de Advocacia/Fornecedor
- Área de Prática
- Unidade de Negócio
- Período de Tempo

Limitações

- **Falta de Dados**: Os dados de feedback são difíceis de coletar. A falta de dados devido a desafios na coleta ou rastreamento preciso do feedback ao longo do tempo pode impactar a precisão do VSI. A coleta de feedback em tempo hábil após o fechamento do caso é crucial para garantir respostas de pesquisa mais confiáveis.

- **Tamanho da Amostra**: Outra limitação está relacionada à variabilidade nos tamanhos das amostras entre diferentes casos ou jurisdições. Em certos casos, pode haver um número substancial de casos para coletar feedback, enquanto em outros, o tamanho da amostra pode ser comparativamente menor. Lidar com essas variações no tamanho da amostra requer consideração cuidadosa para

garantir avaliações de desempenho justas e significativas.

- **Viés de Resposta**: As classificações podem ser suscetíveis a viés de resposta. Alguns membros da equipe podem ter relações pessoais com indivíduos do escritório de advocacia, o que pode impactar as classificações e não refletir totalmente o desempenho do fornecedor.

Metas Futuras

- **Consolidação e Otimização de Fornecedores:** Se você observar consistentemente altas ou baixas pontuações de satisfação para um determinado escritório de advocacia, receber feedback do seu departamento jurídico sobre o desempenho deles pode ser benéfico para considerar a consolidação de fornecedores.

> ### ⓘ DICA
>
> Embora o cálculo básico do VSI forneça uma média simples das classificações de satisfação entre os critérios, alguns departamentos jurídicos podem identificar certos critérios como mais críticos do que outros. Se você deseja refletir isso em seu VSI, considere atribuir pesos a cada critério com base em sua importância. Por exemplo, se "responsividade" for considerada duas vezes mais importante do que "comunicação", ela poderia receber um peso de 2, enquanto "comunicação" mantém um peso de 1. Após atribuir os pesos, multiplique a classificação de satisfação de cada critério pelo seu peso, some as classificações ponderadas e, em seguida, divida pelo total dos pesos para calcular um VSI ponderado. Essa abordagem garante que a pontuação do VSI reflita mais precisamente as prioridades e os valores de seu departamento jurídico.

- **Decisões Estratégicas:** Ao analisar o VSI, os departamentos jurídicos podem notar que a classificação de "custo" é particularmente alta, o que significa que o preço é acessível, enquanto a "expertise" é baixa. Usando essa informação, pode ser prudente considerar um aumento orçamentário e usá-lo para negociar melhores recursos. No ano seguinte, nas pesquisas de satisfação de fornecedores, sua equipe pode notar que a "expertise" aumentou significativamente, mas a satisfação com o "custo" diminuiu, pois os escritórios de advocacia estão agora usando recursos mais caros.

- **Revisão Anual:** Revisões anuais regulares do índice de satisfação são essenciais para acompanhar as mudanças ao longo do ano. Métricas como "pontualidade," "profissionalismo" e "comunicação" estabelecem expectativas básicas e devem ser abordadas se houver quaisquer deficiências. Para áreas especializadas como "vitória ou derrota" e "expertise," associadas a

Tendência de Satisfação com Escritórios de Advocacia e Fornecedores

87%

Antes da Decisão Estratégica

100%
90%
80%
70%
60%
50%
40%
30%

Há 4 Anos   Há 3 Anos   Há 2 Anos   Ano Passado   Este Ano

custos potencialmente mais altos, alternativas econômicas ou consolidação podem ser exploradas. Essas revisões garantem alinhamento com prioridades em evolução, promovem a melhoria contínua e aprimoram as parcerias com fornecedores e escritórios de advocacia.

Índice de Satisfação do Fornecedor
Ano Passado

Índice de Satisfação do Fornecedor
Ano Atual

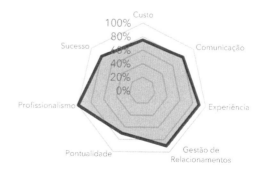

Principais Influenciadores

- **Mudanças nos Objetivos da Organização**: Quando os objetivos e prioridades da empresa mudam, o peso atribuído a diferentes métricas dentro do índice de satisfação também pode mudar. Por exemplo, se a empresa decide priorizar custo e pontualidade, um aumento de 10% nessas áreas terá maior significância em comparação com um aumento de 20% na gestão do relacionamento.

- **Mudanças Regulatórias**: Alterações nas regulamentações legais ou requisitos de conformidade podem afetar as expectativas de desempenho em relação a fornecedores e escritórios de advocacia. Por exemplo, novas leis de privacidade de dados podem exigir níveis mais altos de especialização e conformidade dos prestadores de serviços jurídicos, levando a mudanças nos critérios de especialização.

Colaborações Interdepartamentais

A colaboração eficaz estreita a lacuna entre os departamentos jurídicos e outras unidades de negócios. Este capítulo aborda parâmetros que reforçam a importância e o impacto da comunicação interdepartamental e de iniciativas conjuntas.

Índice de Satisfação do Cliente (CSI)

O Índice de Satisfação do Cliente (CSI) é uma medida abrangente que quantifica o nível de satisfação dos clientes com o departamento jurídico. Ele funciona como um indicador da qualidade, eficiência e eficácia geral dos serviços jurídicos prestados e dos pedidos resolvidos pelo departamento jurídico.

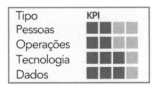

Tipo	KPI
Pessoas	
Operações	
Tecnologia	
Dados	

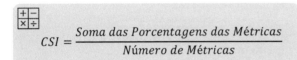

$$CSI = \frac{Soma\ das\ Porcentagens\ das\ Métricas}{Número\ de\ Métricas}$$

O CSI é derivado de várias métricas que capturam diferentes aspectos da satisfação do cliente. Os fatores podem incluir capacidade de resposta, qualidade do aconselhamento, compreensão das necessidades do negócio, custo-benefício e outros. As métricas são geralmente avaliadas por meio de classificações em pesquisas de feedback de clientes ou entrevistas.

Ao aprofundar esses diversos aspectos da satisfação do cliente, o CSI oferece uma perspectiva detalhada sobre o desempenho dos serviços jurídicos. Ele permite que o departamento jurídico identifique áreas de excelência e oportunidades de melhoria. Além disso, o CSI promove a comunicação, o que fortalece a colaboração, a confiança e o foco em entregar serviços jurídicos que estejam sempre alinhados com as expectativas dos clientes e os objetivos de negócios.

Por exemplo, com base em uma pesquisa de CSI realizada, um departamento jurídico descobre que os clientes atribuem as seguintes classificações: Custo: 95%, Comunicação: 50%, Expertise: 90%, Gestão de Relacionamento: 60%, Pontualidade: 70% e Profissionalismo: 75%. O CSI resultaria em 73%, indicando que, em média, os clientes estão 73% satisfeitos com o departamento jurídico nos seis critérios avaliados.

Índice de Satisfação do Cliente

73% ☺

Fontes de Dados

Os dados do CSI podem ser obtidos por meio de diferentes fóruns de feedback. O gráfico de exemplo ilustra os resultados de uma avaliação que abrange seis elementos identificados pelo departamento jurídico

Feedback Geral dos Clientes

como critérios relevantes.

- **Pesquisas de Feedback**: As pesquisas podem ser distribuídas entre os clientes para oferecer uma abordagem estruturada para reunir insights sobre aspectos específicos da satisfação do cliente.

- **Entrevistas ou Discussões**: Engajar-se em conversas diretas com os clientes permite documentar com mais profundidade suas experiências, preocupações e perspectivas em relação aos serviços jurídicos prestados.

Exemplo de Perguntas de Pesquisa de CSI:

1. **Satisfação Geral (0-10)**: Quão satisfeito você está com os serviços jurídicos fornecidos pelo departamento jurídico ou advogados externos/fornecedores no último ano?
2. **Capacidade de Resposta (0-10)**: Quão satisfeito você está com a capacidade de resposta do departamento jurídico ou advogados externos/fornecedores aos seus pedidos e consultas?
3. **Expertise (0-10)**: Quão satisfeito você está com a qualidade e relevância do aconselhamento jurídico e das soluções fornecidas para atender às suas necessidades?
4. **Compreensão das Necessidades do Negócio (0-10)**: Em que medida você sente que o departamento jurídico ou advogados externos/fornecedores compreendem e alinham seus serviços com seus objetivos e prioridades de negócios?
5. **Custo (0-10)**: Quão satisfeito você está com o custo-benefício dos serviços jurídicos fornecidos, considerando o valor entregue em relação aos custos incorridos?
6. **Comunicação (0-10)**: Quão satisfeito você está com a clareza, pontualidade e eficácia da comunicação do departamento jurídico ou advogados externos/fornecedores?
7. **Colaboração (0-10)**: Quão satisfeito você está com o nível de colaboração e trabalho em equipe demonstrado pelo

departamento jurídico ou advogados externos/fornecedores no apoio às suas necessidades jurídicas?
8. **Pontualidade (0-10)**: Quão satisfeito você está com o tempo necessário para o departamento jurídico ou advogados externos/fornecedores resolverem seus casos e solicitações jurídicas?
9. **Gestão de Relacionamento (0-10)**: Quão satisfeito você está com a capacidade do departamento jurídico ou advogados externos/fornecedores de gerenciar efetivamente relacionamentos e resolver quaisquer questões ou desafios jurídicos que surgirem?
10. **Profissionalismo (0-10)**: Quão satisfeito você está com o profissionalismo, os padrões éticos e a conduta exibida pelo departamento jurídico ou advogados externos/fornecedores ao entregar suas interações e serviços?

Tendência de Satisfação dos Clientes

Filtros

- Área de Prática
- Localização/Jurisdição
- Unidade de Negócios

Limitações

- **Subjetividade**: A satisfação do cliente é uma medida subjetiva influenciada por preferências individuais, experiências e percepções de valor. É importante considerar o contexto e garantir o anonimato, para que os clientes se sintam mais à vontade para fornecer respostas objetivas.

- **Viés de Resposta**: As classificações podem ser suscetíveis a viés de resposta, onde apenas clientes muito satisfeitos ou muito insatisfeitos fornecem feedback extremo, que pode não refletir o sentimento médio.

- **Dados Limitados**: Obter feedback de todos os clientes atendidos pode ser um desafio, potencialmente resultando em uma amostra limitada ou representação tendenciosa.

- **Tamanho da Amostra**: Os dados podem não ser totalmente representativos se o feedback for obtido de apenas alguns indivíduos ou representantes de clientes. Por exemplo, se o feedback for recebido de uma única pessoa em uma unidade de negócios que expressa total satisfação, isso não significa necessariamente que o serviço do departamento jurídico seja impecável. Coletar feedback de uma gama diversificada de clientes e departamentos ajuda a garantir um CSI mais abrangente e preciso.

Metas Futuras

- **Satisfação**: Busque melhorar continuamente as classificações médias de satisfação, investigando e abordando áreas identificadas para melhoria.

- **Foco em Áreas-Chave**: Defina metas para melhorar a satisfação em áreas-chave com base no feedback geral, como capacidade de

resposta, comunicação ou qualidade do aconselhamento.

- **Relacionamento com Fornecedores**: Fortaleça as relações com advogados externos/fornecedores, compartilhando preocupações dos clientes, abordando questões dos fornecedores, alinhando expectativas e implementando iniciativas para melhorar a colaboração e a comunicação.

Principais Influenciadores:

- **Melhorias na Prestação de Serviços**: Qualquer aprimoramento na qualidade, capacidade de resposta ou pontualidade dos serviços fornecidos pelos advogados externos/fornecedores pode influenciar significativamente as classificações de satisfação dos clientes.

- **Necessidades em Evolução dos Clientes**: Acompanhar as preferências dos clientes e as dinâmicas do setor pode exigir ajustes na abordagem, expertise ou oferta de serviços, o que pode impactar diretamente os níveis de satisfação.

- **Carga de Trabalho e Níveis de Engajamento**: O volume e a complexidade das solicitações e projetos que envolvem o departamento jurídico podem impactar diretamente a satisfação dos clientes. Gerenciar efetivamente esses compromissos é essencial para manter altos níveis de satisfação.

Solicitações Recebidas pelo Departamento Jurídico (ILDR)

Para avaliar efetivamente o desempenho do departamento jurídico e a satisfação dos clientes, é útil rastrear as reclamações e solicitações recebidas, juntamente com fatores relacionados, como o status das solicitações pendentes, o número de reclamações resolvidas, litígios originados de reclamações e o tempo necessário para resolver questões ou atender às solicitações. Esses insights podem fornecer uma compreensão mais profunda da eficiência, capacidade de resposta e da habilidade do departamento jurídico em resolver prontamente as preocupações da empresa.

Tipo	Métrica
Pessoas	
Operações	
Tecnologia	
Dados	

A conclusão oportuna e eficiente das tarefas jurídicas é essencial para o sucesso e a reputação do departamento jurídico e, portanto, crucial para o sucesso e a saúde financeira da organização. Quaisquer atrasos, falta de resposta ou comportamento não colaborativo do departamento jurídico podem comprometer a reputação da empresa, negócios com clientes, parcerias e muito mais, potencialmente resultando em perdas financeiras e de reputação.

A métrica de Solicitações Recebidas pelo Departamento Jurídico (ILDR) ressalta a importância da gestão eficaz de projetos, da alocação inteligente de recursos e da forte colaboração dentro do departamento jurídico. Ao promover esses elementos, os departamentos jurídicos podem garantir a execução perfeita de objetivos, gerando resultados positivos para a organização e atuando como um parceiro confiável para outras unidades de negócios.

Fontes de Dados

- Software Jurídico e/ou o Sistema de Gestão de Casos
- Sistemas de Relatório e Gestão de Reclamações ou Incidentes
- Registros de Reclamações de RH
- Sistemas de Relacionamento/Gestão de Atendimento ao Cliente e Vendas

Número de Reclamações e Solicitações Endereçadas ao Jurídico

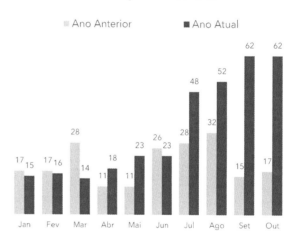

Filtros

- Tipo de Solicitação
- Origem da Solicitação
- Frequência da Solicitação
- Localização/Jurisdição
- Unidade de Negócios/Cliente

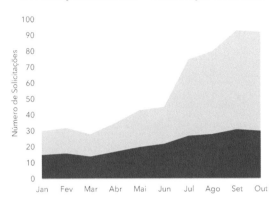

Solicitações ao Departamento Jurídico
Ano Atual

■ Solicitações Resolvidas   ▨ Solicitações Recebidas

Limitações

- **Dados Incompletos**: Alguns clientes podem optar por não registrar uma reclamação, mesmo se estiverem insatisfeitos, enquanto outros podem registrar múltiplas reclamações sobre o mesmo problema.
- **Dados Enganosos**: Os dados podem ser influenciados por fatores fora do controle do departamento jurídico, como inconsistências humanas, emoções, comportamento irracional, condições econômicas externas e mudanças nas leis ou regulamentos.
- **Falta de Contexto**: Os dados podem não fornecer contexto suficiente para entender as razões subjacentes das reclamações ou as áreas específicas que necessitam de melhorias.
- **Falha em Capturar Feedback Positivo**: Muitas vezes, os dados capturam predominantemente feedbacks negativos e podem não oferecer uma visão completa da satisfação dos clientes ou da qualidade dos serviços jurídicos prestados. Feedbacks positivos fornecem insights valiosos sobre o

que o departamento jurídico está fazendo bem e deve continuar.

- **Dificuldade em Comparação de Benchmark**: Pode ser difícil estabelecer benchmarks com outros departamentos jurídicos ou padrões do setor, já que diferentes organizações podem ter métodos de relato ou critérios de definição de reclamação distintos e podem não querer compartilhar feedbacks internos, estratégias ou escopo com concorrentes.

Metas Futuras

- Redução no número de reclamações registradas.
- Aumento na resolução de reclamações e satisfação com as resoluções.
- Melhoria na satisfação e experiência dos clientes.
- Aperfeiçoamento da gestão de projetos e tratamento de riscos e disputas jurídicas.
- Melhoria na reputação do departamento jurídico.

Análise de Tendências

A análise de tendências do ILDR ajuda a medir a eficácia, identificar áreas potenciais para melhorias, gerenciar compliance e riscos,

Solicitações e Reclamações por Advogado
Ano Atual

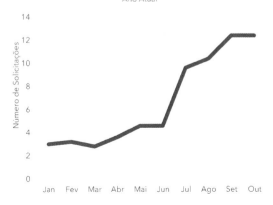

controlar custos e administrar a reputação do departamento jurídico (e da organização). Chefes de departamentos jurídicos podem usar o ILDR para descobrir as causas subjacentes das flutuações de desempenho.

Por exemplo, se o ILDR mostrar que o número de reclamações dobrou nos últimos seis meses, enquanto o departamento jurídico continua operando com o mesmo número de advogados, pode-se concluir que a demanda atual sobre o departamento jurídico ou a carga de trabalho pode estar sobrecarregando a equipe, resultando em possíveis atrasos ou clientes insatisfeitos. Com essas informações, os chefes de departamento podem usar essa narrativa convincente para justificar discussões com a alta gestão sobre a alocação de recursos e orçamento, destacando a necessidade urgente de contratar mais advogados internos, envolver consultorias externas ou investir em tecnologia jurídica para gerenciar melhor o aumento da demanda por serviços. Ao utilizar os dados do ILDR, o departamento jurídico é capacitado para defender o que precisa para melhorar a eficiência, a satisfação do cliente e manter o compromisso com a prestação de serviços de alta qualidade.

Principais Influenciadores

- **Evolução**: Metodologias ou ferramentas de gestão de projetos em evolução podem afetar a forma como os projetos são planejados, executados e monitorados. Mudanças nas prioridades e objetivos estratégicos dentro da organização podem influenciar o foco e a natureza dos projetos realizados pelo departamento jurídico.
- **Inovação**: Avanços tecnológicos e a adoção de automação e software podem permitir uma gestão de projetos mais ágil e melhorar a eficiência no tratamento de reclamações/solicitações.
- **Expectativas**: Mudanças nas expectativas e demandas dos clientes podem levar a diferentes tipos de reclamações/solicitações e requisitos de projeto.
- **Reestruturação**: Reestruturação organizacional ou mudanças departamentais que impactam a colaboração e a coordenação de projetos e o tratamento de reclamações/solicitações dentro do departamento jurídico.
- **Fatores Externos**: Condições econômicas, tendências de mercado ou eventos geopolíticos podem influenciar o volume e a natureza dos projetos e das reclamações/solicitações.

Tempo de Resolução em Solicitações ao Departamento Jurídico (LDRRT)

O Tempo de Resolução em Solicitações ao Departamento Jurídico (LDRRT) quantifica o tempo necessário para que o departamento jurídico atenda e resolva as solicitações recebidas de diversas equipes dentro da organização. Essas solicitações podem abranger uma variedade de necessidades, desde a geração de contratos até consultorias jurídicas e outras demandas.

Tipo	KPI
Pessoas	
Operações	
Tecnologia	
Dados	

$$\frac{(Soma\ do\ Tempo\ Médio\ de\ Espera\ +\ Média\ de\ Dias\ para\ Atendimento)}{Número\ de\ Itens}$$

O LDRRT desempenha um papel específico e significativo na avaliação da eficiência e eficácia das operações do departamento jurídico. Ele reflete a capacidade de resposta do departamento às necessidades de seus "clientes", que incluem outros departamentos, unidades de negócios ou indivíduos dentro da organização. Quanto mais rapidamente as solicitações são atendidas e resolvidas, mais ágil e apoiador o departamento jurídico parecerá, contribuindo para uma operação empresarial mais eficiente.

Tempo Médio do Ciclo

10 dias

Para calcular, primeiro determine o tempo médio necessário para iniciar o atendimento de uma solicitação (Tempo Médio de Espera) e, em seguida, o tempo médio necessário para resolver e concluir a solicitação (Média de Dias para Atendimento). Some e divida o total pelo número de solicitações. O LDRRT é uma métrica valiosa para avaliar a eficiência e gerenciar o fluxo de trabalho.

Fontes de Dados

Os dados podem ser obtidos de uma combinação do sistema de gestão de casos, ferramentas de fluxo de trabalho, registros de comunicação e relatórios do departamento.

Filtros

- Tipos de Solicitações

Solicitações ao Departamento Jurídico Ano até a Data			
Descrição da Solicitação	Tempo Médio de Espera (Dias)	Dias Médios para Conclusão	Tempo Total do Ciclo
Suporte à Resolução de Disputas	2	14	16
Revisão de Políticas	4	8	12
Revisão de Contratos	4	7	11
Negociação de Contratos	3	8	11
NDA	2	6	8
Consultoria Jurídica	4	2	6
Consultoria e Assessoria de Escritório de Advocacia	1	2	3
Média da Coluna	3	7	10

- Unidade de Negócio
- Período de Tempo
- Urgência da Solicitação
- Complexidade

Solicitações do Departamento Jurídico
Ano até a Data

Tempo Médio de Espera ■ Dias Médios para Conclusão

Extensões

- **Tempo Médio de Revisão de Contratos (CRT):** Uma análise adicional que foca exclusivamente na revisão de contratos, avaliando o tempo necessário para revisar contratos dentro do departamento jurídico. Esta extensão fornece insights sobre a eficiência do processo de revisão de contratos, identificando gargalos e oportunidades de otimização.
- **Número de Contratos Concluídos (NCC):** O NCC avalia a eficiência da equipe jurídica, quantificando o número de contratos finalizados em um determinado período. Ele serve como um indicador direto de produtividade e ajuda a identificar possíveis áreas de acúmulo de trabalho.
- **Tempo Médio de Resolução de Disputas Contratuais (TRCD):** Focado na resolução de disputas contratuais, este KPI quantifica o tempo médio necessário para

resolver desacordos contratuais, oferecendo insights sobre a eficiência e as áreas de possível melhoria nesse processo.

Limitações

- **Precisão dos Dados**: A precisão desta métrica depende fortemente do registro exato dos dados de solicitação e resposta. Dados imprecisos podem levar a resultados enganosos.
- **Complexidade da Solicitação**: Algumas solicitações podem ser mais complexas do que outras, exigindo mais tempo para pesquisa, análise ou coordenação. Segmentar a métrica com base na complexidade das solicitações ajuda a avaliar o impacto da complexidade no tempo de resposta e identificar oportunidades para simplificar processos em solicitações complexas.
- **Outliers**: Ao usar essa métrica, é essencial filtrar e excluir valores atípicos da análise de dados. Por exemplo, solicitações que demoram excessivamente para serem atendidas devem ser removidas dos cálculos para evitar distorções na média e garantir uma representação mais precisa dos tempos de resposta típicos.

Metas Futuras

- **Resposta Pontual**: Reduzir o tempo médio de resposta pode ajudar a promover um serviço interno eficiente e apoiar a colaboração. A resolução rápida e eficaz das solicitações pode melhorar a satisfação do cliente interno e reduzir gargalos nos fluxos de trabalho de clientes e parceiros.
- **Eficiência de Processos**: Focar na simplificação dos fluxos de trabalho

envolvidos no atendimento às solicitações, identificando e eliminando gargalos, além de introduzir automação ou procedimentos padronizados para aumentar a eficiência. Essas iniciativas podem levar à redução dos tempos de resolução.

- **Melhorias nos Serviços**: Estabelecer expectativas claras de tempo de resposta por meio de acordos mútuos ou implementar Acordos de Nível de Serviço (SLAs) simples com stakeholders internos. Promover melhor comunicação e colaboração entre o departamento jurídico e outras áreas para agilizar a resolução de solicitações. Utilizar canais de comunicação eficazes, reuniões interdepartamentais e iniciativas de compartilhamento de conhecimento para alcançar esses objetivos.

Análise de Tendências

As tendências podem ser influenciadas por fatores como flutuações na carga de trabalho, gargalos, alocação de recursos, canais de comunicação de processos e priorização. Acompanhando o LDRRT historicamente, é possível obter novas percepções. Por exemplo, pode haver períodos de alta demanda e tempos de resposta mais longos durante picos sazonais ou ciclos específicos de projetos. Um aumento significativo no volume de solicitações sem um aumento correspondente nos recursos pode resultar em tempos de resolução mais longos. Compreender essas variações sazonais ajuda a alocar recursos de forma mais eficaz e a planejar melhor picos de trabalho.

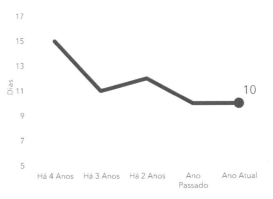

Tendência do Tempo de Resolução de Solicitações do Departamento Jurídico

Benchmarking

O benchmarking do LDRRT em comparação com os padrões do setor é particularmente útil, pois oferece aos departamentos jurídicos um ponto de referência claro para avaliar seu desempenho no tratamento de solicitações interdepartamentais. O benchmarking ajuda a identificar lacunas na capacidade de resposta e permite a adoção de melhores práticas de organizações de alto desempenho. Ele também possibilita que os departamentos jurídicos estabeleçam metas realistas para o tempo de resolução de solicitações, demonstrem sua competitividade e meçam seu progresso no fornecimento de suporte eficaz e pontual a outras áreas da organização.

Tempo Médio de Revisão de Contratos (CRT)

O Tempo Médio de Revisão de Contratos (CRT) é uma métrica específica que avalia o tempo que o departamento jurídico leva para revisar e processar contratos. Ele foca exclusivamente no processo de revisão contratual. Essa métrica é uma extensão do *Tempo de Resolução de Solicitações do Departamento Jurídico (LDRRT)*.

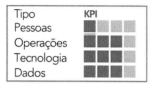

Tipo	KPI			
Pessoas				
Operações				
Tecnologia				
Dados				

$$CRT = \frac{(Soma\ do\ Lead\ Time\ +\ Soma\ do\ Tempo\ de\ Revisão\ de\ Contratos)}{Número\ de\ Contratos\ Revisados}$$

O CRT foca especificamente no processo de revisão de contratos entre o conjunto mais amplo de serviços que o departamento jurídico pode prestar a outros departamentos. Por exemplo, quando o RH submete um contrato para revisão, pode haver um tempo inicial de processamento, digamos dois dias, antes de o departamento jurídico iniciar a revisão. Suponha então que todo o processo de revisão, incluindo eventuais discussões, leve cerca de cinco dias, até a conclusão final da revisão do contrato.

Considere que o departamento jurídico tenha trabalhado em 100 contratos no último trimestre. Após uma análise cuidadosa dos dados no software de gestão do ciclo de vida de contratos (CLM), o lead time de todos os contratos chega a 200 dias, e o tempo acumulado para completar o processo de revisão soma 500 dias. O cálculo do CRT seria:

$$\frac{(200 + 500)}{100} \ = \ \frac{700}{100} = 7\ dias$$

Fontes de Dados

Os dados do CRT podem ser obtidos do sistema CLM, que frequentemente contém informações bem definidas sobre contratos. Isso é particularmente aplicável a tipos de contratos que ocorrem com frequência e

Tempo Médio para Revisão de um Contrato

7 dias

seguem um padrão consistente. Todas as informações essenciais, incluindo o registro de recebimento da solicitação, o início do trabalho na solicitação e o tempo necessário para completar a revisão devem ser incluídos sempre que possível.

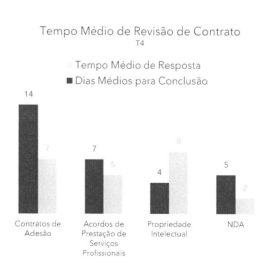

Tempo Médio de Revisão de Contrato
T4

- Tempo Médio de Resposta
- Dias Médios para Conclusão

Filtros

- Tipos de Contratos Revisados
- Departamento/Unidade Solicitante
- Novos vs. Renovados
- Período de Tempo

Metas Futuras

- **Software**: Quando o departamento jurídico adota uma plataforma colaborativa de contratos ou utiliza ferramentas CLM para automatizar o processo, a revisão contratual se torna mais fácil de gerenciar – a equipe jurídica gera valor para o negócio em vez de causar atrasos.
- **Colaboração**: Aumentar a facilidade de colaboração entre as diferentes partes.
- **Tecnologia Emergente**: Considerar o uso de ferramentas de IA para a geração e revisão de contratos.

Análise de Tendências

Monitorar o CRT ao longo do tempo oferece uma visão sobre a eficiência do processo. As tendências podem revelar histórias interessantes: uma redução no CRT pode indicar melhorias bem-sucedidas, como a implementação de software avançado de gestão de contratos ou a integração de ferramentas de IA para análise e redação de contratos, enquanto um aumento no CRT pode apontar gargalos ou fatores externos,

como um aumento no volume de contratos ou mudanças nas exigências regulatórias. Ao aproveitar esses insights, os departamentos jurídicos podem otimizar seus fluxos de trabalho, aumentar a produtividade e mitigar riscos, criando um processo de revisão de contratos mais eficiente.

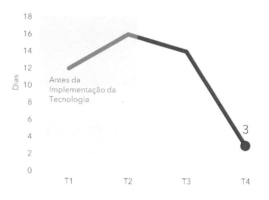

Tendência do Tempo de Revisão de Contratos

Principais Influenciadores

- Mudanças no processo de revisão de contratos ou nas estratégias de negociação.
- Mudanças no volume de contratos.
- Exigências decorrentes de novas leis ou regulamentações.
- Mudanças na equipe, como rotatividade de funcionários ou contratação de novos profissionais com diferentes qualificações.

Benchmarking

O benchmarking do CRT é fundamental para identificar e solucionar ineficiências. Por exemplo, se sua equipe jurídica leva 14 dias para revisar NDAs, isso pode sinalizar gargalos. Uma análise mais profunda pode revelar problemas como sistemas desatualizados e manuais. Ao modernizar e implementar um software avançado de gestão de contratos, o processo de revisão pode ser significativamente acelerado.

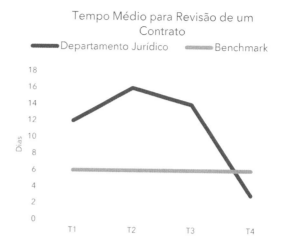

Tempo Médio para Revisão de um Contrato

Número de Contratos Concluídos (NCC)

O Número de Contratos Concluídos (NCC) é uma métrica que quantifica o total de contratos que o departamento jurídico revisou, negociou e finalizou com sucesso dentro de um determinado período. Ela foca exclusivamente no processo de conclusão de contratos. Essa métrica é uma extensão do *Tempo de Resolução de Solicitações do Departamento Jurídico (LDRRT)*.

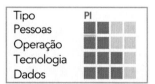

Tipo	PI
Pessoas	
Operação	
Tecnologia	
Dados	

Quando se trata de gestão de contratos, muitas organizações enfrentam processos fragmentados, falta de visibilidade nas etapas contratuais e inconsistências na execução dos contratos. Se esses pontos problemáticos não forem resolvidos, podem levar a disputas, descumprimento de obrigações e não conformidade regulatória – todos acompanhados de riscos e custos significativos.

Um ponto importante a ser observado é que a quantidade de contratos não é o único foco; o contexto também deve ser considerado. Existe um acúmulo de contratos pendentes? Quais tipos de contratos estão sendo tratados? Quantas disputas contratuais existem?

Após reconhecer essas questões, o próximo passo para departamentos jurídicos inovadores é estabelecer um processo automatizado e contínuo de gestão de contratos. Tal estrutura não apenas acelera a conclusão de contratos, mas faz isso com um foco inabalável na qualidade e mitigação de riscos. Dessa forma, as organizações não só alcançam excelência operacional, como também desbloqueiam economias substanciais e se preparam melhor para desafios contratuais inesperados.

Fontes de Dados

Para calcular o NCC, os dados podem ser extraídos de sistemas de Gestão de Ciclo de Vida de Contratos (CLM - Contract Lifecycle Management). Esse software normalmente não apenas monitora o número de contratos

Relatório de Gestão de Contratos T1					
Tipo de Contrato	Nº de Contratos Recebidos	Nº de Contratos Concluídos	Contratos Pendentes (Backlog)	Disputas Contratuais	Média de Dias para Conclusão	Valor Médio do Contrato (USD)
NDA	600	550	50	5	7	Sem Valor Monetário
Contrato de Prestação de Serviços	150	130	20	3	12	634,200
Acordo de Licença	80	70	10	1	40	503,359
Trabalhista	300	295	5	2	15	132,657
Imobiliário	15	10	5	1	50	10,487,050
Acordo de Quitação	10	8	2	0	45	2,234,758
PI	50	40	10	3	60	417,837
Contrato de Adesão	847	847	0	10	0	894,502

finalizados, mas também oferece insights sobre a duração, as etapas e possíveis gargalos no processo de gestão de contratos.

Filtros

- Unidades de Negócio
- Localização/Jurisdição
- Tipo de Caso

Limitações

- **Falta de Profundidade**: Um NCC alto não reflete necessariamente a qualidade dos contratos revisados ou gerados. Uma corrida para concluir mais contratos pode comprometer a qualidade.
- **Ambiguidade de Tipos**: Sem considerar os requisitos de diferentes tipos de contratos, o NCC pode misturar contratos simples e complexos, levando a uma representação potencialmente enganosa da produtividade. Isso pode ser resolvido filtrando a métrica em categorias com base na complexidade ou no tipo de contrato (por exemplo, comercial, NDA e fornecedor). Dessa forma, as equipes podem obter uma imagem mais precisa de sua eficiência na gestão de contratos.
- **Influência de Partes Externas**: Atrasos ou ineficiências causados por terceiros não são levados em conta no NCC, o que pode afetar sua confiabilidade.

Metas Futuras

- **Aumentar Eficiência**: Elevar a proporção de contratos concluídos em relação ao total de contratos.
- **Usar Tecnologia**: Utilizar ferramentas para agilizar contratos rotineiros.
- **Mais Colaboração**: Trabalhar em estreita colaboração com equipes

internas para acelerar processos contratuais.

- **Benchmarking**: Comparar com dados de pares ou dados anteriores para identificar áreas potenciais de melhoria.

Análise de Tendências

Ao observar as mudanças no NCC ao longo do tempo – sejam elas crescentes, estáveis ou decrescentes – as organizações podem identificar padrões, avaliar o impacto das mudanças nos processos e antecipar necessidades ou desafios futuros. Uma tendência de crescimento consistente pode indicar maior eficiência ou aumento da demanda, enquanto flutuações erráticas podem sugerir questões operacionais subjacentes. Esse tipo de análise é crucial para tomar decisões estratégicas e informadas para a melhoria contínua do departamento.

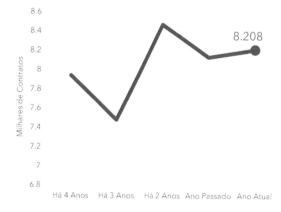

Tendência do Número de Contratos Concluídos

Tempo Médio para Resolução de Disputas Contratuais (TRDC)

O Tempo Médio para Resolução de Disputas Contratuais (TRDC) é uma métrica que se concentra no tempo médio necessário para que o departamento jurídico resolva disputas contratuais. Ele oferece insights sobre a eficiência e a eficácia do processo de resolução dessas disputas. Esta métrica é uma extensão do *Tempo de Resolução de Solicitações do Departamento Jurídico (LDRRT)*.

Tipo	KPI		
Pessoas	■	■	■
Operação	■	■	■
Tecnologia	■	■	■
Dados	■	■	■

$$TRCD = \frac{Tempo\ Total\ para\ Resolver\ Todas\ as\ Disputas}{N\acute{u}mero\ de\ Disputas}$$

O TRDC mede o período médio entre o início de uma disputa contratual até sua resolução, abrangendo o tempo desde o reconhecimento formal da disputa até a obtenção de um acordo, decisão judicial ou outra forma de encerramento da disputa.

Para calcular o TRDC, soma-se o tempo necessário para resolver cada disputa contratual em um período específico (dias, semanas, meses ou anos, dependendo dos dados), e depois divide-se pelo número de disputas resolvidas.

Se, por exemplo, nos últimos seis meses, 15 disputas contratuais foram resolvidas, com uma duração total de 70,5 meses, o TRDC seria de 4,7 meses:

$$\frac{70.5}{15} = 4.7\ meses$$

Metas Futuras

- **Visão Contratual**: Entender o TRDC pode destacar cláusulas problemáticas ou termos dentro dos contratos que frequentemente levam

Tempo Médio para Resolução de Disputas Contratuais

4.7 meses

a disputas. Isso permitirá que as empresas ajustem os contratos, reduzindo as chances de futuras disputas e mal-entendidos.

- **Decisões Estratégicas de Litígios**: Observando o TRDC em relação ao tipo de disputas ou contratos em disputa, a equipe jurídica pode melhor decidir quando estrategicamente optar por litigar, renegociar ou realizar acordos antecipados. Por exemplo, se certos tipos de disputas historicamente apresentam TRDCs mais longos, pode ser estrategicamente melhor evitá-los através de acordos antecipados.

- **Aperfeiçoamento de Cláusulas**: Identificar e modificar cláusulas contratuais que são recorrentes catalisadoras de disputas. O objetivo é minimizar proativamente ambiguidades e melhorar a clareza dos contratos.

- **Mediação Proativa**: Implementar sessões de mediação proativas para disputas que se espera que tenham TRDCs mais longos com base em dados históricos. Isso pode acelerar a resolução.
- **Melhoria na Comunicação com Clientes/Parceiros**: Se certos clientes ou parceiros de negócios estiverem frequentemente envolvidos em disputas prolongadas, implementar estratégias de comunicação ou check-ins regulares para abordar proativamente possíveis questões.

Diversidade e Inclusão

Promover um ambiente de trabalho diverso é fundamental por vários motivos. Este capítulo apresenta métricas iniciais que destacam a importância da diversidade, incentivando a avaliação contínua e a valorização de equipes jurídicas diversas.

Aviso Legal

Embora esta edição apresente apenas dois artigos nesta seção, isso de maneira alguma reflete o escopo abrangente desses assuntos complexos e integrais. O número limitado de entradas aqui não é indicativo de sua importância; ao contrário, destaca a jornada contínua de aprendizado e compreensão.

A edição atual deste livro é apenas um ponto de partida em um esforço mais amplo de avaliar e promover Diversidade, Equidade, Inclusão e Pertencimento. Os artigos apresentados neste capítulo servem como um ponto inicial, oferecendo insights ao mesmo tempo em que reconhecem a riqueza de experiências, perspectivas e trabalhos acadêmicos que existem além dos limites desta publicação.

Ao apresentar esses artigos, espero iniciar conversas, encorajar a autorreflexão e inspirar ações que contribuam para a criação de ambientes mais diversos, equitativos e inclusivos em todos os locais de trabalho e setores da indústria.

Índice de Diversidade de Consultores Externos (OCDR)

O Índice de Diversidade de Consultores Externos (OCDR) é uma métrica útil para avaliar até que ponto a diversidade dos profissionais de consultorias externas reflete a diversidade dos departamentos jurídicos que eles atendem. O OCDR oferece insights sobre o suporte da organização e os esforços para promover um ambiente de pertencimento e igualdade de oportunidades. Ele serve como uma ferramenta para identificar e incentivar áreas de melhoria, refinar iniciativas de diversidade e impulsionar mudanças significativas dentro da profissão e da indústria jurídica.

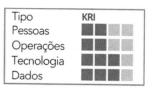

Tipo	KRI				
Pessoas					
Operações					
Tecnologia					
Dados					

$$OCDR = \left(\frac{N^{\underline{o}} \ de \ Profissionais \ Diversos}{Total \ de \ Profissionais}\right) \times 100$$

Índice de Diversidade de Consultores Externos

18% ▲

Para calcular o OCDR, faça uma pesquisa e identifique profissionais ativos de acordo com critérios de diversidade, some o número de profissionais diversos e divida pelo total de profissionais. Isso pode ser feito para todos os advogados de consultorias externas, avaliando o discernimento do departamento jurídico em engajar fornecedores diversos, ou por firma/fornecedor como um Índice Geral de Diversidade para avaliar a diversidade de profissionais.

Primeiro, calcule o Índice de Diversidade de cada firma/fornecedor. Em seguida, compile e compare. Por exemplo, se um escritório de advocacia possui 75 advogados e 14 deles vêm de origens diversas, o Índice de Diversidade da firma é de 18%:

$$\left(\frac{14}{75}\right) \times 100 \cong 18\%$$

Você pode usar um OCDR de nível mais alto para avaliação interna e benchmarking. Por exemplo, se você trabalha com um total de 510 advogados externos e profissionais, dos quais 203 são de origens diversas, seu OCDR geral é de 39.8%.

Essas informações são cruciais, especialmente à medida que surgem mandatos específicos para garantir representação diversa de recursos. Em alguns casos, agências reguladoras ou políticas organizacionais podem exigir que um determinado percentual de consultores externos seja alocado aos casos, como pelo menos 10%.

Os Índices de Diversidade específicos dos fornecedores podem oferecer insights significativos, principalmente ao identificar casos em que a diversidade e a representação não estão equilibradas entre as designações de profissionais.

Fontes de Dados

Os dados do OCDR geralmente são coletados por meio de pesquisas enviadas ou informações de profissionais submetidas por escritórios de advocacia e fornecedores externos. Os departamentos jurídicos devem se sentir à vontade para solicitar informações sobre a diversidade dos profissionais que trabalham nos casos e projetos da organização. Dependendo da organização, do fornecedor e das informações disponíveis, pode ser possível identificar e rastrear o status de diversidade dos profissionais ou coletar um percentual geral de diversidade da firma/fornecedor.

Filtros

- Período
- Tipo de Diversidade
- Senioridade
- Escritório de Advocacia/Fornecedor

Índice de Diversidade Étnica

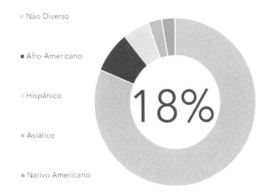

Limitações

- **Privacidade**: Alguns escritórios ou profissionais podem hesitar em divulgar essas informações de forma geral ou específica para os clientes, devido à natureza pessoal e sensível dos dados.
- **Precisão das Informações**: Mudanças de pessoal e de alocação de casos podem alterar as representações de diversidade. Coletar e relatar dados em um único momento pode não ser preciso. Estabeleça atualizações regulares de dados e colaboração com fornecedores para manter as informações de diversidade atualizadas.

- **Experiência**: Alguns escritórios ou fornecedores podem fornecer um número total de recursos diversos, mas não especificar funções ou senioridade. Essa falta de granularidade pode ser problemática, pois pode parecer que a firma está designando trabalho a profissionais diversos, quando, na verdade, o trabalho estratégico está sendo atribuído a um conjunto menos diverso de profissionais. O ideal é engajar e incentivar os fornecedores a designar profissionais diversos em diferentes papéis e responsabilidades.

Análise de Tendências

A análise de tendências ajuda os departamentos jurídicos a avaliar e compreender o progresso de iniciativas como Diversidade, Equidade, Inclusão e Pertencimento (DEIB). Ao monitorar de perto as tendências de dados ao longo do tempo, é possível avaliar o impacto das medidas de DEIB implementadas. Essa análise permite que os departamentos jurídicos meçam a eficácia dessas iniciativas no aumento da representação de diversidade entre a equipe jurídica, oferecendo insights valiosos sobre os esforços para criar uma força de trabalho mais diversa, inclusiva e equitativa ou, caso

Tendência do Índice de Diversidade Étnica

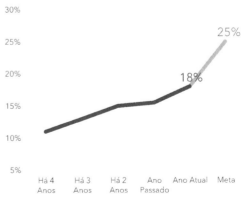

necessário, tomar medidas adicionais para reduzir a lacuna.

Metas Futuras

Há muitas maneiras de aumentar a representatividade de pessoas de diversas origens dentro do departamento jurídico. Para alcançar esses objetivos, uma abordagem colaborativa é crucial. Trabalhando internamente na organização e externamente com escritórios de advocacia e fornecedores, é possível estabelecer um cronograma claro, alocar recursos e incentivar o compromisso com esse objetivo comum.

Principais Influenciadores

- **Chamadas para Ação**: Há uma demanda crescente para que os departamentos jurídicos internos assumam a liderança na promoção da diversidade na indústria jurídica. Espera-se que as empresas se concentrem na diversidade não apenas dentro de suas equipes jurídicas, mas também ao contratar consultores externos e fornecedores, considerando seus perfis de diversidade como parte dos critérios de seleção.
- **Conscientização Social em Mudança**: Atitudes sociais em evolução e maior conscientização sobre questões de diversidade trouxeram a diversidade e a inclusão para o centro dos objetivos corporativos. Protestos e eventos de conscientização pública inspiraram e incentivaram as organizações a avaliar suas iniciativas de diversidade e tomar ações significativas para promover a compreensão mútua e a inclusão de diversas perspectivas.
- **Coleta e Relatório de Dados**: As organizações estão coletando cada vez mais dados sobre características adicionais de diversidade, como status LGBTQIA+, status de deficiência e status de veterano. Coletar e relatar esses dados junto com métricas de diversidade étnica e de gênero permite uma compreensão mais abrangente da diversidade dentro da profissão jurídica.

Benchmarking

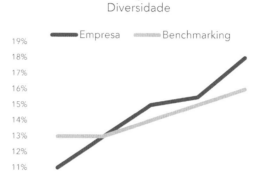

Benchmarking do Índice de Diversidade

Comparar o OCDR com benchmarks do setor permite que um departamento jurídico corporativo obtenha insights acionáveis para avaliar seu progresso na promoção de uma força de trabalho diversa. O benchmarking permite que líderes identifiquem áreas de melhoria, adotem melhores práticas e contribuam para uma profissão jurídica mais equitativa, que incentiva perspectivas e contribuições diversas. Ele serve como um guia para estabelecer metas ambiciosas, mas importantes, de diversidade e promover uma cultura de inclusão que ressoe com a inclusão crescente de advogados e profissionais de diferentes origens e perspectivas inovadoras.

Índice de Diversidade Interna (IDR)

A diversidade deve ser um aspecto fundamental da estrutura operacional de um departamento jurídico. O Índice de Diversidade Interna (IDR) avalia a diversidade entre todos os membros da equipe do departamento jurídico. O objetivo principal do IDR é garantir uma representação equilibrada e inclusiva de diversidade em todo o departamento, incluindo cargos de liderança. O IDR auxilia no monitoramento e na manutenção de oportunidades equitativas.

Tipo	KRI
Pessoas	
Operações	
Tecnologia	
Dados	

$$Taxa\ de\ Diversidade\ por\ Categoria = \frac{(Número\ de\ Indivíduos\ Diversos)}{(Todos)} \times 100$$

$$ICDR = \frac{(Soma\ das\ Taxas\ de\ Diversidade\ por\ Categoria)}{(Número\ de\ Categorias)}$$

Para calcular o IDR, reúna informações de diversidade em todas as categorias disponíveis, calcule a taxa de diversidade para cada categoria e, em seguida, some todas as taxas de diversidade das categorias. O IDR pode servir como uma ferramenta valiosa para os departamentos jurídicos em seus esforços contínuos de promover diversidade e inclusão dentro de suas equipes.

Percentual de Diversidade

20%

Veja o exemplo na tabela e nos cálculos abaixo:

Diversidade de Advogados Internos						
Nome do Profissional	Função	Diversidade Racial/Étnica	Diversidade de Gênero	Status de Deficiência	Status LGBTQ+	Status de Veterano	Diversidade Socioeconômica
Martin, Jules	Associado	Sim	Sim				
Jackson, Omar	Associado	Sim				Sim	
Franklin Jr, Joshua	Assistente Jurídico				Sim		Sim
Summer, Elizabeth	Sócio		Sim				
Norton, Kate	Assistente Jurídico		Sim				
White, Matthew	Assistente Jurídico				Sim		
Kumar, Rajesh	Associado	Sim					
Lamington, John	Sócio						
McDaniel, Alice	Sócio		Sim				
% de Diversidade		33%	44%	0%	22%	11%	11%

Por exemplo, usando os dados de amostra, a Taxa de Diversidade Racial/Étnica do Jurídico Interno seria calculada assim:

$$R/E\ DR = \frac{3}{9} \times 100 = 33\%$$

Para calcular a diversidade geral em todas as categorias de diversidade, some as taxas de diversidade por categoria e divida pelo número de categorias:

$$ICDR = \frac{(33\% + 44\% + 0\% + 22\% + 11\% + 11\%)}{6}$$
$$= 20\%$$

Fontes de Dados

Informações de diversidade podem ser obtidas de registros de RH e pesquisas com funcionários.

- **Registros de Funcionários**: Dados de diversidade detalhados podem ser extraídos de registros de funcionários e bancos de dados de RH, incluindo informações auto-relatadas ou divulgadas voluntariamente relacionadas à etnia, gênero e outros atributos de diversidade.
- **Pesquisas e Questionários de Diversidade**: As organizações podem administrar pesquisas ou questionários para coletar dados sobre a diversidade étnica do seu departamento jurídico. Essas ferramentas de autoidentificação podem contribuir para o cálculo preciso do índice de diversidade.

Nota: Os dados relacionados a antecedentes e atributos de diversidade devem ser divulgados voluntariamente pelos indivíduos, para garantir a privacidade e a conformidade com as leis aplicáveis.

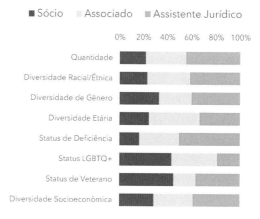

Índice de Diversidade por Função

■ Sócio ■ Associado ■ Assistente Jurídico

Filtros

- Período de Tempo
- Antecedente
- Cargo

Limitações

- **Viés de Cargo**: Sem considerar a senioridade nos cálculos do índice de diversidade, podem-se ignorar disparidades na representação de diversidade em cargos específicos. Por exemplo, embora o departamento jurídico possa apresentar um percentual de diversidade impressionante no geral, ainda pode enfrentar desafios em promover diversidade em posições de liderança.
- **Dados Auto-relatados/Privacidade**: Como muitas métricas de diversidade, esta métrica depende fortemente de dados auto-relatados. A precisão e a confiabilidade dependem da disposição dos indivíduos em divulgar seus antecedentes diversos, o que pode estar sujeito a subnotificação ou imprecisões. Para garantir a privacidade e a confidencialidade das informações

sensíveis, as organizações devem priorizar medidas de proteção de dados em conformidade com as regulamentações de privacidade.

- **Globalização**: Se a organização opera internacionalmente, os esforços de diversidade podem ser influenciados pelos padrões e expectativas de diversidade de diferentes regiões e mercados.

Análise de Tendências

A análise de tendências pode destacar a eficácia de iniciativas de diversidade existentes e revelar possíveis desafios. Uma tendência positiva, mostrando um aumento gradual na diversidade ao longo do tempo, pode refletir a implementação bem-sucedida de programas de diversidade e mudanças culturais nos níveis de liderança da organização.

Principais Influenciadores

- **Disponibilidade de Talentos**: A disponibilidade de talentos diversos no mercado de trabalho pode ter um impacto significativo nos esforços de diversidade de uma organização. Em alguns casos, pode haver pouco que um departamento jurídico possa fazer quando não há talentos diversos disponíveis para atender às metas de diversidade.
- **Concorrência no Mercado**: O ambiente competitivo pode impulsionar iniciativas de diversidade. Clientes e consumidores podem exigir que seus parceiros jurídicos demonstrem diversidade em suas equipes jurídicas como parte de seus programas de responsabilidade social corporativa ou de diversidade de fornecedores.

% de Diversidade Étnica por Função

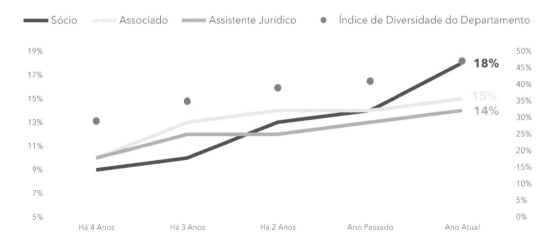

Análise da Qualidade de Faturas e Dados

A precisão na faturação e na elaboração de relatórios financeiros é inegociável para operações jurídicas eficazes. Este capítulo detalha os parâmetros essenciais para verificar a correção e a uniformidade dos dados financeiros, garantindo relatórios confiáveis e análises úteis.

Análise da Higiene das Faturas (IHA)

A Análise de Higiene de Faturas (IHA) avalia o processo de garantir que as faturas sejam precisas, transparentes e estejam alinhadas com as diretrizes de faturamento acordadas. Dada a complexidade do trabalho jurídico e a variedade de tarefas que podem ser faturadas, não é incomum que discrepâncias, redundâncias ou ambiguidades surjam nas faturas. Tais inconsistências, quando não investigadas e resolvidas, podem gerar mal-entendidos, disputas e até prejudicar o relacionamento entre departamentos jurídicos e seus escritórios de advocacia.

Tipo	Relatório
Pessoas	■■□□
Operações	■■□
Tecnologia	■■□
Dados	■■■□

Fatura de Exemplo

Data	Profissional	Função	Tarefa	Atividade	Descrição	Honorário (USD)	Quantidade	Valor (USD)
02/03/21	Williams, Mia	Associado	L110	A204	Coleta inicial de fatos e documentos relacionados ao caso para estabelecer uma base para análises adicionais.	392	10	3,920.00
02/04/21	Parks, Ethan	Sócio	L120	A205	Revisão do documento apresentado pela parte oposta no caso Smith v. Johnson.	628	1.2	753.60
02/04/21	Reed, Jonathan	Assistente Jurídico	L140	A206	Pesquisa das regras da jurisdição legal aplicáveis ao caso Smith.	192	4.1	787.20
02/07/21	Parks, Ethan	Sócio	L220	A208	Análise jurídica fornecida e estratégias recomendadas para o caso Smith v. Johnson.	628	3.4	2,135.20
02/14/21	Gonzalez, Sophia	Associado	L340	A201	Reunião e preparação das testemunhas para suas próximas deposições.	379	8	3,032.00
02/17/21		Despesa	Despesa	E130	Viagem para reunião com testemunha.	85	1	85.00
02/24/21		Despesa	Despesa	E140	Solicitação de transcrições das audiências judiciais.	175	1	175.00
							Total	10,888.00

Uma boa higiene de faturas oferece muitos benefícios. Primeiramente, uma fatura limpa e transparente simplifica o processo de revisão, reduzindo o tempo e os recursos necessários para reconciliar discrepâncias. Em segundo lugar, garante que o departamento jurídico esteja pagando apenas pelos serviços prestados e de acordo com o escopo estabelecido. Isso ajuda na gestão de custos e fortalece a confiança mútua entre a organização e seus fornecedores jurídicos. Por fim, práticas consistentes de higiene de faturas fornecem insights valiosos sobre as atividades dos escritórios de advocacia e seus hábitos de faturamento, permitindo que os departamentos jurídicos tomem decisões informadas sobre futuros contratos ou renegociações.

Para estabelecer, promover e manter práticas eficazes de faturamento, é necessário iniciar um procedimento abrangente. Isso começa com a análise meticulosa de uma amostra de faturas por fornecedor, alinhada com a carta de contratação e as diretrizes de faturamento, para verificar taxas, tarefas e outros termos acordados. Sistemas automatizados de faturamento eletrônico (eBilling) podem ajudar significativamente nesse processo, sinalizando potenciais discrepâncias, mas revisões manuais pelo pessoal do departamento jurídico também são cruciais. Auditorias regulares, comparações com dados históricos e discussões com o escritório de advocacia para esclarecer anomalias também são essenciais. Ao adotar uma abordagem proativa à higiene de faturas, os departamentos jurídicos podem garantir que cada dólar gasto seja justificado, fomentando um relacionamento transparente e colaborativo com seus fornecedores jurídicos.

Extensões

Há várias maneiras de abordar e avaliar a IHA. Sugerimos começar com uma ou mais das seguintes:

- **Análise do Número de Itens por Linha de Fatura (ILICA):** Avaliar o número total de cobranças individuais em uma fatura fornece uma visão de sua complexidade e do detalhamento do faturamento do escritório de advocacia. Um número maior pode indicar um detalhamento detalhado, enquanto um número menor pode sugerir entradas consolidadas ou agrupadas.
- **Análise de Alertas/Sinalizações em Faturas (IWCA):** Identificar itens de linha que foram sinalizados, seja automaticamente por meio de sistemas de faturamento eletrônico ou manualmente por revisores, ajuda a identificar discrepâncias recorrentes ou problemas, indicando faturas que não estão alinhadas com as diretrizes de faturamento e a codificação correta do UTBMS. Também pode ser útil para avaliar a precisão dos sistemas de revisão automatizada de faturas ao identificar e sinalizar itens de linha.

- **Análise de Alertas Únicos em Faturas (IUWA):** Avaliar o número de alertas ou sinalizações únicas em uma fatura revela a amplitude de potenciais problemas, guiando o processo de revisão para melhor identificar e resolver discrepâncias diversas ou recorrentes.
- **Análise de Palavras-Chave de Itens de Linha de Fatura (ILIKA):** Monitorar termos específicos não permitidos, como "Pesquisa" ou "Suporte de TI", garante que os fornecedores não estejam cobrando por tarefas fora do escopo ou por tarefas que não estão alinhadas com os códigos de atividade ou do UTBMS acordados.
- **Análise de Rejeição de Itens de Linha de Fatura (ILIRA):** Compreender as tendências de rejeição de faturas pode ajudar a fornecer uma justificativa detalhada para itens de linha rejeitados, promovendo transparência e compreensão mútua, garantindo que tanto o departamento jurídico quanto os fornecedores estejam alinhados quanto aos requisitos de faturamento.
- **Análise de Desempenho de Revisores de Faturas (IRPA):** Esta análise se concentra nas métricas de desempenho dos revisores de faturas no departamento jurídico, acompanhando métricas como tempo médio de revisão, número de interrupções no fluxo de trabalho e

taxas de ajustes e rejeições. O objetivo é identificar gargalos e áreas de melhoria no processo de revisão e aprovação de faturas.

- **Análise de Higiene das Descrições de Itens de Linha de Fatura (ILIDHA):** Este relatório examina a qualidade e clareza das descrições de itens de linha nas faturas. Ele avalia o quão bem os fornecedores jurídicos fornecem explicações detalhadas para as atividades faturadas, ajudando a garantir transparência e conformidade com as diretrizes de faturamento. Essa análise pode revelar padrões de descrições vagas ou repetitivas que podem exigir mais investigação.

- **Percentual de Entradas de Tempo por Unidade Faturada (TEUB):** Esta análise examina a distribuição de entradas de tempo em diferentes unidades de faturamento (por exemplo, minutos, décimos de hora, quartos de hora) para cada profissional. Ajuda a identificar tendências de faturamento e possíveis inconsistências, como arredondamentos frequentes para cima ou para baixo, promovendo maior transparência e precisão no rastreamento e faturamento de tempo.

- **Análise de Hábitos e Eficiência de Trabalho dos Profissionais (TKEA):** Este relatório fornece insights sobre os hábitos de trabalho e eficiência dos profissionais com base em métricas como horas faturadas, dias trabalhados e média de horas por dia de faturamento. Pode incluir considerações especiais, como horas de fim de semana ou feriados. O TKEA visa identificar distribuição ideal de carga de trabalho e níveis de eficiência entre

os Profissionais, ajudando a otimizar a alocação de recursos.

Aqui estão algumas extensões não incluídas nesta edição, mas que podem fornecer insights adicionais sobre a Análise de Higiene de Faturas (IHA):

- **Análise de Itens de Linha Idênticos:** Identificar itens de linha com descrições idênticas ajuda a eliminar potenciais cobranças duplas ou redundâncias, garantindo que cada tarefa cobrada pelo Profissional seja única e justificada.

- **Análise de Ajustes Reais de Itens de Linha:** Documentar as razões para ajustes em itens de linha mantém a clareza no processo de faturamento, assegurando que todas as partes compreendam e concordem com as modificações feitas.

- **Consistência de Códigos de Tarefa e Atividade:** Revisar a consistência dos códigos UTBMS e descrições de atividades pode ajudar a garantir que as tarefas faturadas estejam alinhadas com as práticas padronizadas de faturamento jurídico, promovendo clareza e uniformidade no processo de faturamento.

- **Verificação de Taxas de Profissionais:** Verificar as taxas de Profissionais individuais em relação às taxas acordadas assegura que o escritório de advocacia esteja cobrando com precisão e de acordo com a carta de contratação ou contrato.

- **Análise de Cobrança Agrupada:** Identificar instâncias de cobrança agrupada, onde múltiplas tarefas são cobradas como um único item de linha, ajuda a garantir que cada tarefa seja devidamente detalhada e que o tempo alocado para cada uma seja justificável, além de melhorar a qualidade dos dados para análises mais detalhadas.

- **Associação a Caso ou Assunto**: Garantir que cada item de linha esteja associado a um caso ou assunto específico proporciona clareza sobre a alocação de recursos jurídicos e assegura que o faturamento esteja alinhado com os compromissos estabelecidos.
- **Pontualidade na Submissão de Faturas**: Monitorar a pontualidade

na submissão de faturas fomenta um planejamento financeiro mais eficiente para o departamento jurídico, garantindo que as faturas sejam processadas e revisadas em tempo hábil.

- **Comparação Histórica**: Comparar dados de faturamento atuais com dados históricos pode destacar padrões, anomalias ou tendências nas cobranças, oferecendo insights sobre práticas de faturamento ao longo do tempo.

Análise de Contagem de Itens de Fatura (ILICA)

A Análise de Contagem de Itens de Fatura (ILICA) pode ser utilizada para avaliar o número de cobranças ou tarefas individuais faturadas em uma fatura de um fornecedor. Trata-se de uma visão geral do detalhamento e da granularidade do faturamento fornecido. Este relatório é uma extensão da *Análise de Higiene de Faturas (IHA)*.

Tipo	PI		
Pessoas	■	■	■
Operações	■	■	■
Tecnologia	■	■	■
Dados	■	■	■

O ponto-chave de ILICA é comparar o número de itens com o valor total faturado, no contexto do contrato específico, para entender a estrutura de faturamento. Uma fatura de alto custo com poucos itens pode indicar um faturamento consolidado ou um Arranjo de Honorários Alternativos (AFA) estratégico. Por outro lado, muitos itens em uma fatura significativa provavelmente indicam um detalhamento mais completo das tarefas ou serviços.

Outliers ou anomalias, como um único caso complexo resultando em um número extraordinariamente alto de itens, podem distorcer a média. É essencial comparar a contagem de itens em várias faturas, casos e escritórios semelhantes para identificar anomalias. Por exemplo, se um escritório de advocacia constantemente apresenta menos itens do que outros, mas fatura um valor semelhante, pode ser necessário investigar

Para criar este relatório, extraia os dados de itens de seu sistema de e-billing para um período específico. Agrupe os dados por fornecedor (escritório de advocacia) e calcule o número total de itens, a duração e o valor faturado para cada um.

mais a fundo para entender a razão.

O relatório de exemplo a seguir analisa escritórios de advocacia que trabalharam em casos de litígio no último ano. Parece que a Vieira Lopes Advogados faturou mais de $1 milhão, mas as faturas submetidas continham apenas cinco itens, indicando fortemente que foi empregado um AFA. No entanto, é importante revisar detalhadamente os termos do contrato para confirmar isso.

Número de Itens em Casos de Litígio Ano até a Data			
Escritório de Advocacia	Número de Itens	Duração (Dias)	Valor Faturado (USD)
Silva & Souza	7,958	361	2.3M
Aliança Jurídica	3,196	360	1.3M
Costa, Martins & Consultoria	1,798	360	1.2M
Grupo Pereira & Gomes	1,024	359	414K
Santos & Almeida	800	360	370K
Mendonça Ribeiro Sociedade Jurídica	459	359	162K
Cardoso Freitas Advocacia Estratégica	258	182	842K
Núcleo Oliveira & Nascimento	241	259	350K
Vieira Lopes Advogados	5	352	1.1M

Limitações

Embora um relatório ILICA forneça insights sobre as práticas de faturamento, ele não aprofunda os detalhes de cada item. Trata-se de uma visão geral, e anomalias podem exigir uma revisão mais detalhada das faturas.

Análise da Contagem de Alertas/Sinalizações nas Faturas (IWCA)

Use a Análise da Contagem de Alertas nas Faturas (IWCA) para obter insights sobre discrepâncias nas submissões de faturas. Identificar alertas ou itens de linha sinalizados, seja de forma manual ou automática através das regras do sistema de eBilling, ajuda a identificar discrepâncias ou problemas, proporcionando uma melhor

aderência às diretrizes de cobrança acordadas e ao correto uso dos códigos UTBMS. Alertas comuns incluem itens de linha duplicados, tarifas acima das aprovadas ou cobranças por tarefas não faturáveis. Este relatório é uma extensão da *Análise de Higiene das Faturas (IHA)*.

Comunicar discrepâncias sinalizadas e corrigir as submissões não apenas melhora a higiene das faturas, mas também aumenta a transparência sobre o esforço e a eficácia dos profissionais envolvidos. O objetivo de sinalizar problemas por meio de revisões manuais ou automatizadas é minimizar o número de itens de linha com alertas, garantindo que as faturas sejam precisas e atendam às expectativas do departamento jurídico.

Por exemplo, imagine um contrato com fornecedores estipulando que não devem cobrar mais de 10 centavos por cópia impressa. Se uma fatura mostrar uma cobrança de 15 centavos, uma regra automatizada pode sinalizar o item para

Extraia dados do seu sistema de e-billing, focando nos itens de linha com alertas. Agrupe esses dados por fornecedor e calcule o número total de alertas e sua porcentagem em relação ao total de itens de linha.

revisão ou até mesmo ajustá-lo automaticamente para o valor acordado. Este tipo de ajuste geralmente também gera um alerta no item de linha específico, destacando

Itens de Linha com Alertas em Casos de Litígio		
Ano até a Data		
Escritório de Advocacia	Itens de Linha com Alertas	% de Alertas em Todos os Casos
Silva & Souza	528	7%
Aliança Jurídica	457	14%
Costa, Martins & Consultoria	454	25%
Grupo Pereira & Gomes	454	44%
Santos & Almeida	447	56%
Mendonça Ribeiro Sociedade Jurídica	10	2%
Cardoso Freitas Advocacia Estratégica	22	9%
Núcleo Oliveira & Nascimento	58	24%

o erro ou a não conformidade para revisão.

É importante observar que mensagens de alerta ou sinalizações em itens de linha nem sempre indicam um erro ou problema no processo de faturamento. Por exemplo, um alerta pode ser acionado devido a um problema técnico no sistema de faturamento ou às exigências específicas de faturamento do departamento jurídico; por exemplo, uma fatura enviada com atraso pode sinalizar toda a submissão, acionando um alerta para cada item de linha, exigindo uma investigação mais detalhada pelos revisores.

Também é possível aprofundar a análise por tipo de taxa, como taxas horárias, honorários fixos ou honorários contingentes. Isso pode ajudar a identificar se existem tipos específicos de taxas mais propensas a erros,

> **ⓘ DICA**
>
> É importante incluir uma comparação com a porcentagem geral de alertas em todos os itens de linha. Por exemplo, na análise de amostra, podemos ver que Silva & Souza está no topo da lista com mais alertas, mas quando comparado ao total de itens de linha, os alertas somam apenas 7%.

linguagem ambígua nas diretrizes de cobrança que precisam ser esclarecidas ou problemas específicos de fornecedores com o faturamento.

Análise de Alertas Únicos nas Faturas (IUWA)

Faturas podem gerar uma ampla gama de alertas, desde submissões tardias até cobranças não autorizadas e discrepâncias de tarifas. Este conjunto diversificado de alertas pode indicar diferentes áreas de preocupação que precisam de atenção. A avaliação do número de tipos de alertas únicos usando a Análise de Alertas Únicos nas Faturas (IUWA) pode ajudar a identificar e distinguir entre diferentes problemas. Este relatório é uma extensão da *Análise de Higiene das Faturas (IHA)*.

Tipo	PI			
Pessoas				
Operações				
Tecnologia				
Dados				

A IWCA fornece apenas uma parte do cenário. Por exemplo, se um único tipo de alerta (ex.: "tarifa ajustada") for repetido em várias faturas de um escritório, isso pode se dever a um arranjo de cobrança, sendo que os alertas para as faturas desse escritório seriam falsos positivos. Nesse caso, o IUWA calculado para esse escritório deve ser bem menor.

Por exemplo, na tabela Número de Alertas Únicos, podemos ver que Silva & Souza possui 528 alertas, mas apenas 5 são únicos, sugerindo problemas repetitivos. Em contraste, a Aliança Jurídica apresenta 178 alertas únicos em um total de 457, indicando uma variedade maior de discrepâncias de faturamento. Concentre-se na diversidade dos tipos de alerta para obter uma visão mais clara sobre a diversidade de problemas nas submissões de faturas.

Número de Alertas Únicos
Ano até a Data

Escritório de Advocacia	Nº de Alertas	Nº de Alertas Únicos
Silva & Souza	528	5
Aliança Jurídica	457	178
Costa, Martins & Consultoria	454	67
Grupo Pereira & Gomes	454	52
Santos & Almeida	447	28
Mendonça Ribeiro Sociedade Jurídica	10	1
Cardoso Freitas Advocacia Estratégica	22	1
Núcleo Oliveira & Nascimento	58	12
Vieira Lopes Advogados	0	0

ⓘ DICA

Uma abordagem agressiva para reduzir alertas duplicados pode incentivar os escritórios de advocacia a alterarem suas práticas de faturamento para evitar a geração de alertas únicos, em vez de resolver as causas subjacentes das discrepâncias.

Avisos Mais Recorrentes

Submissão Tardia	897
Cobrança Não Autorizada	402
Discrepância de Taxa	308
Palavra-Chave	242
Entrada Duplicada	194
Despesa Não Aprovada	97
Código de Cobrança Incorreto	84
Tarefa Não Especificada	79
Violação de Acordo de Honorários	75

Um número elevado de alertas únicos pode indicar que um fornecedor está tendo dificuldade para atender consistentemente aos padrões de faturamento. Utilize os insights do IUWA para abordar e discutir essas questões com o fornecedor, buscando entender os motivos por trás dos alertas e estabelecer soluções sustentáveis e mútuas. Também é possível obter insights sobre as tendências de faturamento de timekeepers individuais ao detalhar mais o relatório IUWA. Analise os hábitos de faturamento de cada timekeeper para determinar se os problemas de faturamento parecem vir de um timekeeper ou área de prática específica.

Análise de Palavras-Chave nos Itens Detalhados das Faturas (ILIKA)

A Análise de Palavras-Chave nos Itens Detalhados das Faturas (ILIKA) pode ser utilizada para identificar cobranças potencialmente não aprovadas ou não faturáveis com base em termos específicos utilizados nas descrições dos itens detalhados. É particularmente útil para identificar fornecedores que não estão claros quanto aos

Tipo	PI
Pessoas	
Operações	
Tecnologia	
Dados	

requisitos das diretrizes de faturamento ou que não estão aderindo a essas diretrizes. Este relatório é uma extensão da *Análise de Higiene das Faturas (IHA)*.

Escritório de Advocacia	Administração	Cópia	Suporte de TI	Diversos	Materiais de Escritório	Revisão de Texto	Pesquisa	Software	Processamento de Texto
Silva & Souza					0.1%		0.1%	2.6%	0.2%
Aliança Jurídica	2.0%		15%		0.1%			2.9%	0.1%
Costa, Martins & Consultoria			2.8%	3.2%		5%	1.5%	2.3%	1.0%
Grupo Pereira & Gomes			3.0%	14%		0.8%	1.5%	2.3%	1.0%
Santos & Almeida	1.2%	0.4%			0.9%			5.2%	1.5%
Mendonça Ribeiro Sociedade Jurídica			0.9%		6.2%			9.3%	2.7%
Cardoso Freitas Advocacia Estratégica	0.8%			0.2%		0.2%	0.1%	1.6%	0.5%
Núcleo Oliveira & Nascimento				1.4%	2.0%		0.2%	2.8%	0.9%

Porcentagem de Itens Detalhados Contendo Palavras-Chave — Contencioso

Dependendo dos termos das diretrizes de faturamento de cada departamento jurídico, certas palavras-chave, como "Administração" ou "Suporte de TI", podem ser sinalizadas se representarem atividades ou despesas que não devem ser cobradas do departamento jurídico. Nos casos em que o sistema de eBilling atual não possui mecanismos de sinalização abrangentes, a adoção da métrica ILIKA torna-se especialmente importante. Ao empregar a ILIKA e analisar a frequência de palavras-chave específicas nas faturas, os departamentos jurídicos podem obter diversos insights.

Por exemplo, se os itens detalhados de um fornecedor frequentemente contiverem um termo previamente acordado como não faturável, isso levanta preocupações sobre a precisão do faturamento desse fornecedor. A ILIKA pode ser uma ferramenta proativa para identificar desvios das diretrizes de faturamento estabelecidas e para identificar possíveis anomalias, garantindo que as cobranças não aprovadas sejam identificadas prontamente. Isso contribui para uma alocação eficiente do orçamento jurídico. A partir deste relatório de exemplo de ILIKA, fica evidente que certas firmas utilizam liberalmente palavras-chave específicas não permitidas. Tais práticas, consideradas antiéticas, podem ser identificadas e abordadas com o uso da ILIKA.

 Extraia dados do seu sistema de e-billing, focando em itens detalhados com alertas. Agrupe esses dados por fornecedor e calcule o número total de alertas e sua porcentagem relativa ao total de itens detalhados. Comparar essas métricas entre os fornecedores proporcionará os insights necessários.

Análise de Ajustes de Itens Detalhados nas Faturas (ILIAA)

O relatório de Análise de Ajustes de Itens Detalhados nas Faturas (ILIAA) foca nas alterações feitas nas faturas após serem recebidas pelo departamento jurídico. Esses ajustes podem ser realizados manualmente por um revisor ou de forma automatizada por meio de software de eBilling, recalculando os totais dos itens detalhados

Tipo	PI				
Pessoas					
Operações					
Tecnologia					
Data Dados					

devido a cobranças excessivas, descontos ou erros. Eles também destacam instâncias em que os itens cobrados não estão em conformidade com as diretrizes estabelecidas. Este relatório é uma extensão da *Análise de Higiene das Faturas (IHA)*.

Uma alta porcentagem de ajustes para um fornecedor específico ou profissional de tempo pode indicar discrepâncias frequentes entre o valor faturado e os valores aprovados. Por exemplo, um escritório de advocacia com um número elevado de faturas ajustadas pode ser um indicativo de problemas de faturamento ou de não conformidade com os termos acordados.

 Utilizando dados de faturas do seu sistema de e-billing, foque nos itens detalhados ajustados. Agrupe esses dados por escritório de advocacia e, em seguida, por cada profissional de tempo individual. Calcule a porcentagem de itens ajustados em relação ao total de itens faturados para cada entidade. Filtrar pelo motivo do ajuste pode ajudar a focar em tipos específicos de ajustes, orientando a tomada de decisões.

Aqui está um exemplo de relatório ILIAA:

Ajustes de Itens Detalhados nas Faturas							
Ano Atual							
Escritório de Advocacia	Nº de Faturas Revisadas	Nº de Faturas Ajustadas	% de Faturas Ajustadas	Valor Faturado Revisado	Total de Ajustes	% do Valor Ajustado	Valor Líquido Processado
Silva & Souza	9	7	78%	1.3M	64K	4.9%	1.2M
Aliança Jurídica	10	9	90%	1.2M	39K	3.1%	1.2K
Costa, Martins & Consultoria	8	7	88%	350K	21K	6.1%	328K
Cameron Schuster LLP	9	9	100%	370K	17K	4.6%	353K
Santos & Almeida	6	5	83%	414K	17K	4.1%	397K
Mendonça Ribeiro Sociedade Jurídica	7	1	14%	842K	13K	1.7%	828K
Cardoso Freitas Advocacia Estratégica	12	4	33%	2.3M	11K	0.5%	2.3M
Núcleo Oliveira & Nascimento	3	2	67%	1.1M	3.7K	0.4%	1.1M
Vieira Lopes Advogados	10	4	40%	162K	978	0.6%	161K
Total	74	48	66%	8.1M	189K	2.9%	7.9M

Ao detalhar os dados, é possível identificar se as discrepâncias são generalizadas ou isoladas a fornecedores ou indivíduos específicos. Um número significativo de ajustes vindos de um único profissional de tempo ou escritório de advocacia específico pode ser um sinal de alerta. Por exemplo, se um único profissional de tempo for responsável pela maioria dos ajustes, isso pode indicar práticas de faturamento individuais que precisam ser revistas. Quando o relatório ILIAA de exemplo é ainda mais detalhado, investigando o escritório com mais ajustes, Cameron Schuster LLP, podemos ver que Sarah Johnson apresenta uma porcentagem de ajustes incomumente alta. Essas informações podem ser utilizadas para conduzir uma investigação adicional, analisando as razões reais dos ajustes nas faturas e informando discussões para esclarecer e resolver quaisquer mal-entendidos ou problemas.

ajuste em vez de fazer suposições apenas com base nos números.

Além disso, uma alta frequência de ajustes pode não apenas indicar discrepâncias nas práticas de faturamento, mas também levantar questões sobre a eficácia da comunicação e colaboração do departamento jurídico, tanto internamente entre revisores quanto externamente com fornecedores. Isso pode indicar a necessidade de instruções ou diretrizes mais claras fornecidas aos profissionais de tempo e juristas envolvidos no processo de faturamento. Adicionalmente, pode sugerir uma revisão dos processos iniciais de escopo e engajamento para garantir que as expectativas do departamento jurídico e os termos de faturamento estejam alinhados desde o início.

| Ajustes de Itens Detalhados nas Faturas – Cameron Schuster LLP | | | | | | | | |
| Ano Atual | | | | | | | | |
Profissional	Nº de Faturas Emitidas	Nº de Itens Detalhados Faturados	Nº de Itens Detalhados Ajustados	% de Itens Detalhados Ajustados	Valor Faturado Revisado	Total de Ajustes	% do Valor Ajustado (USD)	Valor Líquido Processado
Johnson, Sarah	7	32	19	59%	86K	11K	13.3%	74K
Turner, Mitchell	7	31	5	16%	100K	3K	3.5%	38K
Hall, Lisa	3	19	4	21%	44K	6K	14.4%	26K
Miller, Richard	5	29	2	7%	41K	1K	3.6%	95K
Garcia, Joseph	8	47	2	4%	30K	814	2.7%	29K
Nguyen, Olivia	2	24	3	13%	26K	674	2.5%	16K
Green, Matthew	2	10	1	10%	16K	259	1.5%	39K
Baker, Steven	1	2	0	0%	984	0	0.0%	984
Total	35	194	36	16%	346K	24K	5.2%	322K

Embora os ajustes possam destacar possíveis problemas, eles nem sempre significam irregularidades. Alguns ajustes podem ser devido a regras de desconto automatizadas pré-estabelecidas, por exemplo, a aplicação de um desconto de 10% na taxa padrão, ou outros motivos já conhecidos.

É essencial investigar o contexto de cada

Análise de Rejeições de Itens Detalhados nas Faturas (ILIRA)

Enquanto alertas e ajustes podem indicar discrepâncias potenciais e apontar para problemas que podem ou não se materializar em questões maiores, os itens detalhados rejeitados destacam casos em que erros ou irregularidades ultrapassaram um limite, exigindo mais do que apenas um alerta ou sinalização. Algumas regras de rejeição podem até acionar uma decisão de reter o pagamento até que haja mais esclarecimentos ou ajustes. A Análise de Rejeições de Itens Detalhados nas Faturas (ILIRA) é uma excelente ferramenta para examinar o que deu errado e o que precisa ser corrigido. Este relatório é uma extensão da *Análise de Higiene das Faturas (IHA)*.

ILIRA foca em faturas que são completamente rejeitadas devido a imprecisões significativas, não conformidade com as diretrizes de cobrança estabelecidas ou outras inconsistências. Essas rejeições podem resultar de uma variedade de fatores e podem variar de organização para organização, incluindo códigos de cobrança incorretos, tarifas inconsistentes, documentação insuficiente ou cobranças não autorizadas para casos encerrados.

As repercussões para faturas rejeitadas podem incluir atrasos nos pagamentos, relações tensas com fornecedores ou disputas potenciais que requererão revisão adicional e mais recursos para serem resolvidas.

No relatório de exemplo abaixo, o escritório Guevara & Carbajal PLLC está em segundo lugar em Total de Valor Rejeitado, mas sua Percentual de Rejeição de Faturas é a mais alta do conjunto de dados. Quase metade dos itens detalhados submetidos por este

| Itens Detalhados de Faturas Rejeitados | | | | | | |
| Ano até a Data | | | | | | |
Escritório de Advocacia	Nº de Itens Detalhados Revisados	Nº de Itens Detalhados Rejeitados	% de Rejeição	Valor Faturado Revisado (USD)	Valor Total Rejeitado (USD)	% do Valor Rejeitado
Muller, Grant and Ziemann LLP	34	1	3%	972K	130K	13.4%
Guevara & Carbajal, PLLC	238	110	46%	426K	75K	17.7%
Lemke Group	7,754	72	1%	2,3M	38K	1.6%
Little, Buckridge and Streich LLP	3,196	238	7%	1,3M	31K	2.3%
Prime & Thistlewood	497	41	8%	1,2M	24K	1.9%
Cameron Schuster LLP	797	117	15%	389K	18K	4.6%
Bednar and Haley, LLP	68	1	1%	1,1M	12K	1.1%
Mossbacher, McQuiod & Patton	397	34	9%	171K	9K	5.3%
Johnston, Wilkinson and Kilback LLP	1,342	122	9%	415K	2K	0.4%
Total	14,323	736	11%	8,4M	340K	4.0%

escritório foram rejeitados. Por outro lado, Muller, Grant e Ziemann LLP têm um Percentual de Rejeição de Faturas muito baixo, tendo apenas um item rejeitado; no entanto, esse item era de $130k. Isso pode ser devido a um AFA que foi rejeitado por algum problema que precisa ser abordado.

Vale destacar que, muitas vezes, com as rejeições de faturas, uma vez que o limite para rejeição é atingido, limiares mais baixos para alertas podem não ser mais verificados. Isso significa que pode haver uma fatura rejeitada em que, após a correção do motivo de rejeição, novos alertas podem ser sinalizados após a submissão bem-sucedida.

Outra forma de utilizar os dados do ILIRA é abordar os motivos mais recorrentes para rejeição. Rejeições repetidas podem destacar desafios mais amplos com os fornecedores,

> **ⓘ DICA**
>
> O software de e-billing e as regras automatizadas de revisão de faturas podem atuar como um "guardião" vigilante. Configurar regras que automaticamente rejeitem itens detalhados que não atendam a certos critérios economiza tempo e recursos.

permitindo que os departamentos jurídicos revisem e reflitam, e potencialmente ajustem suas regras para alcançar soluções mais colaborativas. Compreender os motivos mais frequentes de rejeição fornece um roteiro para melhorias, ajudando a concentrar os esforços, fomentar a precisão das cobranças e melhorar as relações com os fornecedores, levando a operações mais fluidas no geral.

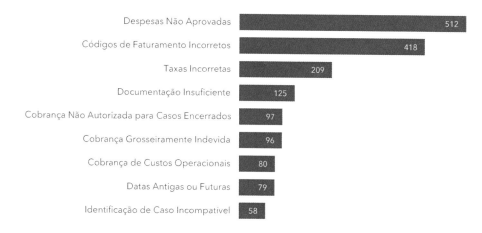

Motivos Mais Recorrentes para Rejeição

Motivo	Valor
Despesas Não Aprovadas	512
Códigos de Faturamento Incorretos	418
Taxas Incorretas	209
Documentação Insuficiente	125
Cobrança Não Autorizada para Casos Encerrados	97
Cobrança Grosseiramente Indevida	96
Cobrança de Custos Operacionais	80
Datas Antigas ou Futuras	79
Identificação de Caso Incompatível	58

Análise de Desempenho dos Revisores de Faturas (IRPA)

Tipo	PI
Pessoas	■■□□
Operações	■■□□
Tecnologia	■■■□
Dados	■■■□

O relatório de Análise de Desempenho dos Revisores de Faturas (IRPA) foi desenvolvido para fornecer uma visão geral do desempenho e da eficiência dos revisores de faturas individuais dentro do departamento jurídico. Avaliando métricas como Duração Média de Revisão, Percentual de Faturas Ajustadas e Percentual de Faturas Rejeitadas, o relatório IRPA oferece insights valiosos sobre os pontos fortes e as áreas potenciais de melhoria para cada revisor de faturas. Este relatório é uma extensão da *Análise de Higiene das Faturas (IHA)*.

Análise de Desempenho dos Revisores de Faturas - Oma & Steele LLP
Ano até a Data

Nome do Revisor	Total de Faturas Revisadas	Média de Paradas Antes	Duração Média de Revisão (Dias)	% de Faturas com Ajustes	% de Faturas Rejeitadas	Valor Médio das Faturas (USD)	Valor Médio de Ajustes (USD)
Davis, Olivia	120	1	14	10%	0%	45k	2K
Wilson, Benjamin	95	-	7	20%	3%	23K	4K
Brown, Robert	110	3	20	0%	3%	150K	-
Anderson, Ava	105	2	13	0%	0%	100K	-
Johnson, Michael	100	1	15	5%	0%	34K	1K

As equipes de operações jurídicas podem usar o IRPA para aumentar a eficiência do processo de revisão de faturas, garantindo práticas de faturamento pontuais, precisas e em conformidade, por meio de:

- **Identificação de Gargalos**: Examinar o número médio de paradas no fluxo de trabalho e a duração de cada revisão para identificar áreas de atrasos ou ineficiências. Abordar esses gargalos ajudará a agilizar o processo de revisão.
- **Treinamento e Aprimoramento**: Se um revisor apresentar um alto percentual de ajustes ou rejeições, isso pode indicar a necessidade de treinamento adicional ou de mais clareza nas diretrizes de faturamento.
- **Equilíbrio das Cargas de Trabalho**: Em casos onde certos revisores processam faturas de forma mais rápida ou mais lenta do que a média, analisar as razões e considerar a redistribuição da carga de trabalho. Isso pode ajudar a garantir um processamento uniforme e ágil das faturas em toda a equipe de revisão.
- **Revisão Regular das Diretrizes**: Assegurar que todos os revisores estejam trabalhando com as diretrizes de faturamento mais atualizadas. Revisar e comunicar periodicamente qualquer alteração para minimizar discrepâncias e a necessidade de ajustes.

- **Coleta de Feedback dos Fornecedores**: Usar os dados do IRPA para estabelecer um ciclo de feedback construtivo com os revisores e fornecedores. Se problemas recorrentes surgirem, engajar-se proativamente com fornecedores e revisores para abordá-los e resolvê-los, facilitando transações futuras mais suaves.

 DICA

Sempre mantenha um diálogo aberto com os revisores para entender a história completa por trás dos números. Essa abordagem holística garante que quaisquer melhorias potenciais sejam direcionadas e eficazes, promovendo um ambiente colaborativo e compreensivo.

Análise da Higiene das Descrições dos Itens Detalhados das Faturas (ILIDHA)

Descrições claras e precisas dos itens detalhados nas faturas são essenciais para garantir que o departamento jurídico compreenda plenamente os serviços prestados. A Análise da Higiene das Descrições dos Itens Detalhados das Faturas (ILIDHA) é projetada para avaliar a qualidade, clareza e singularidade das descrições dos itens detalhados, assegurando que representem de forma precisa o trabalho realizado, sem ambiguidades ou entradas repetitivas. Este relatório é uma extensão da *Análise de Higiene das Faturas (IHA)*.

Tipo	PI			
Pessoas				
Operações				
Tecnologia				
Dados				

Ao revisar as descrições para o relatório ILIDHA, considere:

- **Especificidade**: Descrições ambíguas ou vagas podem gerar mal-entendidos e dificuldades durante o processo de revisão.
- **Singularidade**: Verifique se há descrições repetitivas ou duplicadas dos itens detalhados.

- **Detalhamento**: As descrições devem ser detalhadas o suficiente para representar com precisão o trabalho realizado (veja a seção sobre Faturamento em Bloco abaixo).
- **Relevância**: Avalie se as descrições refletem com precisão as tarefas e atividades jurídicas, sem incluir informações irrelevantes ou não relacionadas.

Análise da Higiene das Descrições dos Itens Detalhados das Faturas							
Escritório de Advocacia	Total de Itens Detalhados	Descrições Únicas	Descrição Mais Comum	Frequência da Descrição Mais Comum	% de Descrições Únicas	% de Faturamento em Bloco	Comprimento Médio das Descrições (Palavras)
Lemke Group	7,754	5,478	"Produção de documentos"	787	71%	2%	23
Aliança Jurídica	3,196	2,754	"Pesquisa"	368	86%	22%	22
Costa, Martins & Consultoria	1,342	647	"Produção de documentos"	314	48%	15%	7
Grupo Pereira & Gomes	497	287	"Participar de reunião"	96	58%	19%	4
Santos & Almeida	797	259	"Comunicação por e-mail"	327	32%	13%	9
Mendonça	238	142	"Revisão de documentos"	132	60%	10%	8
Cardoso Freitas Advocacia	397	79	"Pesquisa"	104	20%	9%	16
Núcleo Oliveira & Nascimento	68	63	"Revisão de documentos"	5	93%	0%	12
Vieira Lopes Advogados	34	26	"Participar de reunião"	54	76%	3%	16

- **Tarefa vs. Despesa**: Cobranças por serviços prestados devem ser separadas das cobranças por despesas incorridas.
- **Abreviações e Jargões**: Abreviações ou jargões utilizados nas descrições devem ser universalmente compreendidos.

Os benefícios do relatório ILIDHA incluem:

- **Garantia de Qualidade**: Descrições detalhadas melhoram a transparência, proporcionando uma compreensão mais clara dos serviços realizados e das despesas incorridas. A transparência tende a resultar em menos disputas e questionamentos sobre a natureza do trabalho.
- **Eficiência**: Descrições claras e únicas podem acelerar o processo de revisão e aprovação das faturas.
- **Redundâncias**: Se um fornecedor usar frequentemente as mesmas descrições genéricas, isso pode indicar que eles não estão adaptando seus serviços às necessidades específicas ou potencialmente duplicando esforços.
- **Responsabilização**: Descrições únicas podem responsabilizar os profissionais por suas horas faturadas, garantindo que reflitam

> **ⓘ DICA**
>
> Embora descrições únicas e detalhadas sejam valiosas, existem situações em que descrições repetitivas ou padronizadas podem ser apropriadas, devido à natureza da tarefa. Use este relatório como uma ferramenta para melhorar a transparência e o entendimento, em vez de um manual de regras rígidas. Encoraje os consultores externos a fornecer descrições claras, concisas e relevantes, mas também assegure-se de que as expectativas sejam comunicadas de forma eficaz para evitar sobrecarregá-los com a necessidade de detalhes excessivos.

genuinamente o trabalho realizado, em vez de usar descrições genéricas.

- **Melhoria das Relações com Fornecedores**: Ao incentivar os fornecedores a fornecer descrições detalhadas, os departamentos jurídicos podem fomentar uma cultura de transparência e confiança. Com o tempo, isso pode levar a um relacionamento mais colaborativo e compreensivo entre o departamento jurídico e seus fornecedores.

Ao aprofundar a análise, observando profissionais específicos como parte do relatório ILIDHA, os departamentos jurídicos

Profissional	Função	Total de Itens Detalhados	Descrições Únicas	Descrição Mais Comum	Frequência da Descrição Mais Comum	% de Descrições Únicas	% de Faturamento Agrupado	Comprimento Médio das Descrições (Palavras)
Johnson, Ethan	AS	748	628	"Pesquisa jurídica"	59	84%	13%	9
Taylor, Christopher	AS	647	349	"Revisão de documentos"	125	54%	19%	5
Chen, Isabella	PL	389	217	"Produção de documentos"	197	56%	41%	22
Williams, Jamal	PA	312	242	"Reunião com o cliente"	41	78%	31%	8
Thompson, Harper	AS	227	201	"Participar da reunião"	21	89%	27%	14

Análise de Higiene das Descrições de Itens Detalhados das Faturas - Lemke Group
Ano até a Data

podem identificar indivíduos que consistentemente fornecem descrições claras e detalhadas, em contraste com aqueles que têm espaço para melhorar a higiene de suas descrições. Este relatório não apenas identifica padrões entre profissionais mais novos ou menos experientes, destacando áreas onde treinamento adicional ou orientação são necessários, mas também pode motivar revisores a serem mais diligentes e cuidadosos em suas entradas.

como "várias tarefas", "múltiplas atividades" ou "diversos assuntos".

2. **Quantificar o Faturamento Agrupado**: Contar o número de entradas de faturamento agrupado identificadas. Calcular o total de horas faturadas para essas entradas.

3. **Calcular a Porcentagem de Faturamento Agrupado**: Veja a caixa de cálculo abaixo.

$$\text{Porcentagem de Faturamento Agrupado} = \frac{\text{Número de Entradas de Faturamento Agrupado}}{\text{Número Total de Entradas}} \times 100$$

Faturamento Agrupado

O faturamento agrupado refere-se à prática de agrupar várias tarefas em uma única entrada, em vez de detalhar cada tarefa separadamente. Para identificar o faturamento agrupado, os revisores precisam analisar manualmente as descrições das faturas para detectar entradas que abrangem múltiplas tarefas distintas. Abaixo está uma abordagem básica para identificar instâncias de faturamento agrupado e calcular a Porcentagem de Faturamento Agrupado:

1. **Identificar Potenciais Entradas de Faturamento Agrupado**: Revisar as descrições das linhas para entradas que contenham conjunções como "e", "com" ou ponto e vírgula, além de outros delimitadores, que possam indicar a descrição de múltiplas tarefas. Use pesquisas de palavras-chave para identificar frases comuns que frequentemente acompanham o faturamento agrupado,

É importante observar que nem toda entrada com conjunções ou múltiplas atividades é necessariamente um exemplo de faturamento agrupado. O contexto e a clareza da descrição são relevantes.

Por exemplo, sua organização pode permitir a combinação de atividades semelhantes ao faturar o mesmo caso, mas não atividades semelhantes em casos diferentes. "Revisão de documentos do Caso Smith e do Caso Weston" pode ser considerado faturamento agrupado, enquanto "Revisão de documentos do Caso Smith e redação de memorando do Caso Smith" pode não ser considerado faturamento agrupado. Cada organização é diferente, portanto, o objetivo é que as descrições das linhas de itens façam sentido para o seu departamento jurídico e seu departamento de contas a pagar.

Para avaliar melhor a extensão e a adequação do faturamento agrupado, recomenda-se uma combinação de análise automatizada (como pesquisas de palavras-chave) e revisão manual.

Porcentagem de Entradas de Tempo por Unidade Faturada (TEUB)

Compreender a granularidade das entradas de tempo é fundamental para garantir transparência e precisão na faturação. A Porcentagem de Entradas de Tempo por Unidade Faturada (TEUB) avalia a proporção de entradas de tempo faturáveis de um Profissional em unidades de tempo específicas (por exemplo, minutos, décimos de hora ou quartos de hora), em comparação com outros responsáveis e unidades. Essa análise oferece insights sobre as tendências de faturamento de cada responsável, destacando possíveis inconsistências, irregularidades e ineficiências. Este relatório é uma extensão da *Análise de Higiene das Faturas (IHA)*.

Tipo	Métrica
Pessoas	
Operações	
Tecnologia	
Dados	

Observe que as variações nos métodos de faturamento, como faturamento por hora, tarifa fixa ou contingência, bem como as diferenças entre os profissionais, podem influenciar significativamente esta análise dinâmica. Em casos onde as faturas carecem de detalhes ou quando as horas detalhadas não estão disponíveis, calcular o TEUB pode ser desafiador ou até inviável.

Por exemplo, um faturamento frequente em incrementos de quarto de hora pode sugerir

práticas de arredondamento. O uso consistente de incrementos menores ou maiores pode indicar um foco na precisão, ou pode ser um indicador de possível superestimação de horas.

Preste atenção aos indivíduos que constantemente faturam em unidades de tempo inteiras, como incrementos de uma hora; isso é incomum e altamente sugestivo de arredondamento ou estimativa.

No exemplo de relatório TEUB abaixo,

Porcentagem de Entradas de Tempo por Unidade Faturada – Oma & Steele LLC
Ano até a Data

Profissional	Função	0.1	0.2	0.3	0.3	0.4	0.5	0.6	0.75	1	1.5	2	2.5	Horas
McDaniel, Alice	PL	73%	20%							7%				2150
White, Matthew	AS		22%	7%	3%	3%	16%	10%		14%	10%	2%		1480
Jordan, Natasha	OC		27%				21%		33%					1023
Franklin Jr, Joshua	AS		22%				38%		11%	24%				1018
Norton, Kate	PL	62%	21%											1011
Kumar, Rajesh	AS						43%			42%	8%			942
Jackson, Omar	PA									50%			38%	891
Summer, Elizabeth	PA						57%				30%			406
Martin, Jules	AS			32%			31%		22%					79
Larrington, John	PA									100%				68

podemos ver que John Larrington faturou 100% de todas as suas entradas de tempo em incrementos de uma hora. Ao investigar e analisar as descrições dos itens detalhados, ficou evidente que ele costumava faturar uma hora para cada reunião ou e-mail gerado.

Use os dados do TEUB para iniciar um diálogo com escritórios e fornecedores, a fim de identificar possíveis irregularidades no faturamento e trabalhar com os profissionais para melhorar a precisão e a consistência do faturamento. O TEUB também pode ser utilizado para avaliar a eficácia das diretrizes de faturamento ou dos termos de engajamento, identificando áreas de melhoria no processo de faturamento.

> **ⓘ DICA**
>
> Para separar efetivamente as faturas do tipo AFA das horas faturáveis, certifique-se de que estejam claramente identificadas em seu sistema de faturamento. Audite regularmente as submissões de faturas e mantenha uma comunicação aberta com os fornecedores sobre os requisitos e hábitos de faturamento.

Análise de Hábitos de Trabalho e Eficiência dos Profissionais (TKEA)

O relatório de Análise de Hábitos de Trabalho e Eficiência dos Profissionais (TKEA) oferece uma visão multidimensional dos hábitos de trabalho, eficiência e dedicação dos profissionais. Ele fornece dados valiosos que podem ser usados para otimizar a distribuição de trabalho, garantir o bem-estar dos profissionais e tomar decisões estratégicas informadas. Este relatório é uma extensão da *Análise de Higiene das Faturas (IHA)*.

Tipo	KPI
Pessoas	
Operações	
Tecnologia	
Dados	

Análise de Hábitos de Trabalho e Eficiência dos Profissionais
Ano até a Data

Escritório	Profissional	Função	Horas Faturadas	Dias Faturados	Nº de Dias com 10 Horas	% de Dias com 10 Horas	Média de Horas por Dia Faturado	Horas aos Sábados	Horas aos Domingos	Horas no Domingo de Páscoa	Horas no Memorial Day	Horas no 4 de Julho	Horas no Dia do Trabalho	Horas no Dia de Ação de Graças
Silva & Souza	Fletcher, Max	AS	2,576	286	115	40%	9	11	7		9.7		11.8	
Silva & Souza	Collins, Ava	AS	2,398	276	117	42%	8.7			4.6	2	6.2		
Aliança Jurídica	Bennett, Owen	AS	2,361	289	88	30%	8.2	3	15		1			
Aliança Jurídica	Evans, Sophia	SO	2,308	321	19	6%	7.2			6.4	1.8	4.7	4.7	4.1
Grupo Pereira & Gomes	Patel, Diego	AS	2,101	278	50	18%	7.6	13						
Grupo Pereira & Gomes	Yang, Ji-Hoon	AS	1,255	265	6	2%	4.7		14					
Aliança Jurídica	Chen, Ethan	AS	986	247	5	2%	4							
Grupo Pereira & Gomes	Anderson, Lily	SO	951	245	7	3%	3.9		4					
Grupo Pereira & Gomes	Garcia, Isabella	AS	779	250	6	2%	3.1	2		0.3	2.8			
Silva & Souza	Ingram, Mia	SO	652	155	1	1%	4.2		9			2.3		

Benefícios do relatório TKEA incluem:

- **Avaliação da Carga de Trabalho**: Ao analisar as Horas Totais Faturadas por Responsável e o Número de Dias Faturados por Responsável, é possível obter insights sobre a carga de trabalho e os hábitos de cada responsável. Use esses dados para identificar se algum responsável está sobrecarregado, subutilizado ou apresentando baixo desempenho.
- **Análise de Eficiência**: A métrica de Horas Médias por Dia Faturado oferece uma visão do dia de trabalho típico de cada responsável, ajudando a avaliar sua eficiência e dedicação.
- **Indicador de Potencial de Esgotamento**: Uma alta porcentagem de dias de 10 horas

pode ser um sinal precoce de potencial esgotamento ou sobrecarga de trabalho. Essa métrica é crucial para garantir o bem-estar dos profissionais, ajudando-os a manter uma qualidade de trabalho consistente.

- **Insights sobre Trabalho em Finais de Semana e Feriados**: Ao destacar as horas faturadas em finais de semana e feriados específicos, a TKEA fornece insights sobre o equilíbrio entre vida profissional e pessoal dos profissionais. Isso pode ajudar a identificar dedicação, mas também a garantir que os responsáveis não estejam sacrificando consistentemente seu tempo pessoal para cumprir prazos, o que pode levar a uma diminuição do moral ou esgotamento no longo prazo.
- **Consistência de Faturamento**: A TKEA pode ajudar a identificar inconsistências ou anomalias no faturamento. Por exemplo, se um Profissional possui um alto número de horas faturadas, mas um baixo número de dias faturados, isso pode indicar bloqueio de faturamento ou

> **ⓘ DICA**
>
> Os feriados variam internacionalmente, e seu impacto no comportamento de faturamento pode ser diferente. Além disso, a diversidade de datas em que feriados como o Dia do Trabalho podem cair (geralmente na primeira segunda-feira de setembro) pode dificultar cálculos precisos.

outras irregularidades de faturamento.

- **Análise Comparativa**: Ao comparar profissionais de diferentes escritórios, o departamento jurídico pode identificar melhores práticas e áreas de melhoria. Isso pode ser instrumental em negociações ou ao considerar quais escritórios contratar para futuros trabalhos.
- **Tomada de Decisões Estratégicas**: Entender os hábitos de trabalho dos profissionais pode ser crucial ao tomar decisões estratégicas, como a atribuição de tarefas ou projetos específicos com base nos hábitos de trabalho e na eficiência dos profissionais.

Otimização de Honorários de Prestadores de Serviços Jurídicos (VRO)

As taxas de cobrança podem ser influenciadas por uma variedade de fatores, incluindo funções, níveis de experiência, localização geográfica e tarefas específicas envolvidas. É aqui que o relatório de Otimização de Honorários de Prestadores de Serviços Jurídicos (VRO) desempenha um papel fundamental, sintetizando esses diversos

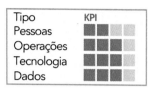

Tipo	KPI
Pessoas	
Operações	
Tecnologia	
Dados	

pontos de dados e comparando-os com os requisitos do departamento jurídico para oferecer insights voltados para a economia de custos e a otimização do uso de recursos.

O Honorário Médio Composto (Blended Average Rate - BAR) é uma métrica essencial no relatório VRO, fornecendo uma visão consolidada das dinâmicas de taxas de um escritório de advocacia. Ela é calculada como a média ponderada de todas as taxas horárias para cada função dentro do escritório. As tabelas de amostra de BAR apresentadas abaixo comparam os honorários e a utilização de recursos do escritório de amostra Lemke Group com um benchmark de escritórios concorrentes contratados pelo departamento jurídico para assuntos semelhantes.

Honorário Médio Combinado– Contencioso (USD)					
	CJ	OU	AS	SO	AJ
Lemke Group	914	-	537	1,075	184
Outros	764	334	474	543	145
Diferença	20%		13%	98%	27%

Horas Faturadas do Lemke Group - Contencioso	
CJ	136
AJ	685
AS	1699
SO	1378
OU	-
Total	3,898

Na amostra, por exemplo, a análise pode revelar que o Lemke Group parece estar subutilizando os paralegais, indicando uma grande oportunidade de otimização de recursos e economia de custos. Com base nos dados de amostra, também se pode deduzir que as taxas de sócios e associados estão acima da média. Notavelmente, as taxas para sócios são quase o dobro das taxas de escritórios concorrentes contratados pelo departamento jurídico! Os departamentos jurídicos podem usar essa metodologia para abordar prestadores de serviços com sugestões baseadas em dados para negociação.

Oportunidade de Utilização de Recursos do Lemke Group - Contencioso (USD)						
	CJ	OU	AS	SO	AJ	Total
Custo (USD)	124,657	-	911,828	1,481,050	126,040	2,643,575
Custo Ajustado (USD)	104,263		804,631	748,132	99,380	1,756,406
Diferença (USD)	887,169		107,198	732,918	26,660	887,169

Para estimar economias ou custos adicionais:

1. Ajuste os honorários inflacionados para a média. Multiplique a diferença percentual de cada função pelo número de horas faturadas para aquela função dentro do escritório.
2. Aplique as taxas recomendadas para cada categoria.
3. Subtraia o total revisado do original. Aplicando essa análise aos nossos dados de amostra, ao alinhar os honorários de todas as funções à média, pode haver uma economia potencial de até $887.169.

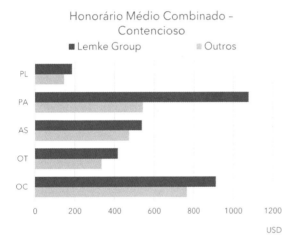

Honorário Médio Combinado – Contencioso
■ Lemke Group ▨ Outros

Limitações

- **Experiência vs. Honorários**: Comparações diretas de honorários podem ser enganosas. Um sócio com 20 anos de experiência pode, naturalmente, ter um honorário mais alta do que um com 10 anos.
- **Disparidades Locacionais**: As taxas podem variar com base na localização devido às diferenças no custo de vida, taxas de câmbio, complexidade do caso e demanda de mercado.
- **Volume de Trabalho**: A eficiência é importante. Um escritório com uma taxa horária mais alta, mas com maior agilidade, pode oferecer melhor valor.
- **Relacionamentos com Stakeholders**: Negociações de taxas devem ser feitas com respeito mútuo, considerando o valor geral e o histórico de colaboração.
- **Especializações**: Alguns casos podem exigir expertise especializada ou acarretar riscos que justificam uma taxa premium. Escritórios que oferecem serviços especializados podem cobrar mais, mas seus resultados podem ser mais rentáveis a longo prazo.

Otimização da Utilização de Recursos dos Fornecedores (VRUO)

Compreender como os fornecedores alocam seus recursos é essencial para avaliar sua eficiência operacional. Ao examinar a alocação de recursos de acordo com diferentes critérios, os departamentos jurídicos podem obter insights sobre como escritórios de advocacia e fornecedores lidam com tarefas semelhantes. O relatório de Otimização da Utilização de Recursos dos Fornecedores (VRUO) compara funções – como sócios, associados e paralegais – com sua participação em tarefas jurídicas específicas.

Tipo	KPI
Pessoas	■■□
Operações	■■□
Tecnologia	■■□
Dados	■■■

Comparar seus dados de VRUO com outros escritórios que lidam com tarefas semelhantes permite que as equipes de operações jurídicas identifiquem oportunidades de melhor alocação de recursos. Isso se torna especialmente relevante quando negociações de redução de taxas não são viáveis. Em vez de pressionar por taxas reduzidas, os departamentos jurídicos podem sugerir que os escritórios de advocacia redistribuam tarefas de forma mais eficiente entre seus profissionais.

Considere o exemplo a seguir:

	Alocações Rivas-Carrion					Alocações Sugeridas				
	CJ	AJ	AS	SO	OU	CJ	AJ	AS	SO	OU
Contencioso	-	-	-	100%	-	6%	7%	49%	30%	8%
Direito Empresarial e Comercial	5%	12%	3%	65%	15%	3%	8%	54%	28%	7%
Imigração	2%	98%	-	-	-	6%	44%	43%	5%	2%

A tabela mostra que o escritório Rivas-Carrion LLP utiliza principalmente sócios para tarefas de contencioso. Em contraste, outros escritórios podem distribuir essas tarefas de forma mais equilibrada entre as funções, potencialmente melhorando a eficiência e a relação custo-benefício.

Para identificar possíveis economias, analise a diferença na alocação de recursos. A Taxa Média Combinada (Blended Average Rate - BAR) é uma métrica fundamental neste relatório, fornecendo uma visão consolidada da dinâmica de taxas de um fornecedor. Ela é calculada como a média ponderada de todas as taxas horárias para cada função dentro de um escritório ou fornecedor específico. Por exemplo, na categoria de Direito Corporativo & Comercial, um departamento jurídico pode encontrar o seguinte ao revisar o escritório Rivas-Carrion:

Diferença Percentual - Direito Empresarial e Comercial					
	CJ	AJ	AS	SO	OU
Rivas-Carrion	5%	15%	3%	65%	12%
Sugerido	3%	7%	54%	28%	8%
Diferença	2%	8%	-51%	37%	4%

Honorário Médio Composto (USD)	
CJ	694
AJ	168
AS	419
SO	719
OU	198

Horas Faturadas	
CJ	289
AJ	867
AS	173
SO	3,758
OU	694
Total	5,781

Com base nesses dados, o Rivas-Carrion depende fortemente de sócios para o trabalho realizado nesta categoria. Ao comparar sua alocação com a alocação sugerida com base em escritórios semelhantes, os departamentos jurídicos podem quantificar possíveis economias. Calcule essa diferença multiplicando a taxa pelo número de horas faturadas para as alocações atuais e contrastando com a alocação sugerida.

Diferença de Recursos – Direito Empresarial e Comercial (USD)						
	CJ	AJ	AS	SO	OU	Total
Rivas-Carrion	200,601	145,681	72,667	2,701,750	137,357	3,258,056
Alocação Ajustada (USD)	120,360	67,985	1,308,009	1,163,831	91,571	2,751,756
Oportunidade de Economia (USD)						506,300

Usar o VRUO para informar a estratégia de realocação de recursos oferece potencial para desbloquear economias significativas. Neste exemplo, o ajuste poderia levar a uma economia potencial de US$ 500.000.

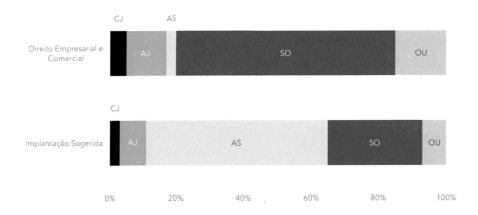

Alocação de Recursos - Rivas-Carrion

Outra peça essencial no quebra-cabeça da alocação de recursos surge quando ajustes levam a aumentos de custos. Isso pode acontecer com o Rivas-Carrion em outra categoria, como Imigração:

Diferença Percentual					
Imigração					
	CJ	AJ	AS	SO	OU
Rivas-Carrion	2%	98%	0%	0%	0%
Sugerido	6%	44%	43%	5%	2%
Diferença	-4%	54%	-43%	-5%	-2%

Custo de Casos de Imigração - Rivas-Carrion	
(USD)	
Atual	657,687
Alocação Sugerida	985,937
Diferença	-328,250

Algumas Considerações

- **Práticas Comerciais Padrão**: Na profissão jurídica, existem normas estabelecidas para a delegação de tarefas. Tipicamente, sócios lidam com decisões significativas, enquanto associados e paralegais gerenciam tarefas rotineiras. Se sócios estiverem frequentemente envolvidos em tarefas rotineiras, especialmente em áreas como Imigração ou Propriedade Intelectual/Patentes, que envolvem extensiva documentação repetitiva, essas situações podem ser oportunidades apropriadas para revisão e renegociação.

- **Comparação de "Maçãs com Maçãs"**: Certifique-se de que está comparando escritórios de advocacia com especializações e engajamento de casos semelhantes. Isso proporciona uma compreensão mais precisa de sua eficiência operacional. Comparar apenas alguns escritórios pode não oferecer uma visão abrangente dos padrões do setor.

- **Qualidade acima de Custo**: Embora o custo seja um fator significativo, a qualidade do serviço é igualmente crucial. Um escritório pode ter taxas mais altas, mas oferecer resultados superiores ou possuir uma expertise única que justifique o prêmio.

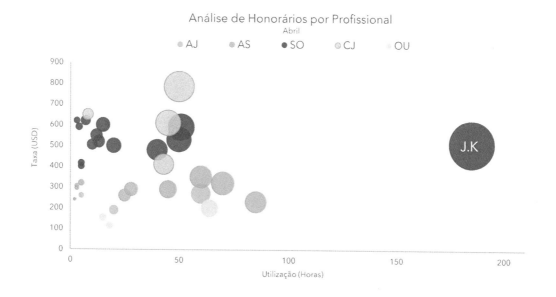

Análise de Honorários por Profissional
Abril

229

- **Visualização de Dados**: Visualizar dados pode revelar insights que podem ser perdidos nos números brutos. Por exemplo, o gráfico de bolhas a seguir representa os profissionais de tempo externo, mostrando suas taxas horárias, horas trabalhadas e honorários totais faturados em abril. Cada círculo simboliza um profissional, com cores diferentes indicando diferentes funções. A posição vertical de um círculo mostra a taxa de faturamento do profissional, enquanto a posição horizontal indica as horas trabalhadas. O tamanho do círculo reflete o total de honorários faturados.

A partir desta visualização, é evidente que as taxas dos sócios são mais altas do que as dos associados. No entanto, uma anomalia se destaca: um sócio, identificado como J.K, faturou mais de 160 horas naquele mês a uma taxa elevada, resultando em um custo substancial. Esta representação visual facilita a identificação de tais anomalias e permite abordá-las prontamente

Tempo Médio de Aprovação de Faturas (IAT)

O Tempo Médio de Aprovação de Faturas (IAT) mede o tempo decorrido desde o recebimento de uma fatura até sua aprovação final. Este indicador oferece insights sobre a eficiência do processo de análise e aprovação de faturas dentro do departamento jurídico.

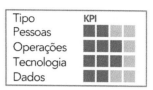

Tipo	KPI
Pessoas	
Operações	
Tecnologia	
Dados	

À medida que o tamanho e/ou o custo de uma fatura aumentam, pode ser necessário um exame mais detalhado e aprovações adicionais, o que, compreensivelmente, pode prolongar o tempo de aprovação. Ao monitorar atentamente o IAT, os departamentos jurídicos podem manter e aprimorar seus processos, resultando em aprovações mais rápidas e fortalecendo suas relações com escritórios de advocacia e fornecedores parceiros.

Fontes de Dados

Os dados do IAT podem ser obtidos de sistemas de gestão de casos, sistemas de faturamento eletrônico e faturas manuais.

Filtros

- Unidade de Negócios
- Área de Prática
- Período
- Advogados Internos/Funcionários

Tempo Médio de Aprovação de Faturas Ano até a Data	
Intervalo de Valores das Faturas (USD)	Número de Dias
0-25K	7
25-50K	19
50-100K	30
100-300K	42
300-500K	71
>500	90

diligência pode ser desafiador. Apressar o processo de aprovação de faturas pode "melhorar" o IAT, mas pode aumentar os erros não detectados, resultando em pagamentos incorretos ou disputas que causam atrasos.

- **Contexto**: O IAT não captura a complexidade ou as peculiaridades de faturas específicas, especialmente aquelas que exigem revisões especializadas. Embora tempos de aprovação mais curtos sejam desejáveis, é essencial garantir que a rapidez não comprometa a minuciosidade. Fatores como acúmulo de trabalho, restrições de recursos e dificuldades técnicas podem prolongar o tempo de aprovação sem refletir a qualidade do processo. A colaboração com fornecedores é fundamental para encontrar um equilíbrio entre agilidade e precisão.

Limitações

- **Velocidade vs. Precisão**: Equilibrar velocidade, precisão e

Metas Futuras

- **Necessidades Operacionais**: Considere as necessidades

operacionais específicas do departamento jurídico. Avalie a rapidez necessária para processar faturas e atender às expectativas de fornecedores e às exigências de gestão financeira interna.

- **Detecção de Anomalias**: Identifique e investigue faturas que tiveram um tempo de aprovação incomumente longo.
- **Fluxos de Trabalho Otimizados**: Identifique gargalos regulares e use a tecnologia para simplificar ou automatizar etapas de aprovação sempre que possível, ajudando a agilizar o processo.
- **Gestão de Riscos**: Avalie o impacto de tempos de aprovação mais curtos na gestão de riscos. Certifique-se de que aprovações mais rápidas não comprometam a conformidade ou os padrões de controle de qualidade.
- **Melhoria Contínua**: Estabeleça metas que permitam melhorias contínuas. Em vez de visar uma redução única, considere melhorias graduais que possam ser feitas e sustentadas ao longo do tempo.

Análise de Tendências

- **Variações Sazonais**: Flutuações nos tempos de aprovação de faturas podem corresponder a períodos específicos de aumento de carga de trabalho, como feriados.
- **Impacto de Mudanças de Processo**: Se novos processos de análise de faturas ou tecnologias forem introduzidos, o acompanhamento das tendências do IAT pode fornecer evidências concretas de sua eficácia ao longo do tempo.
- **Gargalos**: Tempos de aprovação consistentemente

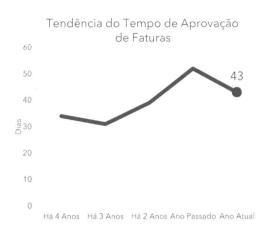

Tendência do Tempo de Aprovação de Faturas

43

Dias

60
50
40
30
20
10
0

Há 4 Anos   Há 3 Anos   Há 2 Anos   Ano Passado   Ano Atual

prolongados podem indicar gargalos ou atrasos em etapas específicas ou entre stakeholders no processo de aprovação.

- **Treinamento**: Uma tendência de queda no IAT após treinamentos pode indicar o sucesso dessas iniciativas na melhoria da eficiência.

Principais Influenciadores

- **Complicações de Moeda e Impostos**: Faturas de fornecedores ou escritórios de advocacia internacionais podem envolver conversões de moeda, IVA ou outras implicações fiscais, exigindo verificação adicional e tempo.
- **Revisão Multidisciplinar**: Algumas faturas podem exigir input de outras unidades de negócios, como equipes de finanças ou técnicas, para certos itens detalhados. A coordenação com esses departamentos pode afetar a duração da aprovação.
- **Verificações Regulatórias e de Conformidade**: Dependendo do setor, pode haver exigências regulatórias que determinem como certos elementos das faturas devem ser tratados, analisados ou aprovados, o que pode adicionar camadas ao processo de revisão.

Porcentagem de Pagamentos Atrasados para Fornecedores (LPV)

A métrica de Porcentagem de Pagamentos Atrasados para Fornecedores (LPV) quantifica a frequência com que uma empresa não cumpre os prazos de pagamento acordados com os fornecedores. Essa métrica serve como um indicador da eficiência e integridade do sistema de pagamento da organização.

Tipo	KPI
Pessoas	
Operações	
Tecnologia	
Dados	

Para calcular o LPV, identifique e conte o número de pagamentos atrasados realizados, divida pelo número total de pagamentos e multiplique por 100.

$$LPV = \frac{N^{\underline{o}}\ de\ Pagamentos\ Atrasados}{N^{\underline{o}}\ Total\ de\ Pagamentos} \times 100$$

Por exemplo, se foram realizados 1.000 pagamentos no ano passado e 90 deles foram atrasados, o LPV seria de 9%:

$$\frac{90}{1.000} \times 100 = 9\%$$

O LPV pode fornecer insights sobre:

- **Eficiência Operacional**: Uma alta porcentagem de LPV pode indicar ineficiências no processo de pagamento, como atrasos internos de aprovação, que podem ser otimizados para melhorar a pontualidade.
- **Relacionamento com Fornecedores**: Pagamentos pontuais são cruciais para manter a confiança e um relacionamento positivo com os fornecedores. Um padrão consistente de pagamentos atrasados pode desgastar essas

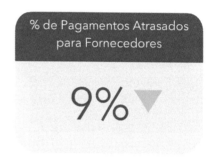

% de Pagamentos Atrasados para Fornecedores

9% ▼

relações e potencialmente levar a termos desfavoráveis ou tensões na parceria.
- **Reputação da Empresa**: Perder prazos de pagamento consistentemente pode prejudicar a reputação da empresa, fazendo com que pareça pouco confiável ou financeiramente instável para parceiros e stakeholders externos.
- **Considerações Éticas**: Cumprir os termos de pagamento acordados não é apenas uma questão de eficiência, mas também de ética. Pagamentos atrasados podem impactar negativamente os fornecedores, especialmente os menores, e podem ser vistos como uma quebra de confiança.

Fontes de Dados

Os dados do LPV podem ser obtidos a partir de sistemas de gestão de casos e eBilling, bem como dos sistemas de contas a pagar da organização.

233

Filtros

- Valor da Fatura
- Unidade de Negócios
- Escritório de Advocacia/Fornecedor

Limitações

- **Atrasos na Entrada de Dados**: Atrasos ou erros na inserção das datas das faturas ou dos cheques podem afetar a precisão do LPV.
- **Fatores Externos**: Fatores como atrasos bancários, feriados ou interrupções imprevistas no sistema de AP podem causar atrasos involuntários nos pagamentos.

Metas Futuras

Para aumentar a confiança dos fornecedores e manter um alto padrão ético na organização, a meta do departamento jurídico deve ser reduzir progressivamente o LPV. Estabelecer metas de redução trimestrais ou anuais, apoiadas por estratégias práticas como otimização dos processos de aprovação ou automação de lembretes de pagamento, pode contribuir para pagamentos pontuais consistentes aos fornecedores. Revisões regulares do LPV em relação a essas metas garantirão um foco contínuo e melhorias sustentáveis.

Análise de Tendência

- **Consistência Histórica**: Um exame inicial deve determinar se os pagamentos atrasados são uma anomalia ou um problema recorrente. Se o LPV tiver sido consistentemente alto por vários trimestres ou anos, isso pode indicar problemas sistêmicos em vez de falhas ocasionais.
- **Variações Sazonais**: Algumas empresas podem

precisar considerar a sazonalidade em suas operações. Se o LPV atinge picos durante determinados meses ou trimestres, isso pode estar relacionado a temporadas de feriados, aumento de atividade empresarial ou procedimentos de final de ano fiscal, afetando o fluxo de trabalho.

- **Impacto Pós-Intervenção**: Se ações corretivas foram tomadas para abordar o LPV no passado, a análise de tendência do LPV mostrará sua eficácia. Uma tendência de declínio após a intervenção indicaria o sucesso das medidas, enquanto uma tendência inalterada ou em piora pode exigir uma reavaliação das estratégias.

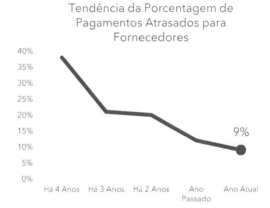

Tendência da Porcentagem de Pagamentos Atrasados para Fornecedores

Principais Influenciadores

- **Problemas de Fluxo de Caixa**: A liquidez e a saúde financeira de uma empresa podem impactar os prazos de pagamento.
- **Falhas Técnicas**: Atrasos também podem ser causados por problemas técnicos nos sistemas de pagamento ou portais bancários.

Porcentagem de Erros de Pagamento a Fornecedores (VPE)

A métrica da Porcentagem de Erros de Pagamento a Fornecedores (VPE) oferece aos departamentos jurídicos uma ferramenta para rastrear e medir a frequência de erros nos pagamentos. Ao quantificar essas discrepâncias, a VPE proporciona uma visão imediata sobre a saúde e eficiência da equipe de eBilling e dos processos do departamento jurídico.

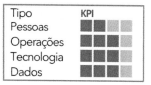

Tipo	KPI			
Pessoas	■	■	□	□
Operações	■	■	■	□
Tecnologia	■	■	■	□
Dados	■	■	■	□

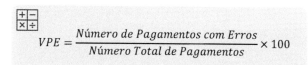

$$VPE = \frac{\text{Número de Pagamentos com Erros}}{\text{Número Total de Pagamentos}} \times 100$$

Porcentagem de Erros de Pagamento a Fornecedores

1.3% ▼

À medida que escritórios de advocacia e fornecedores submetem faturas, eles geralmente passam por uma série de pontos de aprovação. Após serem aprovadas, essas faturas seguem para o sistema de Contas a Pagar (AP), aguardando o pagamento no prazo. No entanto, algumas vezes, os pagamentos enfrentam obstáculos - falta de CPF/CNPJ, dados bancários incompletos ou endereços incorretos. Essas discrepâncias podem começar como problemas administrativos, mas podem se transformar em barreiras que prejudicam a relação entre os departamentos jurídicos e seus fornecedores se não forem resolvidas prontamente.

Uma VPE ideal deve ser a menor possível. Qualquer desvio significativo ou aumento pode indicar a necessidade de investigação e ações corretivas. VPEs elevadas podem minar a confiança, gerar disputas e levantar dúvidas sobre a eficiência dos controles de compras e pagamentos existentes.

Fontes de Dados

Os dados podem ser obtidos dos sistemas de contabilidade/finanças de Contas a Pagar e dos dados do sistema de gestão de casos ou eBilling para faturas.

Filtros

- Período de Tempo
- Faixa de Valor da Fatura
- Tipos de Erro
- Data de Vencimento

Limitações

- **Identificação de Erros**: Sem uma identificação clara da causa do erro (ex.: problema sistêmico, erro humano ou não conformidade do fornecedor), torna-se desafiador desenvolver soluções específicas. A implementação e o uso de análises de dados podem ajudar a gerar relatórios detalhados sobre os erros mais recorrentes, auxiliando os departamentos jurídicos a identificar causas raízes e ações corretivas.
- **Gravidade dos Erros**: A VPE trata todos os erros de forma igual, independentemente de seu impacto.

Erros administrativos menores, como um nome escrito incorretamente, e erros graves, como o pagamento a um fornecedor errado, têm implicações muito diferentes, mas sem contexto, têm o mesmo efeito na VPE. Considerar a gravidade pode

- oferecer uma compreensão mais detalhada da precisão dos pagamentos.
- **Interpretação Equivocada**: Uma VPE elevada pode ser mal interpretada como indicativo de problemas na qualidade do fornecedor, em vez de ineficiências administrativas. É importante deixar claro que a VPE mede principalmente a precisão dos processos de pagamento, e não o desempenho geral do fornecedor ou a qualidade do produto/serviço.
- **Análise de Causa Raiz**: A VPE identifica erros, mas não inclui, por si só, uma análise de causa raiz. Compreender por que os erros ocorrem é crucial para implementar ações corretivas e preventivas eficazes. Incorporar essa análise pode ajudar a resolver os problemas

subjacentes que levam a erros de pagamento.

- **Frequência vs. Magnitude**: A VPE prioriza a frequência dos erros em vez de sua magnitude. Embora seja importante reduzir erros recorrentes, especialmente aqueles com consequências financeiras significativas, a VPE pode não dar o devido peso a erros isolados, mas financeiramente impactantes.

Metas Futuras

- **Redução de Erros**: Utilizar os insights da VPE para implementar estratégias que identifiquem e corrijam ineficiências do sistema, reduzam erros e melhorem a precisão dos pagamentos.
- **Automação da Resolução de Erros**: Implantar sistemas que identifiquem e corrijam automaticamente erros comuns.
- **Portal do Fornecedor**: Utilizar uma plataforma colaborativa onde fornecedores possam revisar e verificar informações e status de faturas.

Análise de Tendências

- **Flutuações na Taxa de Erros**: Um aumento ou pico na VPE em intervalos específicos pode sugerir problemas sistêmicos periódicos ou lacunas de treinamento.
- **Efeito de Mudanças de Processo**: Se um novo sistema ou processo for implementado, a análise de tendências pode ilustrar como essa mudança impacta a VPE.
- **Variações Sazonais**: Se a VPE atinge picos durante meses ou trimestres específicos, isso pode refletir desafios sazonais.

Erros de Pagamento a Fornecedores Mais Frequentes Ano Atual		
Classificação	Tipo de Erro	% do Total de Erros
1	ID Fiscal Ausente	2.6%
2	Informações Bancárias Incorretas	2.1%
3	Incompatibilidade de Endereço do Fornecedor com Registros Bancários	1.3%
4	Código de Fornecedor Não Reconhecido no Sistema de Pagamento	1.2%
5	Falha Técnica na Transferência de Pagamento	1.0%
6	Erro de Conversão de Moeda	0.7%
7	Pagamento Retido devido a Sinalização de Atividade Suspeita	0.4%

Principais Influenciadores

- **Tecnologia**: Embora atualizações no sistema de contabilidade ou de eBilling possam ser voltadas para a eficiência, bugs iniciais ou configurações incorretas podem levar a erros no processamento de pagamentos a fornecedores. A adoção de novos processos também pode influenciar a precisão dos pagamentos.

- **Atualizações ou Alterações no Sistema Bancário**: Às vezes, atualizações, manutenções ou mudanças de políticas no sistema bancário podem levar a erros transacionais que podem não ser diretamente culpa do departamento jurídico ou do fornecedor, mas que ainda impactam a VPE.

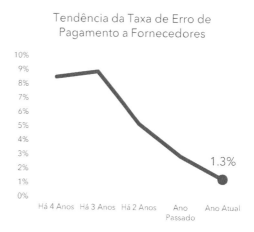

Tendência da Taxa de Erro de Pagamento a Fornecedores

Gestão de Conformidade e Riscos

Navegar pelo complexo cenário de conformidade e risco legal é fundamental para a integridade organizacional. Este capítulo discute os parâmetros dedicados à supervisão proativa das medidas de conformidade e à mitigação de vulnerabilidades.

Número de Litígios Iniciados (NLCF)

A métrica de Número de Casos de Litígios Entrados (NLCF) quantifica os processos judiciais que uma organização enfrenta dentro de um período especificado. No dinâmico cenário empresarial atual, os desafios jurídicos, que vão desde disputas de propriedade intelectual até questões trabalhistas, são comuns. Monitorar o NLCF

Tipo	Métrica
Pessoas	
Operações	
Tecnologia	
Dados	

é crucial para que as organizações avaliem os potenciais desafios legais, aloque recursos de forma eficaz e estruturem sua defesa. Essa métrica fornece uma visão clara da exposição legal de uma organização, permitindo decisões informadas e em tempo hábil.

Fontes de Dados

Os dados para esta métrica podem ser obtidos do sistema de gestão de casos e das Notificações de Serviço de Processo (SOP)

Filtros

- Tipo de Caso
- Localização/Jurisdição
- Períodos de Tempo

Limitações

- **Incertezas Inerentes**: A própria natureza do litígio frequentemente envolve resultados imprevisíveis, tornando desafiador prever e contabilizar os potenciais impactos na organização.
- **Relatórios Atrasados:** Alguns casos podem não ser relatados imediatamente devido a atrasos burocráticos ou notificações de SOP tardias.
- **Sobreposições Potenciais**: Várias ações podem surgir de uma única questão, levando a uma contagem excessiva ou a um mal-entendido das causas raiz.
- **Outliers**: Casos extraordinários, seja em termos de escala, danos buscados ou publicidade, podem distorcer a perspectiva média.

Número de Casos de Litígio Apresentados
Ano Atual

Tipo	Casos Apresentados
Reclamações de Clientes	20
Responsabilidade do Produto	17
Disputas Contratuais	8
Preocupações Ambientais	8
Problemas Trabalhistas	5
Propriedade Intelectual	2
Total	60

Metas Futuras

- **Redução de Litígios**: Esforce-se para minimizar o número total de casos de litígios ajuizados, melhorando os processos internos, aprimorando a conformidade e resolvendo disputas de forma preventiva.
- **Gestão de Riscos**: Estabeleça medidas proativas para identificar e mitigar áreas potenciais de vulnerabilidade jurídica.
- **Comunicação Aprimorada**: Promova canais de comunicação mais claros entre os departamentos para identificar e abordar problemas antes que eles escalem para litígios.
- **Treinamento Jurídico**: Ofereça sessões regulares de treinamento

para os funcionários sobre armadilhas comuns em litígios específicas para a indústria ou operações comerciais.

Principais Influenciadores

- **Cenário Regulatório**: Mudanças no ambiente jurídico ou a introdução de novas regulamentações podem levar a um aumento nos litígios.
- **Expansão Empresarial**: À medida que a empresa cresce, seja geograficamente ou em termos de ofertas de produtos, pode enfrentar uma gama mais ampla de desafios legais.
- **Percepção Pública**: A forma como uma empresa é percebida publicamente pode influenciar a probabilidade de processos judiciais, especialmente em áreas como responsabilidade por produtos.

Análise de Tendências

Uma observação cuidadosa do NLCF ao longo do tempo pode revelar padrões interessantes. Pode haver picos em litígios durante certas fases do negócio, após eventos específicos ou durante recessões econômicas. Reconhecer esses padrões pode ajudar a equipe jurídica a se preparar e alocar recursos de maneira mais eficiente.

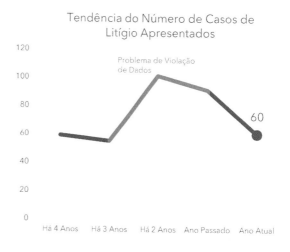

Tendência do Número de Casos de Litígio Apresentados

Percentual de Riscos Jurídicos Identificados, mas não Mitigados (LRIM)

A Percentagem de Riscos Jurídicos Identificados, mas Não Mitigados (LRIM) é uma métrica que identifica e avalia a proporção de riscos jurídicos identificados que ainda não foram resolvidos. Os riscos jurídicos podem abranger uma ampla gama de questões e resultar em diversas implicações financeiras e preocupações reputacionais. O

Tipo	KRI
Pessoas	
Operações	
Tecnologia	
Dados	

LRIM oferece uma métrica clara para determinar quantos desses riscos identificados ainda precisam ser mitigados.

A taxonomia, a categorização estruturada de casos por área de prática e tipo, possibilita a identificação e quantificação de riscos jurídicos. Os departamentos jurídicos podem usar os dados dos casos para discernir o impacto potencial de um caso na reputação da empresa, além de seu custo monetário.

Para calcular o LRIM, divida o número de riscos jurídicos identificados que permanecem não mitigados pelo número total de riscos jurídicos identificados e, em seguida, multiplique por 100.

Riscos Não Mitigados

20%

$$LRIM = \frac{(Número\ de\ Riscos\ Jurídicos\ Não\ Mitigados)}{(Número\ Total\ de\ Riscos\ Jurídicos\ Identificados)} \times 100$$

Por exemplo, se um departamento jurídico identifica 50 riscos jurídicos em cada trimestre e 10 desses riscos permanecem não mitigados ao final do trimestre, o LRIM seria de 20%.

$$\frac{10}{50} \times 100 = 20\%$$

Isso significa que durante aquele trimestre, 20% dos riscos jurídicos identificados não foram mitigados. Um LRIM crescente pode ser alarmante; no entanto, é essencial considerar

o contexto. Alguns riscos podem permanecer intencionalmente não mitigados devido ao baixo impacto, enquanto outros podem ser adiados por decisões de alocação de recursos. A gestão eficaz de riscos requer monitoramento contínuo e reavaliação periódica.

Fontes de Dados

Os dados podem ser obtidos do sistema de gestão de casos, particularmente dos dados de propriedade do caso, que classifica o nível de risco e pode até especificar potenciais implicações. Ação, ou a falta dela, é normalmente registrada por meio de seleções em menus suspensos, como "Departamento jurídico realizou treinamento adicional", "Departamento jurídico comunicou nova diretriz" ou "Risco comunicado à gestão". Essas ações podem fornecer dados sobre os passos tomados em direção à mitigação.

Filtros

- Área de Prática
- Tipo de Caso
- Unidade de Negócio
- Localização/Jurisdição

Limitações

- **Subjetividade**: A percepção de risco pode variar entre os avaliadores.
- **Latência**: Atraso entre a identificação do risco e o registro das etapas de mitigação.
- **Evolução**: A natureza de um risco pode mudar ao longo do tempo, enquanto sua classificação inicial permanece estática.

Metas Futuras

- **Redução na Percentagem de LRIM**: Almejar uma porcentagem mais baixa ano após ano, demonstrando um melhor alinhamento entre a identificação de riscos e a mitigação.

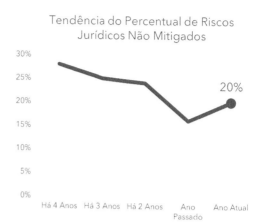

Tendência do Percentual de Riscos Jurídicos Não Mitigados

- **Maior Agilidade**: Reduzir o tempo entre a identificação do risco e sua mitigação.
- **Comunicação com as Partes Interessadas**: Aumentar as ocorrências de "Risco comunicado à gestão" para garantir transparência.

Análise de Tendências

Ao analisar as tendências do LRIM, as organizações podem avaliar sua capacidade de resposta em evolução em relação aos riscos identificados, identificando períodos de vigilância elevada ou falhas na mitigação. Esses insights podem informar estratégias futuras, enfatizando períodos de mitigação proativa e identificando desafios sazonais ou operacionais que podem dificultar a gestão eficaz de riscos. Em essência, a análise consistente de tendências garante que o departamento permaneça adaptável, resiliente e atento às potenciais ameaças jurídicas.

Casos com Risco por Área de Prática
Ano Até a Data

Área de Prática	N° de Casos	N° de Casos com Risco	% de Risco Não Mitigado	Orçamento dos Casos (USD)
Litígios	115	78	18%	25.8M
Propriedade Intelectual	65	30	5%	5.1M
Geral	42	14	39%	9.4M
Imóveis	76	7	7%	8.7M
Imóveis	84	3	0%	12.2M
Emprego	47	2	52%	3.5M

Número de Medidas de Mitigação de Riscos Implementadas (RMMI)

O Número de Medidas de Mitigação de Riscos Implementadas (RMMI) é uma métrica que quantifica as ações tomadas por uma organização para abordar riscos identificados. Ela oferece uma visão numérica da abordagem proativa da organização em relação à gestão de riscos. Um RMMI elevado reflete o compromisso da organização com a continuidade dos negócios, a confiança das partes interessadas e a manutenção de uma reputação robusta no mercado.

Tipo	RI
Pessoas	
Operações	
Tecnologia	
Dados	

Para determinar o RMMI, conte o número de medidas de mitigação de riscos que foram implementadas durante um período específico. Vamos supor que a equipe jurídica de uma organização identifique uma potencial não conformidade com as novas regulamentações de proteção de dados introduzidas em uma jurisdição onde atuam. Em resposta, eles:

1. Introduzem protocolos rigorosos de manuseio de dados.
2. Realizam treinamentos para os funcionários sobre as novas regulamentações.
3. Revisam contratos com terceiros para garantir conformidade com as novas regulamentações.

Cada uma dessas ações é considerada uma medida separada de mitigação de riscos. Portanto, o RMMI para este cenário seria 3, indicando que três medidas distintas foram implementadas para abordar o risco identificado.

Fontes de Dados

Os dados do RMMI podem ser obtidos de relatórios de avaliação de riscos, listas de verificação de conformidade, relatórios de auditoria jurídica e

documentação dos protocolos jurídicos implementados.

Filtros

- Área de Prática
- Unidade de Negócio
- Localização/Jurisdição

Algumas Considerações

- Embora um RMMI alto sugira uma gestão ativa de riscos, é essencial avaliar a eficácia dessas medidas. Além disso, novos riscos podem surgir, tornando algumas estratégias obsoletas.
- Desagregue o RMMI por tipo de risco, por exemplo, operacional, financeiro ou contratual, para discernir quais domínios recebem as medidas mais proativas. Isso pode indicar áreas de preocupação acentuada ou uma prática de gestão de riscos mais robusta.

Número de Questões Jurídicas Reincidentes (RLI)

A métrica de Número de Problemas Legais Repetidos (RLI) quantifica a recorrência de desafios jurídicos semelhantes enfrentados por uma organização. Ao identificar padrões e tendências em questões jurídicas, essa métrica permite que os departamentos jurídicos adotem estratégias proativas e abordem as causas subjacentes.

Tipo	KRI
Pessoas	
Operações	
Tecnologia	
Dados	

O RLI pode ser utilizado para:

- **Reconhecimento de Padrões:** Ao agrupar e analisar clusters de desafios semelhantes, o RLI fornece uma visão holística das questões jurídicas recorrentes da organização, permitindo intervenções direcionadas.

- **Consistência de Dados:** A categorização adequada dos casos com base em atributos específicos garante a coleta e análise de dados precisas. Entradas padronizadas, como listas suspensas para tipos de processos, podem minimizar inconsistências e aumentar a confiabilidade do RLI.

- **Planejamento Estratégico:** Reconhecer questões jurídicas recorrentes permite que as organizações investiguem a causa raiz, ajudando a antecipar melhor desafios futuros e alocar recursos de maneira mais eficaz.

- **Insights Específicos do Setor:** Diferentes setores enfrentam desafios jurídicos únicos. Por exemplo, um ambiente de varejo pode frequentemente lidar com disputas de clientes, enquanto ambientes industriais podem ver um aumento em casos de lesões pessoais. O RLI pode ajudar a identificar esses padrões, permitindo

Ocorrências de Demandas por Trimestre
Ano Passado

Tipos de Demandas	Q1	Q2	Q3	Q4
Lesões Corporais	10	18	30	20
Responsabilidade das Instalações	24	22	25	15
Problemas Trabalhistas	40	28	15	26
Propriedade Intelectual	8	9	20	32
Disputas Contratuais	30	42	30	15
Responsabilidade do Produto	12	10	22	23

que as empresas adaptem suas estratégias jurídicas de acordo.

Fontes de Dados

Os dados do RLI podem ser obtidos de sistemas de gestão de casos e de gestão de riscos, bem como de outros bancos de dados internos nos quais incidentes e desafios são catalogados. Atributos como categoria do caso, área de prática (por exemplo, litígios) e tipo específico de processo podem contribuir para a precisão no cálculo do RLI e para os insights descobertos.

Filtros

- Área de Prática
- Categoria do Caso
- Tipo de Processo
- Localização/Jurisdição

Limitações

- **Integridade dos Dados**: A precisão do RLI está fortemente vinculada ao registro consistente e preciso dos casos.
- **Dependência Excessiva**: Dados agregados são benéficos, mas as particularidades únicas de cada caso não devem ser ignoradas. A dependência excessiva de dados agrupados pode levar à omissão de contextos e complexidades individuais dos casos.
- **Categorias Estáticas**: À medida que o ambiente de negócios evolui, novos desafios jurídicos podem surgir. O sistema utilizado para categorização deve permanecer flexível e adaptável, sendo atualizado e mantido regularmente para garantir a precisão.

Metas Futuras

- **Mitigação de Riscos**: Identificar questões recorrentes permite que os departamentos jurídicos implementem soluções mais eficazes, reduzindo a potencialidade de novos incidentes.
- **Otimização de Treinamento**: Aumentar a prontidão da equipe com sessões de treinamento direcionadas, adaptadas para abordar os riscos jurídicos identificados.
- **Alocação Estratégica de Recursos**: Focar a expertise jurídica em abordar e prevenir áreas de preocupação frequente.

Percentual de Questões de Conformidade Não Resolvidas (UCI)

A métrica de Percentagem de Questões de Conformidade Não Resolvidas (UCI) quantifica a proporção de discrepâncias ou falhas de conformidade identificadas que permanecem sem solução dentro de um determinado período. Essa métrica oferece um panorama da eficiência da organização e do seu compromisso em abordar as preocupações de conformidade.

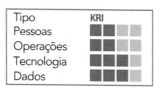

Tipo	KRI
Pessoas	
Operações	
Tecnologia	
Dados	

O KRI de UCI pode ser utilizado para obter insights sobre:

- **Integridade Operacional:** Um UCI alto sugere potenciais ineficiências ou lacunas nos processos de conformidade da organização, exigindo uma revisão dos procedimentos e práticas existentes.
- **Riscos Regulatórios:** Questões de conformidade não resolvidas podem expor a organização a penalidades, potenciais ações judiciais ou interrupções operacionais se sinalizadas pelas autoridades regulatórias.
- **Gestão Proativa:** As organizações podem gerenciar seu UCI priorizando o treinamento em conformidade, promovendo canais de comunicação claros e garantindo a resolução rápida de problemas. A colaboração entre órgãos de auditoria e departamentos jurídicos é crucial para uma gestão eficaz do UCI.

Para calcular o UCI, use a seguinte fórmula:

Porcentagem de Problemas de Conformidade Não Resolvidos

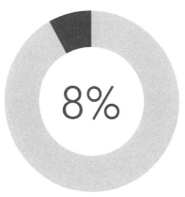

8%

Por exemplo, se em um período de um ano uma empresa teve 200 questões de conformidade e 16 permaneceram não resolvidas, o UCI é de 8%:

$$\frac{16}{200} \times 100 = 8\%$$

Fontes de Dados

Os dados do UCI podem ser obtidos de auditorias internas e externas que avaliam a conformidade da organização com normas regulatórias e internas.

$$UCI = \frac{(\text{Número de Questões de Conformidade Não Resolvidas})}{(\text{Número Total de Questões de Conformidade})} \times 100$$

Filtros

- Unidade de Negócio
- Período de Tempo
- Localização/Jurisdição

Limitações

- **Subjetividade na Classificação**: A forma como uma questão de conformidade é categorizada (por exemplo, sua criticidade) pode variar com base no julgamento individual, levando a inconsistências.
- **Relatórios Inconsistentes**: Diferentes departamentos ou equipes dentro da empresa podem ter padrões ou limiares variados sobre o que consideram uma questão de conformidade a ser relatada.
- **Falta de Contexto**: Sem contexto, os números podem não contar toda a história. Por exemplo, um aumento nas questões relatadas pode ser devido a melhorias nas capacidades de detecção, em vez de uma diminuição na conformidade.

Percentual de Prazos Legais Perdidos (MLD)

A métrica de Percentagem de Prazos Legais Perdidos (MLD) quantifica a frequência de prazos legais perdidos, seja em relação a audiências judiciais, submissões de provas, processos de e-discovery ou outros prazos definidos. Essa métrica serve como um barômetro para a eficiência e a diligência tanto dos departamentos jurídicos internos quanto dos advogados externos na gestão e cumprimento dos cronogramas de litígios.

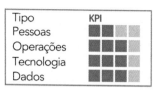

Tipo	KPI
Pessoas	
Operações	
Tecnologia	
Dados	

O MLD pode ser utilizado para obter insights sobre:

- **Impacto nos Litígios:** Perder um prazo legal pode ter ramificações profundas, alterando potencialmente o curso de um caso jurídico ou até levando a penalidades.
- **Análise da Causa Raiz:** Em vez de atribuir culpas, o objetivo principal dessa métrica é identificar as causas raízes dos prazos perdidos. Isso pode variar desde erros de sistema até a ausência de um sistema de rastreamento centralizado, obrigando os indivíduos a depender de registros manuais.
- **Eficiência Operacional:** Um MLD alto pode sugerir potenciais ineficiências ou lacunas nos processos do departamento jurídico, exigindo uma revisão e possível reformulação dos sistemas existentes.
- **Gestão Proativa:** Ao quantificar os prazos perdidos, a métrica MLD permite que os departamentos jurídicos abordem e retifiquem proativamente os problemas, garantindo melhor adesão no futuro.

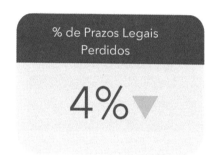

% de Prazos Legais Perdidos

4% ▼

Para calcular o MLD, use o seguinte cálculo:

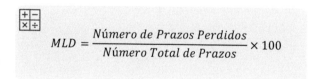

$$MLD = \frac{N\acute{u}mero\ de\ Prazos\ Perdidos}{N\acute{u}mero\ Total\ de\ Prazos} \times 100$$

Fontes de Dados

Os dados do MLD podem ser obtidos do sistema de gestão de casos e de sistemas de calendário.

Filtros

- Localização/Jurisdição
- Advogado Interno/Profissional
- Escritório de Advocacia/Fornecedor

Limitações

- **Integração de Sistema**: Múltiplas ferramentas podem estar em uso para rastrear prazos, levando a possíveis discrepâncias ou omissões se não estiverem integradas adequadamente ou centralizadas.
- **Entradas Manuais**: Depender da entrada manual e do rastreamento de prazos aumenta a chance de erro humano, seja por omitir a entrada ou por inserir datas incorretas.
- **Gravidade Variável**: Nem todos os prazos perdidos têm as mesmas consequências. Enquanto alguns podem levar a contratempos menores, outros podem resultar em sérias repercussões legais. Sem ponderação ou contexto, o MLD pode não representar completamente as implicações de cada prazo perdido.

Metas Futuras

- **Aprimoramento da Gestão de Riscos:** Reconhecer que os prazos legais perdidos não apenas têm implicações operacionais imediatas, mas também aumentam o risco geral dos negócios.
- **Otimização do Sistema:** Implementar ou atualizar para um sistema robusto de gestão jurídica que rastreie automaticamente e envie lembretes para os prazos futuros.
- **Treinamento:** Realizar treinamento contínuo para a equipe jurídica,

enfatizando a importância dos prazos e mostrando como gerenciá-los de forma eficaz.
- **Colaboração:** Aprimore a colaboração com advogados externos e fornecedores para garantir que todas as partes estejam alinhadas e cientes das datas principais

Análise de Tendências

Observar o MLD ao longo de períodos prolongados pode revelar padrões ou questões recorrentes. Se houver um aumento consistente nos prazos perdidos durante um trimestre ou mês específico, isso pode indicar restrições de recursos ou outros desafios sistêmicos. Reconhecer esse tipo de tendência pode orientar decisões sobre alocação de recursos, gerenciamento de tempo ou aprimoramento de sistemas para gerenciar e cumprir melhor os prazos legais.

Tendência do Percentual de Prazos Legais Perdidos

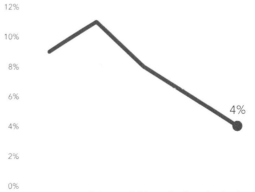

Percentual de Consultoria Jurídica Proativa Fornecida (LAP)

A Percentagem de Consultoria Jurídica Proativa Fornecida (LAP) é uma métrica que quantifica as ocasiões em que o departamento jurídico oferece orientações proativamente ao negócio. Avaliar o LAP permite que as organizações meçam o equilíbrio entre o aconselhamento antecipatório e as respostas a consultas legais

Tipo	KPI
Pessoas	■■■□
Operações	■■■□
Tecnologia	■□□□
Dados	■■■□

imediatas. Um LAP mais alto indica uma equipe jurídica que não é apenas reativa, mas também proativa, alinhando-se com as iniciativas estratégicas da organização, antecipando desafios, capitalizando oportunidades e garantindo a conformidade.

$$LAP = \frac{(Número\ de\ Conselhos\ Jurídicos\ Proativos)}{(Número\ Total\ de\ Conselhos)} \times 100$$

% de Consultoria Jurídica Proativa Fornecida

32% ▲

Para calcular o LAP, divida o número de ocasiões em que a assessoria proativa foi fornecida ou oferecida pelo número total de ocasiões em que a assessoria foi dada, e depois multiplique por 100.

Fontes de Dados

Os dados podem ser obtidos de plataformas de comunicação interna e documentação onde os conselhos jurídicos são registrados, bem como de sistemas de gestão de casos. Registre cada peça de conselho ou orientação fornecida pelo departamento jurídico de forma estruturada. Categorize cada conselho como "Proativo" ou "Reativo".

Filtros

- Tipo de Conselho
- Unidade de Negócio
- Área de Prática

Limitações

- **Dificuldade de Medição**: Um dos principais desafios associados a essa

métrica é sua natureza inerentemente subjetiva. Quantificar o grau de proatividade na assessoria jurídica fornecida não é simples. Diferente de métricas mais tangíveis, como o número de contratos processados ou casos ganhos, a "proatividade" do conselho não se encaixa facilmente em categorias quantitativas.

- **Subjetividade**: Mesmo dentro de uma organização, as interpretações podem diferir. O que um membro da equipe considera proativo, outro pode ver como padrão ou até reativo. Essas visões divergentes podem levar a inconsistências na categorização, relatórios e avaliações.

- **Ambiente de Negócios Dinâmico**: A natureza sempre mutável das necessidades empresariais pode significar que o que era considerado conselho proativo em um momento se torna desatualizado, esperado ou menos relevante com o tempo.

- **Impacto Atrasado**: Os benefícios da assessoria jurídica proativa podem se tornar evidentes ao longo de um período mais longo. Resultados imediatos podem não ser observáveis, complicando a avaliação da natureza do conselho, seu valor imediato ou impacto.
- **Ênfase Excessiva na Proatividade**: Focar intensamente nessa métrica pode levar as equipes jurídicas a fornecer conselhos não solicitados ou prematuros apenas para melhorar seu LAP, potencialmente diluindo a qualidade do aconselhamento.

Metas Futuras

Almejar um aumento na porcentagem de LAP, significando um departamento jurídico que não é apenas reativo, mas também antecipatório. Aprimorar o treinamento, incentivar a comunicação interdepartamental e aproveitar a tecnologia para identificar tendências e fornecer aconselhamento oportuno.

Principais Influenciadores

- **Ambiente Regulatório**: Um cenário legal em rápida mudança pode incentivar uma assessoria mais proativa.
- **Estratégia Empresarial**: Mudanças na direção da empresa ou expansão podem aumentar a necessidade de input jurídico, dificultando a distinção entre o aconselhamento proativo ou reativo.
- **Comunicação**: Essa métrica pode ser afetada pela eficácia dos canais de comunicação entre as unidades de negócios e o departamento jurídico.

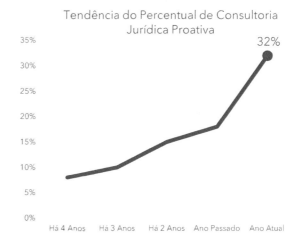

Tendência do Percentual de Consultoria Jurídica Proativa

Número de Violações de Privacidade de Dados (DPB)

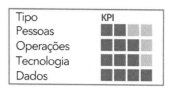

Tipo	KPI
Pessoas	
Operações	
Tecnologia	
Dados	

O Número de Violações de Privacidade de Dados (DPB) é uma métrica que quantifica as ocorrências de violações de dados dentro de uma organização. Em uma era marcada por regulamentações globais rigorosas de proteção de dados, proteger dados pessoais e confidenciais é mais do que uma preocupação de cibersegurança. Agora é um imperativo legal, entrelaçado com conformidade, potenciais responsabilidades e reputação.

Fontes de Dados

Os dados para essa métrica podem ser obtidos do sistema de gestão de casos e de Relatórios de Incidentes, com relatórios técnicos e não técnicos detalhados sobre violações de dados, geralmente compilados pelas equipes de TI ou de cibersegurança.

Filtros

- Unidade de Negócio
- Localização/Jurisdição
- Causa da Violação
- Gravidade

Limitações

- **Definições Variadas**: Diferentes jurisdições podem ter definições contrastantes do que constitui uma violação de dados. Por exemplo, o GDPR (Regulamento Geral sobre a Proteção de Dados) na Europa possui uma definição mais ampla de dados pessoais, tornando alguns incidentes violações na Europa, mas não necessariamente em outras regiões com requisitos diferentes.
- **Subnotificação**: Nem todos os incidentes de violação de dados são relatados.

Metas Futuras

- **Mitigação de Riscos**: Além de apenas responder a violações, o departamento jurídico deve buscar ativamente preveni-las.
- **Conformidade Legal**: À medida que as regulamentações globais de proteção de dados evoluem, os departamentos jurídicos devem estabelecer metas para revisões regulares de conformidade.
- **Iniciativas Colaborativas**: Buscar lançar iniciativas onde o departamento jurídico colabore regularmente com as equipes de TI e de cibersegurança.

Análise de Tendências

Acompanhar as tendências de DPB tende a revelar especificamente o impacto direto das iniciativas de cibersegurança e da proatividade legal de uma empresa. Uma tendência de queda sugeriria estratégias de mitigação bem-sucedidas após um evento de violação, enquanto picos inesperados poderiam indicar vulnerabilidades introduzidas por atualizações recentes do sistema ou uma nova ameaça.

Principais Influenciadores

- **Cenário Regulatório**: O surgimento de novas regulamentações de proteção de dados ou mudanças nas existentes podem redefinir o contexto e o que constitui uma violação de dados.
- **Crescimento Organizacional**: A expansão rápida, seja por meio de novos mercados ou produtos, pode introduzir vulnerabilidades imprevistas.
- **Infraestrutura Tecnológica**: A robustez da tecnologia da empresa e das ferramentas de monitoramento e resposta em cibersegurança desempenha um papel crucial no DPB.

Benchmarking

A realização de benchmarking do DPB em relação a empresas pares e padrões da indústria é essencial para manter uma vantagem competitiva no cenário digital em constante evolução. Comparar as métricas de violações da sua organização com as de líderes do setor fornece insights valiosos sobre possíveis lacunas nas suas estratégias de proteção de dados. Em essência, o benchmarking garante que a organização não esteja apenas atendendo aos padrões mínimos de conformidade, mas que esteja buscando as melhores práticas do setor, assegurando uma proteção robusta de dados para os clientes e mantendo a confiança e a reputação no mercado.

Tendência do Número de Violações de Privacidade de Dados

Percentual de Reclamações de Colaboradores Não Resolvidas (UEC)

A métrica de Percentagem de Reclamações de Colaboradores Não Resolvidas (UEC) quantifica a proporção de reclamações e queixas relacionadas a recursos humanos que permanecem não resolvidas dentro de um determinado período. Essa métrica oferece uma visão da eficiência do departamento jurídico em lidar com as preocupações dos funcionários e possíveis áreas de insatisfação.

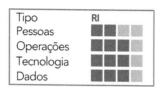

Tipo	RI
Pessoas	
Operações	
Tecnologia	
Dados	

Para calcular o UEC, use esta fórmula:

$$UEC = \frac{\text{Número de Reclamações Não Resolvidas}}{\text{Número Total de Reclamações}} \times 100$$

Por exemplo, se uma organização recebeu 5000 reclamações de RH no ano passado e 700 delas permaneceram não resolvidas, o UEC é de 14%:

$$\frac{700}{5000} \times 100 = 14\%$$

Filtros

- Tipo de Reclamação
- Unidade de Negócio
- Departamento
- Período de Tempo

Limitações

- **Subjetividade:** Existe um grau de subjetividade associado a algumas reclamações que podem não ter soluções definitivas, aumentando a complexidade dessa métrica.

Porcentagem de Reclamações de Colaboradores Não Resolvidas

14%

- **Precisão dos Registros:** A precisão do UEC está intrinsicamente ligada à consistência e à abrangência da manutenção de registros nos departamentos jurídico e de recursos humanos.

Percentual de Disputas Contratuais Não Resolvidas (UCD)

A Percentagem de Disputas Contratuais Não Resolvidas (UCD) é uma métrica que quantifica a proporção de contratos que têm disputas ou desavenças ativas que não foram resolvidas dentro de um período específico. Ela se concentra na eficiência e eficácia do processo de resolução de disputas contratuais.

Tipo	KPI
Pessoas	■■□□
Operações	■■□
Tecnologia	■■□
Dados	■■□

A jornada da discordância contratual à resolução é frequentemente repleta de complexidades, nuances e interpretações divergentes. No cerne dessa questão está a pergunta fundamental: o que significa "não resolvido"? Embora seja um domínio subjetivo, essas amplas diretrizes sugerem um estado em que as discordâncias persistem. Esse estado de limbo, caracterizado por constantes idas e vindas e pela falta de definitividade, pode ser tanto desgastante quanto perigoso para as organizações, comprometendo recursos e lançando sombras de incerteza sobre as parcerias.

As implicações de tais disputas podem tensionar os relacionamentos comerciais, levar a oportunidades perdidas e até manchar a reputação de uma organização na indústria.

Para calcular essa métrica, divida o número de contratos com disputas ativas pelo número total de contratos geridos em um período definido e, em seguida, multiplique por 100.

$$\frac{\text{Número de Disputas Contratuais Ativas}}{\text{Número Total de Contratos}} \times 100$$

Por exemplo, se houve 300 contratos no mês passado e, para 12 deles, não foi alcançado um acordo, o UCD é de 4%.

$$\frac{12}{300} \times 100 = 4\%$$

Porcentagem de Disputas Contratuais Não Resolvidas

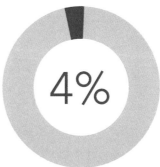

4%

Fontes de Dados

Os dados do UCD podem ser obtidos de sistemas de Gestão do Ciclo de Vida de Contratos (CLM). Além disso, comunicações interdepartamentais, e-mails, anotações de reuniões e correspondências com fornecedores podem oferecer insights sobre a natureza e o status da disputa.

Filtros

- Tipo de Contratos
- Duração da Disputa
- Localização/Jurisdição

Limitações

- **Subjetividade**: A definição de "não resolvido" pode variar, complicando avaliações uniformes.
- **Imagem Incompleta**: Confiar exclusivamente no UCD pode

ofuscar outras áreas críticas, como a conformidade geral dos contratos, renovações contratuais pontuais ou métricas de satisfação dos fornecedores.

Metas Futuras

- **Resoluções Oportunas**: Almejar reduzir a duração média das disputas não resolvidas, levando a encerramentos mais rápidos e clareza.
- **Colaboração entre Stakeholders**: Fomentar um ambiente de diálogo aberto com fornecedores e parceiros para abordar de forma preventiva potenciais desacordos.
- **Habilidades de Negociação Aprimoradas**: Investir em sessões de treinamento para equipes jurídicas e de compras para refinar táticas de negociação, visando resoluções que beneficiem ambas as partes.

Análise de Tendências

Analisar o UCD como um indicador recorrente pode iluminar a eficiência do processo de gestão de contratos ao longo do tempo. Uma tendência crescente pode sinalizar problemas subjacentes na elaboração de contratos ou na gestão do relacionamento com fornecedores, enquanto uma tendência decrescente pode indicar mecanismos de resolução aprimorados e termos de contrato mais claros.

Principais Influenciadores

- **Mudanças Organizacionais**: Alterações na direção estratégica de uma organização podem levar a mudanças nas prioridades contratuais e, consequentemente, em disputas.
- **Dinâmica dos Fornecedores**: Fusões, aquisições ou mudanças na liderança em organizações fornecedoras podem introduzir novas expectativas contratuais.
- **Cenário Regulatório**: Mudanças nas regulamentações podem introduzir novos requisitos de conformidade, impactando contratos existentes e levando a potenciais disputas.

Tendência do Percentual de Disputas Contratuais Não Resolvidas

257

PARTE III: Melhores Práticas

Ferramenta de Avaliação de Maturidade para Análise de Dados Jurídicos

Para ajudá-lo a avaliar a maturidade do seu departamento jurídico nas quatro áreas-chave definidas neste livro – Pessoas, Operações, Tecnologia e Dados – desenvolvemos uma ferramenta de avaliação. Essa ferramenta serve como um recurso para avaliar a maturidade do seu departamento jurídico para análise de dados, identificando KPIs, KRIs, PIs, RIs, métricas e relatórios pertinentes que estejam alinhados ao seu nível de maturidade.

Instruções:

Este processo de avaliação oferece uma análise do estado da análise de dados jurídicos em seu departamento jurídico, proporcionando insights para medir sua eficácia. Esses insights podem orientar na tomada de decisões para melhorias contínuas, alinhando estratégias às suas necessidades específicas. Para uma compreensão detalhada do Modelo de Maturidade utilizado neste livro, consulte a Parte I, onde são definidos os componentes e os níveis.

1. **Responda às Perguntas**: Para cada uma das quatro áreas principais (Pessoas, Operações, Tecnologia e Dados), responda às perguntas fornecidas no questionário.
2. **Pontue Cada Pergunta:** Cada pergunta oferece opções de pontuação que variam de 1 a 4, correspondendo aos seguintes níveis de maturidade: Inicial, Em Desenvolvimento, Maduro e Avançado.
3. **Calcule a Média**: Para cada área,

some as pontuações das perguntas e divida pelo número de perguntas para obter a média.

Exemplo: Se suas pontuações forem 2, 3, 3, 3 e 4, a média para essa área componente será 3.

$$\frac{(2 + 3 + 3 + 3 + 4)}{3} = \frac{15}{3} = 3$$

4. **Arredonde para o Número Inteiro Mais Próximo**: Se a média não for um número inteiro, arredonde para cima ou para baixo até o número inteiro mais próximo para determinar o nível final de maturidade dessa área.

Exemplo: Se a média for 2,7, arredonde para cima, resultando em 3. Se for 2,3, arredonde para baixo, resultando em 2.

Considerações Importantes:

- **Envolvimento da Equipe**: Incluir vários membros da sua equipe na realização desta avaliação pode ser benéfico para obter uma análise mais abrangente e equilibrada. A participação de diferentes perspectivas pode enriquecer a compreensão das necessidades e capacidades do departamento.
- **Revisão Periódica**: Esta avaliação não é destinada a ser realizada apenas uma vez. Revise o questionário periodicamente para acompanhar o progresso e fazer os ajustes necessários. Isso permitirá

$$\frac{(Soma\ das\ Pontuações\ de\ Cada\ Pergunta)}{Número\ de\ Perguntas}$$

que você monitore continuamente o desenvolvimento das capacidades de análise de dados do seu departamento jurídico.

- **Honestidade é Fundamental**: Para obter resultados mais precisos, é essencial responder a cada pergunta de forma honesta. Isso garantirá que a avaliação reflita verdadeiramente o estado atual do seu departamento jurídico, possibilitando um planejamento mais eficaz para melhorias futuras.

Objetivo da Avaliação

Essa avaliação estruturada não é apenas um exercício de reflexão, mas também um esforço estratégico para alinhar as capacidades do seu departamento jurídico com os KPIs, KRIs, PIs, RIs, métricas e relatórios mais relevantes e benéficos. Ao compreender sua posição atual, você poderá tomar decisões informadas que impulsionem o crescimento futuro e promovam a melhoria contínua, garantindo que as opções selecionadas estejam otimamente ajustadas às necessidades e ao contexto do seu departamento.

Questionário de Maturidade para Análise de Dados Jurídicos

Cada seção contém perguntas direcionadas que exploram aspectos específicos de cada área componente principal, avaliando suas capacidades em utilizar efetivamente a análise de dados para produzir métricas (KPIs, KRIs, PIs, RIs) e relatórios. Essas perguntas ajudam a identificar o nível de maturidade e a maturidade do seu departamento jurídico em cada área, permitindo que você desenvolva estratégias baseadas em dados e tome decisões informadas para impulsionar melhorias contínuas.

Pessoas

Como você descreveria o nível de expertise dentro do seu departamento jurídico ou da equipe de operações jurídicas na utilização de análise de dados para produzir métricas (KPIs, KRIs, PIs, RIs) e relatórios?

1. A equipe possui pouca ou nenhuma expertise em utilizar a análise de dados.
2. A equipe possui uma compreensão básica e é capaz de produzir relatórios e métricas simples.
3. A equipe possui alguma expertise e é capaz de produzir métricas e relatórios detalhados e abrangentes.
4. A equipe possui expertise avançada e consegue aplicar técnicas analíticas avançadas para produzir métricas sofisticadas e relatórios preditivos.

Com que frequência o seu departamento jurídico ou equipe de operações jurídicas recebe oportunidades de treinamento ou desenvolvimento focadas em análise de dados e geração de relatórios?

1. Raramente ou Nunca - Temos poucos ou nenhum programa estruturado de treinamento ou desenvolvimento.
2. Ocasionalmente - Oferecemos algum treinamento, mas ele é infrequente e não abrangente.
3. Regularmente - Temos programas de treinamento contínuos que cobrem uma variedade de tópicos e habilidades relevantes em análise de dados.
4. Continuamente - Adotamos uma abordagem abrangente e proativa para o treinamento e desenvolvimento em análise de dados, garantindo aprendizado contínuo e aprimoramento de habilidades.

Quão efetivamente os membros do seu departamento jurídico ou da equipe de operações jurídicas conseguem colaborar para utilizar a análise de dados e gerar insights significativos?

1. A colaboração é limitada, e os membros da equipe trabalham principalmente de forma independente.
2. Há alguma colaboração, mas ela não é consistente nem otimizada para o uso de análise de dados.
3. Os membros da equipe colaboram regularmente e têm processos estabelecidos para utilizar a análise de dados.
4. A colaboração está enraizada na nossa cultura, com ferramentas e processos avançados que permitem altos níveis de trabalho em equipe na análise de dados.

Até que ponto os papéis e responsabilidades relacionados à análise de dados e geração de relatórios no seu departamento jurídico ou na equipe de operações jurídicas são claros e bem definidos?

1. Os papéis e responsabilidades não são bem definidos, o que leva a confusões e sobreposições nas tarefas de análise de dados.
2. A maioria dos membros da equipe tem uma compreensão básica de suas responsabilidades em relação à análise de dados, mas há espaço para esclarecimentos.
3. Os papéis e responsabilidades na análise de dados são definidos e compreendidos por todos os membros da equipe.
4. Há total clareza sobre os papéis e responsabilidades na análise de dados, com documentação clara e revisões regulares para garantir o alinhamento e realizar ajustes quando necessário.

Como você avaliaria o nível de engajamento e satisfação do seu departamento jurídico ou equipe de operações jurídicas na utilização de análise de dados para produzir métricas e relatórios?

1. Os níveis de engajamento e satisfação são baixos, com poucas iniciativas para abordá-los.
2. Existem algumas iniciativas de engajamento, mas os níveis de satisfação variam significativamente.
3. Temos iniciativas regulares de engajamento, e a maioria dos membros da equipe está satisfeita com suas funções.
4. O engajamento e a satisfação dos colaboradores na análise de dados são prioridades, com iniciativas contínuas e altos níveis de satisfação.

Operações

Como você descreveria a eficiência e a eficácia dos processos operacionais do seu departamento jurídico na utilização de análise de dados para produzir métricas e relatórios?

1. Nossos processos operacionais são majoritariamente ad hoc e reativos, com mínima utilização de análise de dados.
2. Temos alguns processos operacionais estruturados, e conseguimos produzir análises de dados básicas.
3. Nossos processos operacionais são bem definidos e gerenciados, permitindo uma análise de dados abrangente e geração de relatórios.
4. Nossos processos operacionais são otimizados e continuamente aprimorados, utilizando técnicas analíticas avançadas para relatórios sofisticados.

Até que ponto os fluxos de trabalho do seu departamento jurídico são automatizados para facilitar a análise de dados e a geração de relatórios?

1. Temos pouca ou nenhuma automação e dependemos fortemente de processos manuais para a análise de dados.
2. Implementamos automação básica em alguns fluxos de trabalho para facilitar tarefas simples de análise de dados.
3. A maioria dos nossos fluxos de trabalho é automatizada, permitindo uma análise de dados e geração de relatórios eficientes.
4. Todos os fluxos de trabalho que podem ser automatizados estão automatizados com ferramentas avançadas, possibilitando uma alocação otimizada de recursos para análises de dados sofisticadas.

Quão ágeis e adaptáveis são os processos operacionais do seu departamento jurídico para integrar novas técnicas e ferramentas de análise de dados?

1. Adaptar-se a novas técnicas e ferramentas de análise de dados costuma ser desafiador e demorado.
2. Conseguimos nos adaptar a novas técnicas e ferramentas, mas isso exige esforço e tempo significativos.
3. Conseguimos integrar rapidamente novas técnicas e ferramentas de análise de dados com interrupções mínimas.
4. Antecipamos proativamente mudanças e integramos de forma fluida técnicas e ferramentas inovadoras de análise de dados.

Quão eficazmente o seu departamento jurídico aloca recursos, incluindo tempo e pessoal, para análise de dados e geração de relatórios?

1. Os recursos frequentemente parecem ser mal alocados, resultando em gargalos e ineficiências nas tarefas de análise de dados.
2. Temos um plano básico de alocação de recursos, mas ele não foi otimizado para análise de dados.
3. Os recursos geralmente são bem alocados, com revisões periódicas para garantir a eficácia nas tarefas de análise de dados.
4. A alocação de recursos é planejada estrategicamente, otimizada e continuamente revisada para todas as tarefas de análise de dados.

Como você avaliaria a qualidade e a eficiência da prestação de serviços do seu departamento jurídico no que diz respeito a fornecer insights orientados por dados para clientes internos/partes interessadas?

1. A prestação de serviços é frequentemente reativa, com qualidade variável na entrega de insights orientados por dados.
2. Atendemos às expectativas básicas, mas enfrentamos dificuldades em períodos de alta demanda na entrega de insights orientados por dados.
3. Consistentemente entregamos insights de alta qualidade, orientados por dados, e conseguimos gerenciar demandas aumentadas de forma eficaz.
4. Nossa prestação de serviços é proativa, de alta qualidade, e nos destacamos na entrega de insights sofisticados orientados por dados, mesmo em situações de alta demanda.

Tecnologia

Qual das seguintes opções melhor descreve a principal ferramenta que o seu departamento jurídico utiliza para análise de dados e geração de relatórios?

1. Não utilizamos nenhuma ferramenta ou utilizamos ferramentas básicas, como Excel, para análises de dados e relatórios simples.
2. Usamos ferramentas mais avançadas, como Business Objects, para relatórios estruturados e análises.
3. Utilizamos ferramentas sofisticadas de análise, como Tableau, para relatórios abrangentes e análises visuais.
4. Utilizamos uma variedade de ferramentas avançadas, incluindo Power BI e Tableau, integradas com IA para análises sofisticadas e relatórios preditivos.

Como você descreveria a integração das suas ferramentas de análise de dados com outros sistemas e plataformas dentro do seu departamento jurídico?

1. Nossas ferramentas de análise são independentes e requerem esforço manual para importar/exportar dados.
2. Temos algum nível de integração, mas ela não é totalmente fluida e requer esforço manual.
3. Nossas ferramentas de análise estão bem integradas com outros sistemas, permitindo um fluxo de dados contínuo e análise sem interrupções.
4. Alcançamos integração total com fluxo de dados em tempo real, permitindo análises e relatórios instantâneos.

Com que frequência o seu departamento jurídico atualiza ou aprimora suas ferramentas e tecnologias de análise de dados?

1. Raramente ou nunca – usamos ferramentas e tecnologias desatualizadas, sem planos para atualizações.
2. Ocasionalmente – atualizamos nossas ferramentas quando necessário, mas não buscamos ativamente novas tecnologias.
3. Regularmente – buscamos e implementamos ativamente atualizações e novas tecnologias para aprimorar nossas capacidades de análise de dados.
4. Continuamente – estamos na vanguarda da tecnologia, atualizando regularmente nossas ferramentas e explorando tecnologias de ponta.

Até que ponto o seu departamento jurídico utiliza recursos avançados das ferramentas de análise, como IA e aprendizado de máquina, para produzir métricas e relatórios?

1. Não utilizamos recursos avançados e dependemos apenas das funcionalidades básicas de análise.
2. Exploramos e usamos alguns recursos avançados, mas não aproveitamos todas as capacidades disponíveis.
3. Utilizamos ativamente recursos avançados para aprimorar nossas análises e obter insights mais profundos.
4. Aproveitamos plenamente os recursos avançados, incluindo IA e aprendizado de máquina, para análises sofisticadas e preditivas.

Como você avaliaria o nível de suporte e treinamento disponível para o uso eficaz das ferramentas de análise de dados no seu departamento jurídico?

1. O suporte e o treinamento são mínimos ou inexistentes, levando a uma utilização limitada das ferramentas disponíveis.
2. Temos acesso a suporte e treinamento básicos, mas não são abrangentes nem contínuos.
3. Recebemos suporte regular e treinamento abrangente sobre nossas ferramentas de análise.
4. Contamos com suporte contínuo e proativo e treinamento personalizado, garantindo o uso otimizado das ferramentas de análise.

> **(i) DICA**
>
> É crucial abordar a tecnologia com um objetivo claro em mente. Em vez de começar pela tecnologia e tentar adaptá-la às necessidades do negócio, trabalhe no sentido inverso: primeiro, identifique seus objetivos finais e, em seguida, selecione as soluções tecnológicas que possam ajudá-lo a alcançá-los.

Dados

Como a maioria dos dados do seu departamento jurídico, incluindo informações de faturas e casos, é armazenada e acessada?

1. Principalmente em formato físico, com mínima digitalização.
2. Em formatos digitais como Word, Excel, etc., com alguns bancos de dados estruturados para faturas e casos.
3. Em um Data Warehouse centralizado, adaptado para relatórios e análises de faturas, prestadores de serviços e casos.
4. Utilizamos plataformas avançadas com capacidades integradas de aprendizado de máquina e IA para análise abrangente de todos os dados de operações jurídicas.

Quão detalhados e abrangentes são os dados disponíveis para o seu departamento em relação a fornecedores, prestadores de serviços, faturamento e orçamentos?

1. Os dados são básicos, carecem de descritores detalhados e não são abrangentes.
2. Os dados incluem descrições detalhadas sobre faturamento, casos, funções, taxas e outros descritores.
3. Os dados são abrangentes, permitindo análises aprofundadas e uma compreensão detalhada de cada aspecto das operações jurídicas.
4. Os dados são abundantes e precisos, adequados para técnicas analíticas avançadas, incluindo orçamentos preditivos e análise de despesas.

Como você descreveria a abordagem do seu departamento para analisar dados relacionados às operações jurídicas, incluindo casos e faturas??

1. Principalmente reativa, com análise estruturada mínima.
2. Proativa, com foco em análise estruturada e relatórios sobre operações jurídicas.
3. Holística, utilizando uma abordagem centralizada para obter insights detalhados sobre as operações jurídicas, incluindo desempenho de fornecedores e aderência ao orçamento.
4. Avançada, aproveitando análises preditivas e prescritivas para otimizar as operações jurídicas e a gestão de fornecedores.

Quão bem as suas iniciativas de análise de dados estão alinhadas com as necessidades do negócio do seu departamento, especialmente no que diz respeito à gestão de consultores externos e orçamentos de operações jurídicas?

1. Alinhamento mínimo, com dependência principal de métodos tradicionais.
2. Alinhamento moderado, com algumas iniciativas para atender às necessidades evolutivas na gestão de operações jurídicas.
3. Alinhamento próximo, com consultas regulares para entender e atender às necessidades do negócio na gestão de consultores externos e orçamentos.
4. Alinhamento completo, com iniciativas proativas para antecipar e abordar necessidades futuras na gestão de operações jurídicas e consultores externos.

Até que ponto o seu departamento utiliza tecnologias avançadas para análise de dados em operações jurídicas, incluindo a análise de faturas, prestadores de serviços e desempenho de consultores externos?

1. Não utilizamos tecnologias avançadas e dependemos de ferramentas básicas.
2. Estamos explorando tecnologias avançadas, mas ainda não as integramos completamente na análise de operações jurídicas.

3. Utilizamos tecnologias avançadas para tarefas específicas e estamos explorando mais integrações para uma análise abrangente de operações jurídicas.
4. Utilizamos regularmente tecnologias avançadas, incluindo aprendizado de máquina e IA, para análises abrangentes em todos os aspectos das operações jurídicas.

Uma Breve História dos Dados Jurídicos e do eBilling

Nos anos 80 e 90, a indústria jurídica ainda enfrentava dificuldades com faturas em papel que detalhavam centenas de itens. Esse sistema manual tornava desafiador o acompanhamento e a revisão dos detalhes das atividades cobradas. Em resposta a essa situação, inovadores do setor se uniram para criar o Uniform Task-Based Management System (UTBMS), um conjunto de códigos que busca padronizar a categorização de tarefas.

Logo em seguida, a indústria reconheceu a conveniência que esse sistema oferecia, e esforços começaram para simplificar, agilizar e modernizar o faturamento, levando à criação e à adoção generalizada do formato LEDES; um sistema especificamente projetado para submissões eletrônicas de faturas. Usando o formato LEDES, as informações de rastreamento de tempo de documentos físicos e plataformas poderiam ser enviadas e processadas utilizando tecnologia de eBilling jurídico, tornando exponencialmente mais fácil para os departamentos jurídicos processarem dados.

Essa transformação trouxe vantagens imediatas. Os departamentos jurídicos puderam validar códigos de tarefa, avaliar tarifas, examinar descrições de faturamento e aplicar regras automatizadas para faturas de forma mais eficiente. Além disso, facilitou a revisão e a aprovação de faturas de escritórios e fornecedores, práticas de faturamento, ajustes de honorários e detalhes específicos das tarefas.

Mesmo hoje, com a abundância de dados à nossa disposição, a indústria jurídica apenas arranhou a superfície do potencial da análise de dados para oferecer alívio dos processos manuais. As vastas possibilidades para análises profundas e insights muitas vezes são subutilizadas, deixando oportunidades significativas inexploradas. Este livro tem como objetivo explorar como você pode realmente aproveitar os dados que está coletando e as amplas oportunidades analíticas disponíveis por meio desses dados.

Onde Obter Dados?

Se há algo que esperamos que você tenha aprendido com este livro, é que os dados são a pedra angular da tomada de decisões informadas, eficiência operacional, otimização de gastos e alinhamento estratégico. No contexto atual, a utilização eficaz desses dados depende da identificação das fontes certas para extrair informações que revelam os diversos insights ocultos nos números dos dados jurídicos e de eBilling.

A rede de dados jurídicos é vasta, abrangendo elementos como faturas, casos, orçamentos, desempenho e muito mais. Vamos explorar as diversas fontes de dados jurídicos, destacando suas características únicas e ilustrando como elas podem ser aproveitadas para capacitar uma análise de dados eficaz dentro dos departamentos jurídicos.

Dados de Faturas

A introdução do formato padrão LEDES na década de 90 catalisou a indústria de LegalTech e trouxe consigo novos sistemas de eBilling. Esses sistemas revolucionaram o faturamento jurídico ao permitir a troca, revisão e gerenciamento de faturas eletrônicas de maneira fluida entre os departamentos jurídicos e seus escritórios e fornecedores. Os sistemas de eBilling não apenas simplificaram o processo de faturamento, mas também abriram as portas para uma riqueza de dados detalhados de faturas, anteriormente inacessíveis em formatos manuais em papel.

Essa transição para o faturamento eletrônico capacitou os departamentos jurídicos com um acesso sem precedentes a dados granulares de faturas. Cada item detalhado, cada registro de tempo e cada despesa agora estão registrados e disponíveis. O

Exemplo de Fatura									
Data	Caso	Profissional	Cargo	Tarefa	Atividade	Descrição	Tarifa	Qtd.	Valor
06/05/2021	47158	Anderson, Olivia	Associado	L110	A101	Planejamento Inicial e Preparação para o Caso Relacionado à Disputa Rogers v. White.	379.00	8	3,032.00
06/09/2021	47158	Turner, Samuel	Sócio	L120	A102	Pesquisa Estratégica sobre Resultados de Casos Anteriores para Determinar a Melhor Abordagem para Rogers v. White.	575.00	2.2	1,265.00
06/12/2021	47158	Choi, Matthew	Paralegal	L140	A110	Gestão e Organização de Arquivos Eletrônicos e Documentos para o Caso Rogers v. White.	142.00	4.1	582.20
06/17/2021				Despesa	E130	Despesas de Viagem Locais para Assistir à Audiência	45.00	1	45.00
							Total		4,924.20

poder dos dados detalhados de faturas eletrônicas reside em como eles podem impulsionar a análise de dados. Ao analisar essa rica fonte de dados, os departamentos jurídicos podem obter insights sobre suas tendências de gastos, avaliar o valor entregue por seus consultores externos e tomar decisões informadas para alinhar seus gastos jurídicos com seus objetivos estratégicos.

A evolução do faturamento em papel para o faturamento eletrônico não apenas aprimorou a eficiência e a transparência do faturamento jurídico, mas também transformou os dados de faturas em um ativo estratégico para os departamentos jurídicos, permitindo que eles utilizem a análise de dados para melhorias contínuas e realização de valor.

Aqui estão alguns exemplos de dados de faturas que são tipicamente extraídos por meio de ferramentas de eBilling:

- **Número da Fatura**: Um identificador único atribuído a cada fatura para fins de rastreamento e referência.

- **Tipo**: Especifica se a entrada é um honorário ou uma despesa, auxiliando na categorização e análise precisas.
- **Caso**: Identifica o nome ou código único do caso, projeto, disputa ou matéria relacionada.
- **Prestador de Serviços:** Lista o nome de cada indivíduo que registra horas, permitindo a análise das contribuições e cargas de trabalho individuais.
- **Função**: Denota a senioridade do prestador de serviços (por exemplo, sócio, associado, assistente jurídico), fornecendo insights sobre o nível de especialização envolvido.
- **Quantidade:** Representa o tempo faturado por tarefa, possibilitando uma análise meticulosa do esforço e da alocação de tempo.
- **Tarifa**: Indica o honorário cobrado por tarefa, permitindo uma análise detalhada de custos e comparações de tarifas.
- **Data do Serviço:** Marca a data em que o trabalho foi realizado,

oferecendo insights sobre cronogramas e distribuição do trabalho.

- **Descrição**: Oferece uma descrição do trabalho realizado ou das despesas incorridas, proporcionando uma compreensão detalhada e contextual dos itens faturados.
- **Código**: Incorpora os códigos de atividade e tarefa do UTBMS atribuídos a cada item, facilitando a categorização e análise padronizadas.
- **Código de Atividade**: Fornece códigos específicos para cada atividade, permitindo uma categorização e análise mais granular das tarefas realizadas.
- **Valor Total**: Denota o valor total faturado na fatura, crucial para análises financeiras gerais e orçamentação.
- **Status do Pagamento**: Especifica o status de pagamento da fatura, se está paga, pendente ou vencida, oferecendo insights sobre ciclos de pagamento e compromissos financeiros.
- **Ajustes**: Detalha quaisquer ajustes ou modificações feitas na fatura, garantindo o rastreamento preciso de alterações e discrepâncias.
- **Imposto:** Lista quaisquer valores de impostos incluídos na fatura, essenciais para cálculos financeiros precisos e conformidade.
- **Desconto**: Especifica quaisquer descontos aplicados à fatura, permitindo um rastreamento e análise financeira precisos.
- **Moeda**: Identifica a moeda utilizada na fatura, crucial para transações internacionais e relatórios financeiros precisos.

Ao aproveitar os dados de faturas para análises, concentre-se em extrair insights acionáveis que estejam alinhados com os objetivos estratégicos do seu departamento jurídico. Utilize os detalhes granulares contidos nas faturas, como funções dos prestadores de serviços, códigos de atividade por item e datas de serviço, para realizar análises detalhadas de custos e identificar áreas para melhorias de eficiência. Utilize ferramentas de análise avançada para visualizar tendências de gastos, comparar tarifas e avaliar o valor entregue por diferentes fornecedores.

Ao integrar os dados de faturas com outras fontes de dados, como informações de casos e de prestadores de serviços, você pode obter uma visão holística de suas operações jurídicas e tomar decisões informadas para otimizar o desempenho, gerenciar os custos de forma eficaz e aprimorar a entrega de valor.

Dados do Caso

A jornada dos dados de casos na indústria jurídica passou por uma evolução significativa, marcada notavelmente pela chegada e adoção dos sistemas de gestão de casos (MMS). Esses sistemas surgiram como ferramentas fundamentais para os departamentos jurídicos, proporcionando uma abordagem estruturada e centralizada para gerenciar questões legais. Antes da criação dos MMS, os departamentos jurídicos frequentemente lidavam com informações de casos díspares e desorganizadas, armazenadas em planilhas Excel ou em simples pastas de papel.

O desenvolvimento dos Sistemas de Gestão de Casos (MMS) foi um passo transformador, mas o cenário evoluiu ainda mais com a introdução dos Sistemas de Gestão Jurídica Empresarial (ELM). Os sistemas ELM ampliaram as capacidades dos MMS tradicionais, integrando diversos aspectos das operações jurídicas, como faturamento, gerenciamento de fluxo de trabalho e gestão de documentos.

Essa integração ofereceu uma abordagem

mais holística e unificada para as operações jurídicas, permitindo que os departamentos jurídicos gerenciassem seus casos e os elementos associados de forma mais eficaz.

Essa evolução para sistemas ELM sofisticados dotou os departamentos jurídicos de acesso a dados de casos abrangentes e organizados. Desde o início até a conclusão de um caso jurídico, cada detalhe, cada desenvolvimento e cada elemento associado são meticulosamente registrados e prontamente disponíveis para análise. Essa riqueza de dados fornece aos departamentos jurídicos os insights necessários para avaliar os fluxos de trabalho operacionais, gerenciar recursos de forma eficiente e alinhar a gestão de casos com os objetivos empresariais mais amplos.

Aqui estão alguns exemplos de dados de casos que são tipicamente registrados em Sistemas de Gestão de Casos (MMS) ou Sistemas de Gestão Jurídica Empresarial (ELM):

- **Número/Código**: Um identificador único atribuído a cada caso, projeto, disputa ou caso, facilitando o rastreamento e a referência.
- **Nome**: Um campo de texto livre para o nome atribuído ao caso.
- **Categoria**: Denota o tipo de caso e pode estar frequentemente associado a uma área de prática específica, fornecendo insights sobre

a natureza do trabalho jurídico envolvido.
- **Área de Prática**: Especifica a especialidade ou domínio jurídico ao qual o caso pertence, como litígios, emprego ou propriedade intelectual.
- **Unidade de Negócio**: Refere-se à unidade organizacional ou departamento associado ao caso, oferecendo contexto sobre quais áreas do negócio o caso impacta.
- **Status**: Reflete o estado atual do caso, indicando se está aberto, fechado, pendente ou em outro estado, oferecendo insights sobre o progresso do caso.
- **Escritório(s):** Lista os escritórios de advocacia externos ou outros fornecedores envolvidos ou que estão lidando com o caso, fornecendo informações sobre colaborações e parcerias externas.
- **Datas de Abertura e Encerramento:** Datas cruciais na linha do tempo do caso, oferecendo insights sobre a duração e os prazos associados ao caso.
- **Disposição**: Denota o resultado ou resolução do caso, fornecendo insights sobre os resultados alcançados.
- **Advogado/Equipe Designada:** Identifica os membros da equipe interna atribuídos ao caso e pode

Exemplo de Relatório de Casos									
Nº do Caso	Nome do Caso	Data de Abertura	Status	Data de Encerramento	Área de Prática	Unidade de Negócio	Orçamento (USD)	Localização	Disposição
47158	Rogers v. White	01/01/2021	Aberto	-	Litígio	Direito Corporativo	1.2M	New York	-
48259	Ocean Properties	02/05/2021	Encerrado	08/08/2021	Trabalhista	Recursos Humanos	78K	Chicago	Acordado
49120	Thomsom Inc.	03/03/2021	Rascunho	-	Propriedade Intelectual	Divisão de PI	310K	Los Angeles	-

ajudar a entender a carga de trabalho e a alocação de recursos.

- **Jurisdição**: A jurisdição legal sob a qual o caso se enquadra pode ser crucial para considerações de conformidade e estratégia legal.
- **Nível de Risco:** Denota o nível de risco associado a cada caso, ajudando na priorização e na alocação de recursos.
- **Descrição/Sumário do Caso**: Um resumo ou descrição do caso que pode fornecer contexto e facilitar uma compreensão rápida do caso.
- **Marcos/Data Importantes**: Registrar marcos ou datas significativas pode ajudar no acompanhamento do progresso e na gestão eficaz dos prazos.
- **Documentos Relacionados:** Ter um link ou referência a documentos, contratos ou correspondências relacionadas pode ajudar na manutenção de registros abrangentes.
- **Informações do Cliente/Parte**: Detalhes sobre os clientes ou outras partes envolvidas podem ser cruciais para verificações de conflito e gerenciamento de relacionamentos.
- **Registros de Tempo**: Registros de tempo detalhados podem fornecer insights sobre o esforço despendido no caso e auxiliar na análise de desempenho.

O registro meticuloso e a análise das informações dos casos são indispensáveis para os departamentos jurídicos que buscam aproveitar a análise de dados de forma eficaz. Isso não apenas favorece a tomada de decisões informadas e estratégicas, mas também contribui para a otimização de recursos, a melhoria da gestão de riscos e o aprimoramento contínuo dos processos e estratégias jurídicas.

> **ⓘ DICA**
>
> Ao capturar detalhes em relação a um caso, busque um equilíbrio entre simplicidade e uma abordagem abrangente. Inclua informações suficientes para fornecer uma visão holística do caso e apoiar a tomada de decisões informadas, mas evite detalhes excessivos que possam sobrecarregar o sistema e dificultar a usabilidade. Priorize a captura de dados que sejam diretamente relevantes para os objetivos do seu departamento jurídico, necessidades operacionais e objetivos estratégicos. Revise e refine regularmente os detalhes capturados para garantir a relevância e o valor contínuos, e considere a facilidade de recuperação e análise de dados ao determinar o nível de detalhe a ser registrado.

Ao explorar todo o potencial das informações dos casos na análise de dados, os departamentos jurídicos podem elevar sua eficiência operacional e o impacto estratégico dentro da organização.

Outras Fontes

Embora os dados de casos e de faturas sejam fundamentais, a integração de outras fontes de dados é crucial para criar uma visão holística do funcionamento do departamento jurídico. Por exemplo, os dados do sistema de Contas a Pagar (AP) podem fornecer insights em tempo real sobre despesas e conformidade financeira, enquanto os dados de Recursos Humanos (RH) podem oferecer informações sobre a eficiência na equipe e estratégias de gestão de pessoal.

Aqui estão algumas fontes de dados adicionais que podem ser utilizadas para análise de dados no departamento jurídico:

> **ⓘ DICA**
>
> Integrar e coletar informações de diversas fontes pode ser uma tarefa complexa e que consome muitos recursos. Antes de iniciar tais iniciativas, é fundamental realizar uma avaliação para garantir que os benefícios potenciais e os insights obtidos justifiquem os esforços e os recursos investidos. Considere a relevância, a confiabilidade e os insights acionáveis que cada fonte adicional de dados pode fornecer e avalie-os em relação aos desafios e custos associados à integração.

- **Dados Orçamentários**: Isso inclui planos financeiros detalhados, que delineiam os custos e receitas esperados. É importante para monitorar o desempenho financeiro, controlar custos e garantir que o departamento jurídico opere dentro de seus limites financeiros.
- **Dados de Conformidade:** Isso abrange registros relacionados à conformidade com leis, regulamentações e políticas. É essencial para identificar riscos de conformidade e garantir que a organização opere de forma legal e ética.
- **Dados dos Funcionários:** Isso inclui informações sobre a equipe do departamento jurídico, como funções, desempenho e carga de trabalho. É crucial para a gestão de recursos humanos, avaliação de desempenho e alocação de recursos.
- **Dados do Sistema de Gestão de Documentos:** Isso envolve dados de sistemas que gerenciam documentos jurídicos, incluindo tipos de documentos, registros de acesso e modificações. É essencial para a gestão do conhecimento jurídico e

para garantir a segurança e a integridade dos documentos.
- **Dados de Feedback dos Clientes:** Isso inclui feedback e dados de satisfação de clientes internos ou externos. É crucial para avaliar o desempenho do departamento jurídico e identificar áreas potenciais para melhorias.
- **Dados de Arquivos Regulatórios:** Isso abrange informações relacionadas a arquivos junto a órgãos reguladores. É vital para gerenciar interações regulatórias e garantir submissões pontuais e precisas.
- **Dados de Mercado e da Indústria:** Isso envolve dados externos relacionados a tendências de mercado, desenvolvimentos do setor e ações de concorrentes. É essencial para contextualizar as operações do departamento jurídico e alinhar estratégias com as realidades do mercado.
- **Dados de Gestão do Conhecimento:** Isso inclui dados relacionados aos ativos de conhecimento do departamento jurídico, como precedentes, pesquisa jurídica e aconselhamentos. É crucial para aproveitar o conhecimento jurídico e melhorar a eficiência.
- **Dados de Preservação de Documentos (Legal Hold):**Isso envolve informações relacionadas à preservação de documentos e informações que podem ser relevantes para litígios.
- **Dados de e-discovery:** Isso envolve informações obtidas através do processo de e-discovery, incluindo documentos eletrônicos, e-mails e metadados. É vital para gerenciar processos de descoberta jurídica, conduzir investigações e se preparar para litígios.

- **Dados do Sistema de Gestão de Contratos:** Isso inclui dados de sistemas utilizados para gerenciar o ciclo de vida dos contratos, como criação, execução e renovação. É essencial para supervisionar obrigações contratuais e gerenciar relacionamentos contratuais de forma eficiente.

- **Dados do Sistema de Rastreamento de Tempo:** Isso abrange dados relacionados ao tempo gasto pela equipe do departamento jurídico em várias atividades, capturados por meio de sistemas dedicados de gerenciamento de tempo. É vital para avaliar a produtividade, gerenciar cargas de trabalho e alocar recursos de maneira eficaz.

- **Dados de Citação:** Isso envolve informações relacionadas ao recebimento de documentos legais, como intimações e queixas. É crucial para gerenciar processos legais e responder a ações jurídicas de maneira oportuna.

- **Dados do Sistema de Gestão de Patentes:** Isso inclui dados de sistemas que gerenciam a propriedade intelectual da organização, incluindo pedidos de patentes, status e renovações. É essencial para gerenciar a propriedade intelectual e proteger inovações de forma eficaz.

- **Dados de Sistemas de Secretariado:** Isso abrange dados relacionados à governança corporativa e conformidade, incluindo reuniões de conselho, deliberações e registros. É vital para garantir uma boa governança corporativa e conformidade com leis e regulamentos corporativos.

- **Dados do Sistema de Contas a Pagar (AP):** Isso inclui dados relacionados às contas a pagar da organização, detalhando informações sobre faturas recebidas, pagamentos devidos e status de pagamento. É essencial para gerenciar as despesas do departamento jurídico e garantir pagamentos pontuais aos fornecedores.

- **Dados de Recursos Humanos (RH):** Isso abrange uma variedade de dados relacionados aos funcionários, como métricas de desempenho, registros de presença e dados demográficos dos funcionários. É crucial para analisar o desempenho da equipe, gerenciar recursos humanos de forma eficaz e tomar decisões informadas sobre contratações.

Sistema de Gestão Baseado em Tarefas Uniformes (UTBMS)

O UTBMS oferece um sistema de codificação padronizado para simplificar a gestão de projetos jurídicos e as práticas de faturamento. Abaixo, você encontrará o Conjunto de Códigos para Litígios, que inclui códigos essenciais para tarefas, atividades e despesas relacionadas a litígios, bem como códigos para questões de marcas registradas e e-discovery. Esses códigos oferecem uma abordagem estruturada para categorizar e rastrear o trabalho jurídico de forma consistente, melhorando a eficiência e a gestão de custos.

O conjunto completo de códigos para todos os tipos de casos e projetos pode ser encontrado em https://utbms.com/.

Conjunto de Códigos para Litígios

Esta seção apresenta os códigos fundamentais do UTBMS que se referem a tarefas, atividades e despesas relacionadas a litígios. Também inclui códigos específicos para questões de marcas registradas, e-discovery e mais. Esses códigos padronizados facilitam a organização e o rastreamento eficaz do trabalho jurídico em casos de litígios.

L100 Avaliação, Desenvolvimento e Administração do Caso

- L110 Investigação/Desenvolvimento de Fatos
- L120 Análise/Estratégia
- L130 Especialistas/Consultores
- L140 Gestão de Documentos/Arquivos
- L150 Orçamento
- L160 Acordo/ADR Não Vinculante
- L190 Outra Avaliação, Desenvolvimento e Administração do Caso

L200 Petições e Moções Pré-Julgamento

- L210 Petições
- L220 Liminares/Remédios Provisórios
- L230 Conferências Mandadas pelo Tribunal
- L240 Moções Dispositivas
- L250 Outras Moções e Submissões Escritas
- L260 Certificação e Notificação de Ação Coletiva

L300 Descoberta

- L310 Descoberta Escrita
- L320 Produção de Documentos
- L330 Depoimentos
- L340 Descoberta de Especialistas
- L350 Moções de Descoberta
- L390 Outras Descobertas

L400 Preparação para o Julgamento e Julgamento

- L410 Testemunhas de Fato
- L420 Testemunhas Especialistas
- L430 Moções e Submissões Escritas
- L440 Outras Preparações e Suporte para o Julgamento
- L450 Comparecimento a Julgamentos e Audiências
- L460 Moções e Submissões Pós-Julgamento
- L470 Execução
- L500 Apelação
- L510 Moções e Submissões de Apelação
- L520 Recursos de Apelação
- L530 Argumento Oral

E100 Despesas

- E101 Cópias
- E102 Impressão Externa
- E103 Processamento de Texto
- E104 Facsímile
- E105 Telefone
- E106 Pesquisa Online

- E107 Serviços de Entrega/Mensageiros
- E108 Correio
- E109 Viagem Local
- E110 Viagem para Fora da Cidade
- E111 Refeições
- E112 Taxas de Tribunal
- E113 Taxas de Intimação
- E114 Taxas de Testemunhas
- E115 Transcrições de Depoimentos
- E116 Transcrições de Julgamento
- E117 Exibições de Julgamento
- E118 Fornecedores de Suporte a Litígios
- E119 Especialistas
- E120 Investigadores Privados
- E121 Árbitros/Mediadores
- E122 Advogado Local
- E123 Outros Profissionais
- E124 Outros

Conjunto de Códigos de Atividade

Os códigos de atividade categorizam a ação realizada para executar a tarefa jurídica. Aqui estão os códigos definidos:

- A100 Atividades
- A101 Planejar e Preparar para
- A102 Pesquisar
- A103 Redigir/revisar
- A104 Revisar/analisar
- A105 Comunicar (na Firma)
- A106 Comunicar (com o Cliente)
- A107 Comunicar (outro Advogado Externo)
- A108 Comunicar (outro Externo)
- A109 Comparecer/assistir
- A110 Gerenciar Dados/Arquivos
- A111 Outros

Limpeza de Dados:
Técnicas e Melhores Práticas

Os dados nas operações jurídicas são úteis apenas se estiverem limpos. Sem informações consistentes e confiáveis, mesmo as análises mais avançadas podem falhar. Neste capítulo, discutiremos técnicas práticas para purificar seus dados jurídicos, garantindo que seus relatórios sejam tanto precisos quanto significativos.

Simplificação de Títulos de Prestadores de Serviços

Títulos como "sócio sênior", "sócio chefe" e "sócio nível 2" podem variar entre os escritórios, mas, para fins de relatórios, essas distinções frequentemente criam complexidade desnecessária. Simplificar esses títulos variados em um termo comum—como "sócio" —elimina discrepâncias e garante um processamento de dados mais fluido. Essa abordagem não apenas melhora a consistência, mas também ajuda a evitar confusões ao analisar dados de diferentes fontes.

Compreendendo o Cenário de Dados

Nem todos os dados são igualmente relevantes. Avalie criticamente as categorias que representam menos de 1% dos seus casos e questione se elas ainda pertencem à sua estrutura de relatórios. Concentre-se no que é relevante hoje e evite sobrecarregar sua análise com casos desatualizados que não refletem mais suas operações atuais.

Definindo Áreas de Prática

Padronizar as áreas de prática requer a contribuição de advogados e da gestão. É essencial definir essas categorias de uma maneira que se alinhe com as necessidades específicas dos seus relatórios. Embora padrões externos, como os do *Standard*

Advancement for the Legal Industry (SALI), possam ser úteis, seu foco deve ser no que funciona melhor para a sua organização. Começar com o que está atualmente em prática garante que seus dados reflitam operações do mundo real, em vez de diretrizes teóricas.

Localização e Frequência na Entrada de Dados

Incluir campos de localização em seus relatórios deve ser uma escolha deliberada. Se os dados de localização não forem necessários, não os inclua. Por outro lado, se a localização for importante, determine o nível de detalhe—nível estadual, nível de município ou outro—antes de adicionar os campos. Cada novo campo aumenta a carga de entrada de dados, portanto, equilibre a necessidade de detalhes com o risco de introduzir erros.

Prazos e Fechamento de Casos

Ao analisar dados, é importante focar em prazos que realmente reflitam suas operações. Por exemplo, observar os casos abertos que tiveram faturas geradas dentro de um período específico garante que sua análise se baseie em atividades financeiras atuais. Determinar quando um caso é considerado fechado pode ser feito estabelecendo uma janela de tempo após a última atividade, permitindo métricas mais precisas.

Precisão e Qualidade dos Dados

Dados precisos são críticos, mas mantê-los requer um esforço contínuo. A entrada de dados inconsistente ou incorreta pode distorcer os relatórios, levando a conclusões equivocadas. Revisar regularmente os relatórios em busca de erros e abordá-los com comunicação clara e treinamento ajuda a garantir que todos estejam alinhados. O foco deve estar em melhorar a qualidade dos dados sem atribuir culpas, promovendo uma cultura de precisão e responsabilidade.

Engajamento e Treinamento

Realizar relatórios de auditoria regularmente permite que as equipes avaliem seu progresso e identifiquem áreas para melhorias. Por exemplo, fazer perguntas como "Quantos dos casos registrados estão alinhados com a área de prática correta?" incentiva a reflexão e apoia a melhoria contínua. Auditorias regulares e sessões de treinamento mantêm todos alinhados e melhoram a qualidade geral dos dados.

Análise das Tarifas de Faturas e Estatísticas Médias de Casos

Calcular as tarifas médias pode ser complicado, especialmente com outliers, como taxas extremamente altas ou descontos negativos que distorcem os resultados. É importante identificar essas anomalias cedo, garantindo que seus relatórios sejam confiáveis e isentos de dados enganosos. Relatórios precisos e confiáveis constroem confiança e apoiam uma tomada de decisão mais eficaz.

Identificação e Análise de Outliers

Compreender seus dados significa analisá-los sob múltiplos ângulos. Por exemplo, consultar intervalos para identificar valores mínimos e máximos pode revelar problemas potenciais, como tarifas negativas, que podem indicar erros de entrada de dados. Sinalizar e investigar esses outliers garante que seus relatórios reflitam a realidade, e não erros.

Outras Considerações

A limpeza eficaz de dados é a base para relatórios jurídicos precisos. Ao simplificar títulos, refinar suas categorias de dados, padronizar áreas de prática e estar atento aos campos que você rastreia, você cria um conjunto de dados consistente e coerente. Essas técnicas facilitam o trabalho das equipes de operações jurídicas e técnicas com dados que são tanto confiáveis quanto acionáveis, levando a decisões mais informadas e operações mais fluidas.

Melhores Práticas e Considerações

Gerar relatórios regulares é semelhante a investir em um seguro. Podemos não ver o valor imediato, mas, quando surgem desafios, somos gratos pela previsão. Ao criar relatórios, você pode revelar lacunas e discrepâncias em seus dados antes que elas se tornem problemas maiores.

Aqui estão algumas das melhores práticas ao gerar relatórios:

- **Seja Proativo com Relatórios:** Não espere ter um conjunto de dados perfeito para começar a gerar relatórios. Comece com o que você tem. Assim como um check-up médico inicial revela problemas de saúde menores antes que se tornem maiores, relatórios iniciais destacam inconsistências nos dados.
- **Evite o Perfeccionismo:** Busque progresso, não perfeição. Se você tentar resolver cada pequeno problema de dados, acabará preso em um ciclo de refinamento constante sem realmente se beneficiar dos insights que seus dados podem oferecer.
- **Regra 80/20:** Priorize o enfrentamento dos principais desafios de dados primeiro. Dedicar 20% do seu tempo a esses problemas pode resultar em 80% das melhorias necessárias.
- **Comunicação Transparente**: Mantenha a gestão informada. Se você reduziu as variações de dados de 20% para 10%, com o objetivo de reduzir ainda mais para 1%,

compartilhe esse progresso. Celebre pequenas vitórias e continue se esforçando pela melhoria.

- **Estágios de Maturidade:** Não busque o relatório mais avançado desde o início. É como tentar correr antes de aprender a andar. Comece com relatórios fundamentais, compreenda-os e, em seguida, avance para análises mais sofisticadas. Pular diretamente para ferramentas complexas como IA sem uma base sólida de dados pode desperdiçar recursos.

- **Relatórios de Demonstração:** Antes de mergulhar na limpeza de dados ou na configuração de um data warehouse, visualize o resultado desejado criando um relatório de demonstração. Se seus usuários finais forem experientes em tecnologia, talvez eles até tenham um exemplo para compartilhar. Essa etapa preliminar é inestimável. Não só oferece um vislumbre do produto final, mas também ajuda a entender quais dados são vitais e quais podem ser deixados de lado.

Como Escolher o Gráfico Certo para Seus Dados?

A visualização eficaz de dados no setor jurídico requer menos detalhes e mais foco em oferecer uma visão geral com mensagens claras e concisas. A sobre-segmentação e visualizações complexas podem levar à confusão e dificultar a compreensão, portanto, é importante simplificar seus dados e ir direto ao ponto.

Para determinar qual tipo de gráfico funcionará melhor, você deve avaliar a natureza dos seus dados. Quantas variáveis você precisa exibir de uma vez? Quantos pontos de dados você possui para cada

variável? Você está exibindo valores e, mais importante, quem é o seu público-alvo?

Como primeiro passo, sugerimos este prático guia de seleção de gráficos do Dr. Andrew Abela, reitor fundador da Busch School of Business. Com ele, você pode começar a navegar pelo emaranhado de tipos de gráficos e eliminar o ruído para determinar a melhor forma de apresentar seus dados de maneira mais eficaz e impactante. Continue lendo para uma explicação detalhada.

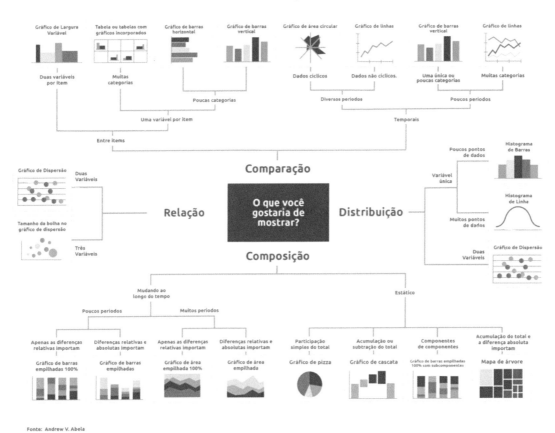

Fonte: Andrew V. Abela

Qual Gráfico Você Deve Usar?

Comparação

Os gráficos de comparação são utilizados para comparar a magnitude dos valores entre si e podem ser usados para identificar os valores mais baixos e mais altos em um conjunto de dados. Eles também podem ser utilizados para comparar valores atuais com valores históricos, a fim de identificar tendências de aumento ou diminuição. Perguntas típicas nesse domínio incluem: "Quais áreas de prática geram os maiores custos jurídicos?" e "Como nossa carga atual de casos se compara aos anos anteriores em termos de complexidade e volume?".

Entre Itens

Poucos Itens		
Gráfico de Colunas		Ideal quando você deseja comparar pontos de dados entre diferentes categorias ou grupos. Exemplo: Gastos com Recursos Externos versus Internos.
Muitos Itens		
Gráfico de Barras		Ideal ao lidar com dados que possuem rótulos de categoria longos ou espaço horizontal limitado, ou quando você precisa se concentrar nos principais ou inferiores desempenhos dentro de um conjunto de dados. Exemplo: Análise de Avisos Únicos em Faturas.

Ao Longo do Tempo

Muitos Períodos		
Dados Cíclicos Gráfico de Radar		Ideal quando as categorias estão relacionadas entre si ou quando você deseja comparar várias variáveis ou atributos de forma breve. Exemplo: Índice de Satisfação do Cliente.
Dados Não Cíclicos Gráfico de Linhas		Ideal para acompanhar a progressão ou flutuações ao longo do tempo. Exemplo: Gastos Legais Externos como Percentual da Receita.

Poucos Períodos		
Poucas Categorias		Ideal se você deseja comparar tamanhos ou quantidades ao longo de um período específico (eixo X como unidades de tempo).
Gráfico de Colunas		Exemplo: Total de Gastos Jurídicos como Percentual da Receita.
Muitas Categorias		Ideal para a comparação de tendências e padrões ao longo do tempo.
Gráfico de Linhas		Exemplo: Tendência da Fase do Caso.

Distribuição

Os gráficos de distribuição são utilizados para ilustrar valores quantitativos distribuídos ao longo de um eixo, do menor para o maior. Ao observar a forma dos dados, o usuário pode identificar facilmente características como a faixa de valores, a tendência média, a forma e os outliers.

Uma Variável		
Histograma		Ideal para mostrar a frequência ou contagem de dados em intervalos ou classes, facilitando a identificação de padrões como modas, grau de assimetria ou outliers. Exemplo: Custo Médio por Tipo de Caso.
Duas Variáveis		
Gráfico de Dispersão		Ideal quando você deseja identificar concentração, dispersão e agrupamentos. Exemplo: Tempo Médio de Resposta de Fornecedores para Solicitações do Departamento Jurídico.

Relação

Os gráficos de relação são utilizados para mostrar as relações entre os pontos de dados e podem ser usados para encontrar correlações, outliers e agrupamentos de dados. Perguntas comuns incluem: "Existe uma conexão entre os esforços de conformidade regulatória e a frequência de disputas jurídicas?" e "Como a alocação de recursos jurídicos corresponde ao tempo de resolução de casos legais em diversas áreas de prática?".

Duas Variáveis		
Gráfico de Dispersão		Ideal quando você precisa visualizar a relação ou correlação entre duas variáveis contínuas. Exemplo: Tempo x Custo.

Composição

Os gráficos de composição ilustram como as partes individuais se relacionam com o todo e como um valor total é distribuído entre essas partes. Eles mostram principalmente os valores relativos, embora alguns gráficos também possam representar diferenças absolutas ao comparar porcentagens com os valores reais do total.

Estático

Participação Simples no Total		
Gráfico de Pizza ou Rosca		Ideal para ilustrar relações simples de parte para o todo e é adequado para situações em que você deseja enfatizar os tamanhos relativos de cada categoria. Exemplo: Total de Gastos Externos por Fornecedor.
Estrutura Hierárquica		
Árvore ou Sunburst		Ideal para representar estruturas hierárquicas complexas. Exemplo: Total de Gastos Externos por Função de Prestador de Serviços.
Acumulação ou Subtração		
Gráfico de Cascata		Ideal para acompanhar e mostrar o efeito cumulativo de valores positivos e negativos que ocorrem sequencialmente ou quando você precisa mostrar a contribuição passo a passo para um total final. Exemplo: Orçamento do Departamento Jurídico versus Realizado.

Ao Longo do Tempo

Poucos Períodos		
Diferença Relativa		Ideal para ilustrar a composição variável de múltiplas categorias.
Gráfico de Colunas Empilhadas 100%		Exemplo: Alocação de Orçamento entre Áreas de Prática.
Diferença Relativa e Absoluta		Ideal para comparar totais variáveis e contribuições relativas.
Gráfico de Colunas Empilhadas		Exemplo: Gastos de Prestadores de Serviços por Área de Prática.
Área Empilhada		

Muitos Períodos		
Apenas Diferença Relativa Área Empilhada 100%		Ideal para mostrar como as proporções relativas das categorias mudam ao longo do tempo ou entre grupos. Exemplo: Índice de Satisfação do Processo Orçamentário.
Diferença Relativa e Absoluta Área Empilhada		Ideal para exibir o total e a contribuição de cada categoria para o total ao longo do tempo, além de comparar o tamanho total de diferentes conjuntos de dados e como as categorias individuais contribuem para isso. Exemplo: Solicitações Recebidas pelo Departamento Jurídico.

Princípios de *Dos e Don'ts* em Visualização de Dados

A visualização eficaz de dados é tanto uma arte quanto uma ciência. Em sua essência, trata-se de transmitir informações complexas de forma clara e eficiente. Edward R. Tufte, um pioneiro na área, enfatizou a importância da simplicidade no design, defendendo famosa e diretamente o uso de "menos tinta" para representar mais informações. Isso pode ser feito seguindo princípios-chave, como:

- Remover excesso.
- Evitar linhas de grade, a menos que necessário.
- Omitir subtítulos redundantes.
- Eliminar anotações sem significado.
- Evitar efeitos visuais e fontes em negrito.
- Remover bordas e cores desnecessárias.
- Se não estiver diretamente relacionado aos dados, considere omiti-lo.
- Mais Ideias, Menos Recursos – Procure usar menos tempo, tinta e espaço.
- Contar uma História – Gráficos visualmente agradáveis são um bom começo, mas a verdadeira questão é: "Que narrativa seus dados contam?"

Neste capítulo, vamos nos aprofundar nesses princípios, ilustrando cada um com exemplos claros para guiá-lo em direção à excelência na visualização de dados.

Evite Distorções!

Nunca permita que sua escolha de design distorça seus dados. Por exemplo, gráficos 3D podem distorcer informações devido à perspectiva. Na figura a seguir, o gráfico de pizza à esquerda oculta o fato de que "Discriminação" é a principal área de disputa neste escritório de advocacia.

Relação Informação-Espaço

Se você sentir a necessidade de tornar seu gráfico mais carregado adicionando elementos para que não pareça "vazio", lembre-se de que pode não precisar de um gráfico elaborado. Mantenha-se no básico. O uso de efeitos 3D e formas nem sempre é uma boa ideia, pois podem ocultar dados e potencialmente enganar o espectador. Em vez disso, tente usar os dados em um gráfico mais simples e eficaz.

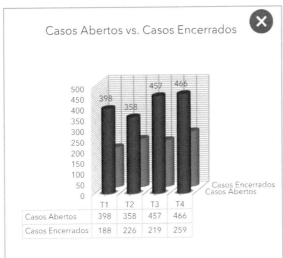
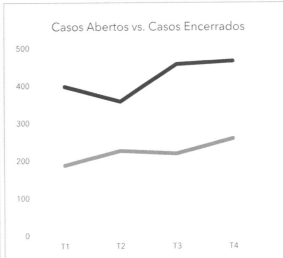

Evite Gráficos Cortados

Quando se trata de gráficos de barras, alterar o valor inicial do eixo Y pode distorcer os dados. Isso pode ser enganoso, fazendo com que as diferenças pareçam mais significativas do que realmente são. A espessura das barras também pode criar uma impressão falsa de área, o que não é desejável.

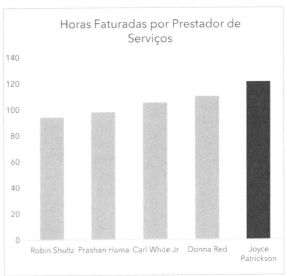

Evite Distorções Simbólicas

Usar símbolos ou ícones em vez de barras em um gráfico de barras pode distorcer a proporção dos dados representados. Isso ocorre porque o tamanho e a forma dos símbolos ou ícones podem criar uma percepção visual que não é representativa dos valores reais que estão sendo transmitidos.

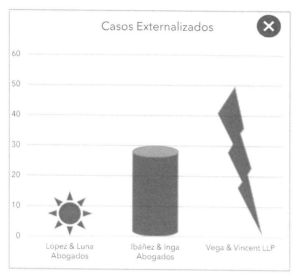

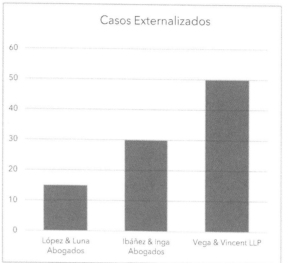

Mostre os Dados

O objetivo é informar; não esconda nem sobrecarregue os dados. Muitos segmentos e uma variedade de cores podem tornar os dados muito difíceis de identificar e diferenciar, obrigando-nos a usar rótulos que podem causar ainda mais confusão e desordem. À direita, temos os mesmos dados representados no gráfico à esquerda, mas com um gráfico de barras simples. O uso de cores é mínimo e utilizado de forma estratégica.

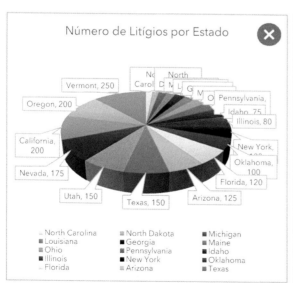

Tenha Cuidado com as Cores

Use cores para destacar ou diferenciar entre categorias ou valores numéricos. Embora gráficos de linha possam ser usados para comparar mudanças ao longo do tempo, o uso de muitos segmentos pode tornar o gráfico impossível de ler devido às suas linhas emaranhadas, criando um "gráfico de espaguete." Mais insights podem ser obtidos se a cor for usada para destacar segmentos relevantes e contar uma história específica.

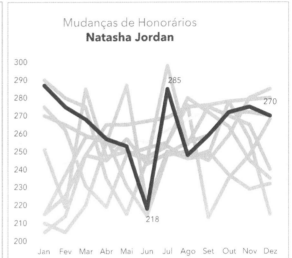

Demasiados Segmentos

Gráficos de colunas empilhadas podem se tornar difíceis de ler se houver muitos segmentos pequenos empilhados uns sobre os outros. Às vezes, usar um segmento principal e agrupar os menores em uma categoria (outros) pode contar uma história muito mais convincente.

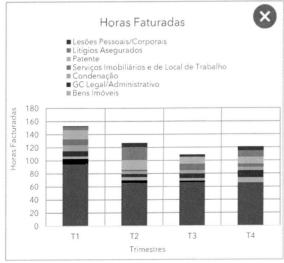
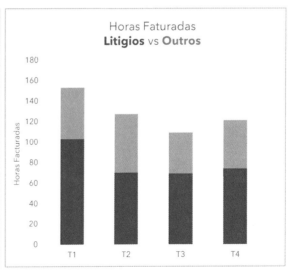

Ajude o Espectador

Facilite a comparação de diferentes conjuntos de dados para o espectador. Gráficos de pizza não são recomendados se seu objetivo é comparar valores, pois discernir ângulos é uma tarefa difícil para nossos cérebros. Além disso, isso exige muito movimento dos olhos de um lado para o outro. O objetivo é tornar mais fácil para o espectador entender os dados com pouco ou nenhum esforço adicional ou carga mental.

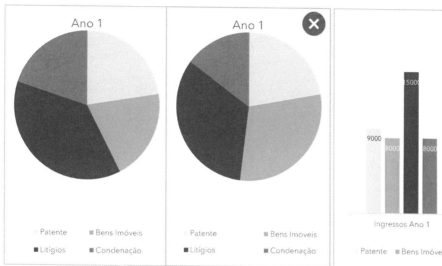
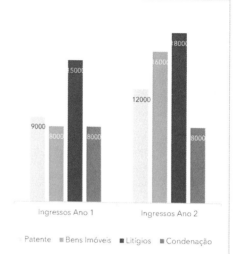

Evite Ilusões Ópticas

Gráficos de colunas são quase sempre uma maneira segura de exibir dados, mas pode não ser a melhor opção se você tiver muitas séries com pontos de dados semelhantes para comparar. Isso pode criar um efeito de "código de barras" que pode ser mais difícil de entender.

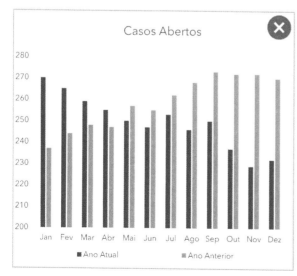
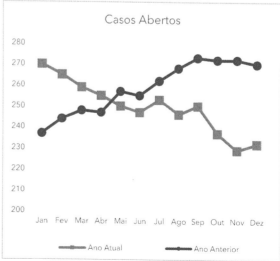

Cuidado com os Gráficos de Radar

Uma desvantagem potencial dos gráficos de radar (ou gráficos em teia) é que eles podem se tornar sobrecarregados e difíceis de ler quando há muitas variáveis ou categorias. Para evitar isso, recomenda-se limitar o número de variáveis e categorias a no máximo oito e usar codificação por cores ou outros recursos visuais para tornar o gráfico mais legível.

Glossário

Acordo de Não Divulgação (NDA)	Um contrato que proíbe a divulgação de informações confidenciais compartilhadas entre as partes, frequentemente utilizado no contexto de transações comerciais ou acordos de emprego.
Acordo de Nível de Serviço (SLA)	Um contrato entre um prestador de serviços e um cliente que descreve o nível de serviço esperado, incluindo qualidade, disponibilidade e tempo de resposta.
Acordo de Nível de Serviço Jurídico (ANS)	Um acordo que define o nível de serviço que será fornecido por um prestador de serviços jurídicos, incluindo métricas de desempenho, níveis de serviço e penalidades por não conformidade. Em inglês, é conhecido como *Service Level Agreement* (SLA).
Adoção de Tecnologia	O processo de selecionar, implementar e integrar soluções tecnológicas para melhorar o desempenho das operações jurídicas.
Advogados Externos (Fornecedores)	Escritórios de advocacia contratados para realizar serviços jurídicos para uma empresa que os departamentos jurídicos internos não gerenciam.
Agregação de Dados	Processo de coleta de dados e apresentação em um formato resumido. Os dados podem ser coletados de várias fontes com o objetivo de consolidá-los para análise.
Ajuste	Qualquer estrutura de honorários que não se baseie na cobrança tradicional por hora. Exemplos incluem honorários fixos, honorários limitados, honorários contingentes e honorários de sucesso.
Alfabetização em Dados	Habilidade de ler, trabalhar, analisar e interpretar dados. É uma competência essencial no mundo atual, orientação por dados.
Análise de Dados	Processo de coleta, análise e interpretação de dados para identificar padrões, tendências e insights que podem ser usados para melhorar a tomada de decisões.

Análise de Despesas Jurídicas	Uso de técnicas de análise de dados para rastrear e analisar as despesas jurídicas, incluindo honorários de advogados externos, custos de litígios e outras despesas legais.
Análise Jurídica	Dados objetivos sobre despesas jurídicas, casos, faturamento e fornecedores que são utilizados para informar decisões estratégicas.
Análise Preditiva	Uso de dados, algoritmos estatísticos e técnicas de aprendizado de máquina para identificar a probabilidade de resultados futuros com base em dados históricos.
Aprendizado de Máquina	Uma aplicação da inteligência artificial (IA) que proporciona aos sistemas a capacidade de aprender e melhorar automaticamente a partir da experiência, sem necessidade de programação explícita.
Aquisição	O processo de obtenção de bens ou serviços, incluindo serviços jurídicos, por meio de compra, contratação ou licitação.
Área de Prática	Um tipo específico de trabalho jurídico. Algumas áreas comuns incluem litígios, finanças, regulamentação, imóveis, emprego, propriedade intelectual, energia e saúde.
Armazém de Dados	Um grande repositório de dados acumulados de diversas fontes dentro de uma organização, utilizado para orientar decisões gerenciais.
Arranjos de Honorários Alternativos	Qualquer estrutura de honorários que não se baseie na cobrança tradicional por hora. Exemplos incluem honorários fixos , honorários com limite máximo , honorários contingentes) e honorários de sucesso.
Assinatura Eletrônica (Assinatura Digital)	Tecnologia que permite aos advogados internos trocar e assinar documentos comerciais e contratos online, em vez de presencialmente.
Associação Americana de Advogados (ABA)	Uma das maiores organizações profissionais voluntárias do mundo, a ABA oferece acreditação para faculdades de direito, educação jurídica continuada, informações sobre o direito, programas para apoiar advogados e juízes, além de iniciativas para aprimorar o sistema jurídico.

Associação de Conselheiros Corporativos (ACC)	A maior organização mundial que atende aos interesses profissionais e empresariais de advogados internos em corporações e organizações sem fins lucrativos.
Associação de Gestores Jurídicos	Uma associação profissional que oferece recursos de liderança e gestão para administradores de práticas jurídicas e gestores de escritórios de advocacia.
Associação Internacional de Tecnologia Jurídica (ILTA)	Organização global impulsionada por seus membros, que oferece oportunidades de educação e networking para profissionais do setor jurídico.
Automação de Documentos	Processo de geração automática de documentos jurídicos, como contratos ou acordos, utilizando ferramentas de software.
Automação de Fluxo de Trabalho	O uso de tecnologia para automatizar o fluxo de trabalho em processos de operações jurídicas, como a entrada de casos ou o processamento de faturas.
Automação de Processos	Uso de tecnologia para automatizar tarefas repetitivas ou rotineiras de operações jurídicas, como revisão de documentos ou gestão de contratos.
Baixas	Esses são valores que um escritório de advocacia decidiu que não podem ser cobrados de um cliente, muitas vezes devido à incapacidade do cliente de pagar ou à decisão de não prosseguir com a cobrança.
Base de Conhecimento	Uma biblioteca online de informações sobre um produto, serviço, departamento ou tópico.
Benchmarking	Comparação dos processos de negócios e métricas de desempenho com líderes do setor ou melhores práticas de outras indústrias. Em departamentos jurídicos, essa prática pode ser útil para entender como suas práticas e despesas se comparam às de organizações semelhantes.
Benchmarking de Despesas Jurídicas	Prática de comparar as despesas jurídicas de uma organização com benchmarks do setor ou médias de grupos de pares, para identificar oportunidades de economia de custos ou melhorias de

processos.

Big Data
Refere-se a conjuntos de dados extremamente grandes que podem ser analisados computacionalmente para revelar padrões, tendências e associações.

Caso
Um projeto ou questão jurídica específica que requer atenção, acompanhamento e gerenciamento em um contexto jurídico. Enquanto "caso" é tradicionalmente usado em escritórios de advocacia, especialmente em cenários de litígios, "questão" (ou "matter" em inglês) é mais comumente utilizada em departamentos jurídicos corporativos. Ambos os termos são usados de forma intercambiável neste livro; essencialmente, denotam o mesmo conceito: uma unidade de trabalho que representa um desafio ou requisito jurídico específico.

Catálogo de Serviços
Um repositório centralizado de serviços jurídicos oferecidos por uma organização, incluindo descrições dos serviços, preços e acordos de nível de serviço.

Cibersegurança
Prática de proteger sistemas de computador, redes e dados contra roubo, danos ou acesso não autorizado.

Códigos de Atividade
Também conhecidos como códigos de tarefa, são uma série de códigos padronizados definidos pelo Sistema de Gerenciamento de Tarefas Baseado em Padrões (UTBMS - Uniform Task-Based Management System | Termo em inglês). Esses códigos são utilizados para categorizar as tarefas específicas realizadas pelos escritórios de advocacia, oferecendo uma forma de organizar e analisar o trabalho jurídico.

Códigos de Custo
Rótulos alfabéticos ou numéricos atribuídos a diferentes custos com base em suas funções. Esses códigos permitem um maior controle de custos.

Common Law (CL)
Sistema jurídico que se originou na Inglaterra e atualmente é utilizado nos Estados Unidos. Baseia-se em decisões judiciais em vez de leis aprovadas pelo legislativo.

Conjunto de Dados
Coleção de dados que, no contexto de bancos de dados, corresponde a uma ou mais tabelas.

Conselheiro Jurídico
Advogado interno que normalmente se reporta ao diretor jurídico.

Adjunto

Conselheiro Jurídico Associado ou Assistente	Advogado interno que se reporta ao Conselheiro Jurídico Adjunto.
Conselheiro Jurídico Geral	Também conhecido como Diretor Jurídico, este executivo de alto escalão aconselha a empresa em todas as questões relacionadas ao jurídico e à gestão de riscos. O diretor jurídico supervisiona a equipe jurídica interna.
Consórcio de Operações Jurídicas Corporativas (CLOC)	Grupo de networking para profissionais de operações jurídicas focado em compartilhar melhores práticas, soluções e dados para impulsionar a inovação na indústria.
Controle de Custos	Prática de gerenciar e reduzir o custo dos serviços jurídicos, incluindo a implementação de medidas de economia e a negociação de preços favoráveis com fornecedores.
Controle de Tempo e Faturamento	A prática de rastrear e faturar o tempo gasto em serviços jurídicos, incluindo o desenvolvimento e a implementação de sistemas de controle de tempo e faturamento.
Custo Total de Propriedade (TCO)	O custo total de aquisição e propriedade de um produto ou serviço ao longo de seu ciclo de vida, incluindo custos diretos e indiretos.
Dados Estruturados	Dados que foram organizados em um repositório formatado, tipicamente um banco de dados, de modo que seus elementos possam ser facilmente acessados, gerenciados e compreendidos.
Dados Não Estruturados	Informações que não possuem um modelo de dados pré-definido ou não estão organizadas de uma maneira pré-estabelecida. Informações não estruturadas são tipicamente ricas em texto, mas podem conter dados como datas, números e fatos.
Declaração de Trabalho	Parte de um contrato que define todos os aspectos de um projeto, desde os requisitos de trabalho e entregáveis até os prazos e expectativas de desempenho. Em Inglês é conhecido como *Statement of Work (SOW)*.
Descoberta Eletrônica (e-Discovery)	Processo de identificação, coleta e produção de informações eletronicamente armazenadas (ESI) em resposta a uma solicitação

legal ou investigação.

Desconto

Redução aplicada sobre a tarifa padrão. Os descontos podem ser acordados antecipadamente em um contrato de faturamento ou aplicados a faturas específicas como parte de um processo de negociação.

Design Jurídico

A aplicação de princípios de *design thinking* às operações jurídicas, com o objetivo de criar processos e serviços jurídicos mais amigáveis e eficientes para os usuários.

Despesas Não Previstas

Gastos não planejados que só são descobertos quando as faturas chegam ao departamento contábil. Mitigar esse tipo de despesa é uma responsabilidade importante para as equipes jurídicas internas.

Diretrizes de Faturamento (Diretrizes para Advogados Externos)

Documentos compartilhados com advogados externos que estabelecem as expectativas de uma organização sobre como e quando um escritório de advocacia deve faturar.

Diversidade, Equidade e Inclusão (DEI)

Estratégias e práticas voltadas para garantir a justiça e a igualdade dentro de uma organização, especialmente nas práticas de contratação e promoção.

Escritório de Advocacia Virtual

Um escritório de advocacia que opera principalmente online, utilizando tecnologia para oferecer serviços jurídicos de forma remota.

Ética e Conformidade

Prática de garantir que as políticas e procedimentos de uma organização sejam éticos e estejam em conformidade com os requisitos legais e regulatórios.

Fatura

Lista de serviços jurídicos prestados por um fornecedor, incluindo uma declaração com o valor total devido.

Faturamento Eletrônico (eBilling)

Processo de submissão e gerenciamento eletrônico de faturas jurídicas, incluindo o acompanhamento e a aprovação de pagamentos.

Faturamento em Bloco	Prática de faturamento na qual um escritório de advocacia agrupa várias atividades em uma única entrada de tempo. Embora isso facilite o faturamento para o escritório, pode dificultar para os clientes entenderem exatamente qual trabalho foi realizado.
Feedback do Cliente	Processo sistemático de coleta de feedback dos clientes sobre os serviços jurídicos que lhes foram prestados.
Fusões e Aquisições	Um tipo de direito corporativo focado na compra, venda e consolidação de diferentes empresas.
Gabinete	Escritório de um juiz.
Gestão da Qualidade	A prática de garantir que os serviços jurídicos atendam ou superem as expectativas dos clientes, incluindo o desenvolvimento e a implementação de padrões e procedimentos de qualidade.
Gestão da Qualidade Total (TQM)	Uma abordagem de gestão que se concentra na melhoria contínua da qualidade e da satisfação do cliente, utilizando dados e métricas para orientar a tomada de decisões.
Gestão de Advogados Externos	Prática de gerenciar relacionamentos com advogados externos, incluindo seleção de fornecedores, gestão de desempenho e controle de custos.
Gestão de Carga de Trabalho	A prática de gerenciar e equilibrar a carga de trabalho da equipe jurídica, incluindo distribuição de carga de trabalho, priorização e agendamento.
Gestão de Casos	O processo de gerenciamento de casos jurídicos desde o início até a resolução, incluindo tarefas como controle de prazos, gerenciamento de documentos e comunicação com clientes.
Gestão de Casos	O processo de reunir, acompanhar e aplicar informações sobre casos (projetos jurídicos) para a tomada de decisões ao longo do ciclo de vida do caso.
Gestão de Conformidade	Prática de garantir que as obrigações legais e regulatórias de uma organização sejam cumpridas, incluindo o desenvolvimento e a

implementação de políticas, procedimentos e controles.

Gestão de Contratos	Processo de criação, negociação e gerenciamento de contratos ao longo de seu ciclo de vida, incluindo redação, revisão, aprovação e renovação.
Gestão de Dados Jurídicos	Prática de organizar, armazenar e analisar dados jurídicos, incluindo dados de casos, dados de contratos e outras informações legais.
Gestão de Desempenho de Fornecedores	Uma avaliação dos serviços prestados pelos fornecedores com base nos KPIs definidos no SLA.
Gestão de Despesas	A prática de gerenciar e controlar as despesas jurídicas, incluindo o desenvolvimento e a implementação de políticas e procedimentos para orçamento, acompanhamento e relatórios.
Gestão de Documentos	Processo de armazenar, organizar, compartilhar e revisar documentos jurídicos complexos.
Gestão de Documentos	A prática de organizar, armazenar e descartar registros em conformidade com requisitos legais, regulatórios e empresariais.
Gestão de Entidades Jurídicas	Prática de gerenciar todas as entidades jurídicas dentro de uma corporação para garantir a conformidade legal e mitigar riscos.
Gestão de Equipes	A prática de gerenciar e desenvolver equipes de profissionais jurídicos, incluindo formação de equipes, gestão de desempenho e coaching.
Gestão de Fluxo de Trabalho	A prática de projetar, implementar e gerenciar fluxos de trabalho para melhorar a eficiência e a produtividade.
Gestão de Fornecedores	O processo de avaliar o desempenho de escritórios de advocacia utilizando métricas objetivas para garantir o melhor retorno sobre o investimento. Isso inclui compartilhar essas avaliações com advogados externos e comunicar-se proativamente para fortalecer a parceria.
Gestão de Litígios	Prática de gerenciar o ciclo de vida de questões de litígios, incluindo estratégia do caso, orçamento e resolução do caso.

Gestão de Mudanças	Processo de planejamento e implementação de mudanças, como a adoção de uma nova tecnologia ou o início de um novo processo dentro das organizações, de forma cuidadosa e educativa. O objetivo é minimizar a resistência dos funcionários e os custos, ao mesmo tempo que se maximiza a eficácia do esforço de mudança.
Gestão de Políticas	Processo de criação, comunicação e manutenção de políticas e procedimentos dentro de uma organização.
Gestão de Portfólio de Projetos	A prática de gerenciar um portfólio de projetos, com o objetivo de maximizar seu valor e alinhá-los com os objetivos organizacionais.
Gestão de Portfólio de Projetos Jurídicos	Prática de gerenciar um portfólio de projetos jurídicos, com o objetivo de maximizar seu valor e alinhá-los com os objetivos organizacionais.
Gestão de Preservação Legal	Processo de preservação de todas as formas de informações relevantes quando um litígio é razoavelmente antecipado.
Gestão de Projetos	O processo de controlar e gerenciar questões jurídicas com uma compreensão clara do escopo, cronograma, risco e custo, para garantir que os projetos sejam concluídos de acordo com os objetivos empresariais.
Gestão de Projetos Jurídicos	Aplicação de princípios e técnicas de gerenciamento de projetos a questões jurídicas, com o objetivo de melhorar a eficiência, a qualidade e a satisfação do cliente.
Gestão de Recursos	A prática de gerenciar e otimizar o uso de recursos jurídicos, incluindo pessoal, orçamento e tecnologia.
Gestão de Riscos	A prática de identificar, avaliar e mitigar riscos que poderiam impactar as operações jurídicas ou os objetivos empresariais de uma organização.
Gestão de Riscos Jurídicos	Processo de identificar, avaliar e mitigar riscos que podem impactar as obrigações ou direitos legais de uma organização.

Gestão de Serviços	A prática de gerenciar e melhorar a entrega de serviços jurídicos, incluindo design de serviços, entrega de serviços e melhoria de serviços.
Gestão de Talentos	A prática de atrair, desenvolver e reter funcionários talentosos, incluindo profissionais jurídicos.
Gestão de Terceiros	O processo de iniciar, renovar e manter os relacionamentos de uma organização com terceiros.
Gestão do Ciclo de Vida de Contratos (CLM)	Abordagem sistemática para gerenciar um contrato desde sua criação até a adjudicação, conformidade e renovação, visando economias significativas de tempo e custo.
Gestão do Conhecimento	Processo de criação, compartilhamento, utilização e gerenciamento das informações e ativos de uma organização para facilitar o fluxo de conhecimento entre os funcionários.
Gestão do Conhecimento Jurídico	Processo de capturar, organizar e compartilhar conhecimentos e expertise jurídicos dentro de uma organização para melhorar os serviços jurídicos.
Gestão Financeira	Prática de gerenciar os aspectos financeiros das operações jurídicas, incluindo orçamento, previsão e relatórios financeiros.
Gestão Jurídica Empresarial (ELM)	Software jurídico que oferece funcionalidades como faturamento eletrônico, gestão de casos, gestão de documentos, relatórios e outras funções jurídicas essenciais em um sistema centralizado.
Governança	Prática de garantir que as políticas, procedimentos e controles de uma organização sejam eficazes e estejam alinhados com seus objetivos.
Governança da Informação	Prática de gerenciar ativos de informação, incluindo dados, documentos e registros, de maneira que suporte a conformidade legal e regulatória, além de atender aos objetivos empresariais.
Governança de Dados	Gestão geral da disponibilidade, usabilidade, integridade e segurança dos dados utilizados em uma empresa ou departamento jurídico.

Honorário Fixo	Estrutura de arranjo de honorários alternativo que cobra um valor único e fixo de um departamento jurídico por um serviço, independentemente do uso, em vez de taxas por hora.
Honorário Mediano	Essa é o honorário central em um conjunto de honorários oferecidas por um escritório de advocacia. Metade dos honorários está acima da mediana e metade está abaixo. Ela fornece uma medida estatística que é menos influenciada por honorários extremos.
Honorário Misto	Uma única taxa de faturamento aplicada a todo o trabalho jurídico, independentemente do nível de experiência ou função do profissional que realiza o trabalho. É um tipo de arranjo de honorários alternativo.
Hora Faturável	Quantidade de tempo de um advogado que um escritório de advocacia cobra de um cliente. Essa é a unidade padrão pela qual os serviços jurídicos são medidos.
Indicador de Desempenho (RI)	Uma métrica utilizada para avaliar a eficiência, eficácia ou sucesso das atividades de uma organização em relação aos seus objetivos, frequentemente usada para monitorar e melhorar o desempenho operacional ou estratégico.
Indicador de Resultado (RI)	Um valor mensurável que indica o resultado ou consequência de atividades comerciais específicas, utilizado para avaliar a eficácia dessas atividades na obtenção de resultados desejados.
Indicador de Resultado-Chave (KRI)	Uma métrica quantificável que fornece informações sobre os resultados ou desfechos das atividades de uma empresa, focando na medição do sucesso ou progresso em direção à realização de objetivos de negócios fundamentais.
Indicador-Chave de Desempenho (KPI)	Um valor mensurável utilizado para mostrar quão efetivamente uma empresa atinge um determinado objetivo de negócios.
Integração	Capacidade de conectar um software com uma aplicação de terceiros para troca e armazenamento de dados de maneira eficiente e confiável. O objetivo é criar uma única fonte de verdade ao automatizar a coleta manual de dados de várias fontes.

Integridade de Dados	A precisão, consistência e confiabilidade dos dados armazenados em um banco de dados, data warehouse, data mart ou outra estrutura. A integridade dos dados pode ser comprometida de várias formas, incluindo erros humanos, erros de transmissão, ataques de vírus e falhas no sistema.
Inteligência Artificial Jurídica (Legal AI)	Software que utiliza uma combinação de algoritmos de aprendizado de máquina com processamento de linguagem natural para fazer previsões ou produzir resultados, como sinalizar a não conformidade de fornecedores com diretrizes de faturamento pré-estabelecidas.
Inteligência de Negócios (BI)	Conjunto de tecnologias, aplicações e práticas para a coleta, integração, análise e apresentação de informações empresariais com o objetivo de apoiar a tomada de decisões mais informadas e eficazes nos negócios.
LegalOps.com	É um ecossistema de plataformas e serviços que fornece aos profissionais de operações jurídicas e outras áreas acesso a recursos fundamentais, incluindo benchmarking, modelos de competência, melhores práticas, listas de verificação, liderança de pensamento e visões gerais de produtos e serviços, além de oportunidades exclusivas para se conectar com outros especialistas.
Lei Geral de Proteção de Dados Pessoais (LGPD)	Lei que se concentra em como as empresas acessam, armazenam e utilizam dados pessoais. Manter a conformidade com leis de privacidade de dados como esta é uma área de crescente preocupação para conselheiros jurídicos gerais.
Limpeza de Dados	Processo de preparação de dados para análise, removendo ou modificando dados incorretos, incompletos, irrelevantes, duplicados ou com formatação inadequada.
Melhoria de Processos	Prática de analisar e aprimorar processos de negócios para aumentar a eficiência, reduzir custos e melhorar a qualidade.
Métricas	Medidas quantitativas utilizadas para acompanhar e avaliar o desempenho das operações jurídicas, como economia de custos, tempo de ciclo e satisfação do cliente.

Mineração de Dados	Processo de explorar e analisar grandes conjuntos de dados para descobrir padrões e regras significativas.
Modelo de Entrega de Serviços	A abordagem utilizada para fornecer serviços jurídicos, como serviços internos, terceirizados ou uma combinação de ambos.
Modelo de Entrega de Serviços Jurídicos	A abordagem utilizada para fornecer serviços jurídicos a clientes internos ou externos, como por meio de um escritório de advocacia, departamento jurídico interno ou terceirização de processos jurídicos.
Modelo de Maturidade das Operações Jurídicas	Um framework para avaliar e melhorar a maturidade das funções de operações jurídicas, frequentemente baseado em um conjunto de capacidades e competências definidas.
Neutro em Relação a Fornecedores	Refere-se a uma abordagem de aquisição ou terceirização que não é tendenciosa em relação a um fornecedor ou prestador específico, mas avalia todas as opções de forma objetiva.
Operações Jurídicas	Gestão das funções de negócios jurídicos, incluindo finanças, recursos humanos, tecnologia e gerenciamento de projetos, para melhorar a eficiência e a eficácia dos serviços jurídicos.
Of Counsel	É uma designação utilizada em escritórios de advocacia para advogados que têm uma relação próxima, contínua e, tipicamente, de longo prazo com o escritório, mas que não são associados nem sócios. Esses advogados geralmente possuem expertise ou experiência especializada e podem fornecer conselhos ou serviços em nível sênior de forma flexível ou em meio período.
Padrão de Troca Eletrônica de Dados Jurídicos (LEDES)	Um formato de arquivo que garante que os detalhes financeiros, como faturamento por hora, faturamento de honorários fixos, despesas, múltiplas moedas e impostos, sejam apresentados de maneira consistente nas faturas entre corporações e escritórios de advocacia.
Painel de Indicadores-Chave de Desempenho	Uma representação gráfica dos indicadores-chave de desempenho, que pode fornecer uma visão rápida do desempenho de uma empresa.
Escritório de	Termos utilizados para se referir a uma organização que fornece serviços jurídicos, seja por meio de advogados autônomos ou

Advocacia/Empresa de Advocacia	como parte de uma estrutura empresarial.
Painel de Métricas	Uma representação visual das métricas de desempenho das operações jurídicas, frequentemente utilizada para acompanhar e relatar o progresso em direção a objetivos estratégicos.
Perda de Faturamento	A diferença entre o valor que um escritório poderia ter cobrado (com base em seus registros de tempo) e o valor efetivamente faturado. Isso pode ocorrer devido à não conformidade com as diretrizes do cliente, erros ou omissões no processo de faturamento.
Pesquisa Jurídica	Processo de realizar pesquisas sobre questões jurídicas, incluindo jurisprudência, estatutos, regulamentações e outras fontes legais, para apoiar a análise jurídica e a tomada de decisões.
Planejamento da Força de Trabalho	O processo de prever as necessidades futuras de mão de obra e desenvolver estratégias para atender a essas necessidades, incluindo recrutamento, treinamento e desenvolvimento.
Planejamento de Sucessão	O processo de identificar e desenvolver talentos para preencher funções-chave dentro de uma organização, incluindo cargos de liderança jurídica.
Planejamento Estratégico	O processo de definir a visão e os objetivos de longo prazo de uma organização e desenvolver um plano para alcançá-los.
Plataforma de Operações Jurídicas	Uma solução digital que centraliza todas as informações sobre questões jurídicas, fornecedores e despesas. Esse tipo de software ajuda as equipes jurídicas internas a desempenharem melhor suas funções, proporcionando acesso claro a dados relevantes em um único local.
Preservação Legal	Prática de preservar documentos e dados potencialmente relevantes em antecipação a litígios ou outros procedimentos legais.
Prestador Alternativo de Serviços Jurídicos	Empresa que fornece apenas tipos específicos de aconselhamento jurídico e lida com determinadas questões legais. Estas empresas competem com escritórios de advocacia tradicionais.

Sistema de Contas a Pagar	Um sistema utilizado por empresas para registrar e gerenciar suas obrigações de curto prazo, especificamente o dinheiro que devem aos fornecedores. Um sistema de contas a pagar pode incluir processos e softwares para acompanhar faturas, aprovar pagamentos e gerenciar informações de fornecedores.
Privacidade de Dados	Prática de proteger dados pessoais ou sensíveis contra acesso ou uso não autorizado.
Profissionais de Porta Giratória	Um termo usado para descrever a situação em que vários profissionais jurídicos participam de um caso ou projeto, frequentemente levando a mudanças frequentes na equipe.
Propriedade Intelectual (PI)	Os direitos legais que protegem criações da mente, como patentes, marcas registradas e direitos autorais.
Provisões (Estimativas Não Faturadas)	A soma dos totais ainda não faturados que os escritórios de advocacia estimam para trabalhos em andamento.
Reduções de Valor	Essas são reduções no valor registrado de um ativo (como tempo não faturado ou contas a receber) porque está superavaliado em comparação ao valor de mercado.
Relatórios em Tempo Real	Relatórios realizados à medida que eventos ou mudanças ocorrem. Em um ambiente jurídico, isso pode significar receber atualizações imediatas à medida que novos casos são criados, despesas são comprometidas ou faturas são aprovadas.
Resolução de Disputas	Qualquer processo que resolve disputas entre duas ou mais partes, incluindo litígio, arbitragem, mediação e negociação.
Revisão de Documentos	Processo de revisão de documentos jurídicos para determinar relevância e privilégio, geralmente no contexto de litígios ou investigações.
Satisfação do Cliente	Medida de quão satisfeitos estão os clientes com os serviços jurídicos, considerando fatores como a capacidade de resposta, comunicação e resultados obtidos.
Seleção de Fornecedores	O processo de selecionar fornecedores que podem oferecer o melhor valor para as necessidades de aquisição de uma

organização.

Serviços Jurídicos	Trabalho realizado por um advogado para um cliente. Exemplos incluem proteger a empresa contra processos judiciais de fontes externas e internas, além de lidar com contratos de venda, reivindicações de direitos autorais e incorporações.
Six Sigma	Uma abordagem orientada a dados para a melhoria de processos que visa eliminar defeitos e reduzir a variabilidade nos processos.
Six Sigma Green Belt	Uma certificação profissional que demonstra expertise em metodologias e técnicas Six Sigma.
Solicitação de Proposta (RFP)	Um documento que delineia os requisitos e expectativas para serviços jurídicos e que solicita propostas de fornecedores potenciais.
Sourcing Estratégico	A prática de identificar e selecionar fornecedores que podem oferecer o melhor valor para as necessidades de aquisição de uma organização.
Tarifa Padrão	Esse é o preço padrão ou de tabela que um escritório de advocacia estabelece para seus serviços jurídicos. É a tarifa antes da aplicação de quaisquer descontos ou ajustes.
Taxa Efetiva	Também conhecida como taxa real, é a taxa efetiva que um cliente paga após a aplicação de quaisquer descontos ou ajustes na tarifa padrão. É calculada dividindo-se o total de honorários pagos pelo total de horas faturadas.
Taxa Efetiva (Taxa Real)	A taxa real que um cliente paga após a aplicação de quaisquer descontos ou ajustes sobre a tarifa padrão.
Tecnologia Jurídica	Uso de tecnologias, como inteligência artificial, aprendizado de máquina e blockchain, para melhorar o desempenho das operações jurídicas e oferecer serviços jurídicos de maneira mais eficiente.
Terceirização	Prática de delegar funções de negócios, como serviços jurídicos, a fornecedores externos para melhorar a eficiência, a relação custo-benefício e a escalabilidade.

Terceirização de Processos Jurídicos	Prática de terceirizar trabalhos jurídicos para prestadores externos, frequentemente em locais de menor custo, para melhorar a eficiência de custos e a escalabilidade.
Timekeeper (TK)	Termo utilizado nos Estados Unidos para generalizar profissionais que registram suas horas trabalhadas para fins de faturamento ao cliente. Inclui advogados, paralegais e outros profissionais cuja atividade envolve a contabilização de tempo de trabalho (billable time) destinado ao cliente, essencial para o controle e faturamento dos serviços jurídicos.
Transformação Digital	Processo de utilização de tecnologias digitais para mudar fundamentalmente a forma como os negócios são conduzidos, inclusive no contexto das operações jurídicas.
UTBMS (Uniform Task-Based Management System)	Sistema de Gestão Baseado em Tarefas Uniformizadas. Termo utilizado amplamente nos Estados Unidos, o UTBMS é um padrão para categorizar e descrever serviços jurídicos com base em tarefas específicas, facilitando o monitoramento e análise de custos de serviços jurídicos para relatórios detalhados e gestão financeira.
Visualização de Dados	Apresentação de dados em formato gráfico ou pictórico, que torna dados complexos mais compreensíveis, acessíveis e utilizáveis.

Bibliografia

Abela, Dr. Andrew. (2020). *Chart Comparison Diagram.*
https://extremepresentation.typepad.com/files/chart-chooser-2020.pdf

ACC. (2020). *Maturity Benchmarking Report.* https://www.acc.com/sites/default/files/2020-05/ACCLegalOps_Report20_FINAL.pdf

ACC. (2020). *General Counsel Diversity, Equity & Inclusion Survey.* https://www.acc.com/general-counsel-diversity-equity-inclusion-survey

ACC. (2022). *Law Department Management Benchmarking.*
https://www.acc.com/sites/default/files/202206/ACC_2022_LDMB_Report_Exec_Summary.pdf

Cotgreave, Andy; Shaffer, Jeffrey; Wexler, Steve. (2014). *The Big Book of Dashboards: Visualizing Your Data Using Real-World Business Scenarios.* https://www.bigbookofdashboards.com/

CLOC. (2019). *State of the Industry Survey, Results and Analysis.* https://cloc.org/wp-content/uploads/2020/04/2019-State-of-the-Industry-FINAL.pdf

Constantinou, Valentino; Kabiri, Mori. (2020). *Detecting Anomalous Invoice Line Items in the Legal Case Lifecycle.* https://arxiv.org/abs/2012.14511

Parmenter, David. (2007). *Key Performance Indicators. Developing, Implementing, and Using Winning KPIs,* 4th edition. https://davidparmenter.com/key-performance-indicators-developing-implementing-and-using-winning-kpis-fourth-edition/

Sowinski, Bill; TyMetrix, Inc. (2014). *Cutting Through the Maze, Leveraging Metrics to Manage Corporate Litigation and the Legal Department.*

Tufte, Edward. (1983). *Visual Display of Quantitative Information.*
https://www.edwardtufte.com/tufte/

American Bar Association. *Litigation Code Set.*
https://www.americanbar.org/groups/litigation/

SALI Alliance.

    https://www.sali.org/

Stories Behind Data (2016).

    Apresentação por Mori Kabiri em Mitratech User Conference.

Uniform Task Based Management System UTBMS.

    https://utbms.com/

Made in the USA
Las Vegas, NV
15 December 2024

14040134R00193